UN BALLON

SUR LA BANQUISE

DU MÊME AUTEUR

La Valise de Hemingway, Rivages, 1995.

www.editionsphebus.fr

Publié sous le titre original *The Balloonist*
par Farrar, Strauss and Giroux, NewYork, en 1976.

ISBN : 978-2-7529-1408-8

MACDONALD HARRIS

UN BALLON SUR LA BANQUISE

Préface de

PHILIP PULLMAN

Traduit de l'anglais (États-Unis) par

BERNARD SIGAUD

PHÉBUS
LITTÉRATURE ÉTRANGÈRE

PRÉFACE DE PHILIP PULLMAN

Des seize romans tous aussi brillants, intéressants et originaux de MacDonald Harris (1921-1993), *Un ballon sur la banquise* est probablement le plus réussi. Et depuis 1976, année où je l'ai lu pour la première fois, à sa sortie, je me demande pourquoi Harris n'est pas plus connu. Il y a, je crois, deux raisons à cela. En premier lieu, les lecteurs apprécient qu'un écrivain produise le même livre année après année. Ainsi, ils gardent leurs repères et peuvent acheter ses nouveaux ouvrages en toute confiance: rien ne vient perturber leurs habitudes. La constance passe avant les autres qualités. Mais il se trouve que tous les romans de Harris sont très différents. Il devait donner à ses éditeurs l'impression qu'il essayait de démarrer une nouvelle carrière à chaque manuscrit.

La seconde raison à l'origine de cet anonymat relatif pourrait résider dans une qualité particulière que tous les livres de Harris semblent partager. En effet, un écrivain peut difficilement empêcher une certaine continuité dans son œuvre, même si le sujet et le décor de ses romans vont de la Venise de la fin du XVIIIe siècle au Japon en temps de guerre, des débuts de l'industrie cinématographique au terrorisme dans la France moderne. Et ce qui est constant dans les ouvrages de Harris, c'est le point de vue qu'il a sur le monde, un point de vue tout sauf américain, pourrait-on dire. Il s'agit du regard qu'un adulte intelligent pourrait poser sur l'absurdité tragi-comique de l'existence. Les protagonistes de Harris ne font en général pas preuve d'héroïsme. Ils sont ironiques, spirituels et pleins d'empathie, avec un sens aigu du ridicule. Et bien que cela puisse beaucoup plaire – à moi, par exemple –, ce n'est pas forcément au goût de tout le monde.

Ses romans sont en tout cas extraordinairement intéressants. Ainsi que passionnants : Harris savait mieux que quiconque capter l'attention et la retenir, et comment agencer les événements d'un récit de manière à nous faire tourner la page.

Une autre de ses grandes qualités est sa prose superbement adaptable, élégante et pleine d'esprit. C'est l'œuvre de quelqu'un qui prête le plus grand soin à chaque aspect des mots qu'il emploie, notamment leur poids, leur rythme et leur couleur. Une fois que j'ai ouvert l'un de ses romans, à n'importe quelle page, il me semble presque impossible de le refermer tant cette intelligence aiguisée me ravit.

Un ballon sur la banquise présente toutes les qualités de Harris sous leur meilleur jour. Il situe son intrigue dans une partie du monde sur laquelle il n'a jamais écrit et, de la manière qui lui est propre, évoque de façon merveilleuse la blancheur du blanc, la froideur du froid. Nous sommes dans l'Arctique, vers la fin du XIXe siècle, et notre narrateur, le major suédois Gustav Crispin, s'envole avec deux compagnons vers le pôle Nord. Le *Prinzess*, leur ballon sponsorisé par une brasserie allemande, est équipé du matériel le plus sophistiqué et d'instruments de navigation à la pointe, entre autres une radio primitive dont le major Crispin est très fier. Mais comme personne n'a encore inventé la TSF, il n'a rien à écouter si ce n'est le sifflement et le crépitement de l'atmosphère elle-même – qui lui indiquent, croit-il, la direction d'où l'on peut s'attendre à une tempête.

Le major est un personnage délicieux, un peu pompeux, un peu impatient, impulsif et passionné et, comme nombre des héros de Harris, totalement démuni en matière d'amour. Harris est très doué pour écrire sur ce sujet, en particulier l'amour improbable entre des personnes difficiles et impétueuses. L'histoire d'amour d'*Un ballon sur la banquise* est comique, sensuelle, et très émouvante. Il n'a jamais inventé d'héroïne plus exquise que la captivante et exaspérante Luisa.

L'arrière-plan technique de ce livre est impeccable – c'est-à-dire qu'il semble soutenir fermement les personnages, et d'une façon incroyablement convaincante. Cela compte, car tout lecteur souhaite avoir le sentiment que le monde de papier qu'il a sous les yeux existe, pourrait exister ou a existé. Les détails techniques, les vêtements, les réactions des personnages et les dialogues, tout comme les machines, contribuent à donner cette impression de réalité. Mais une recherche préliminaire un peu trop bien menée peut pousser vers un écueil : si l'écrivain est très satisfait de ce qu'il a découvert, il lui est parfois insupportable de laisser quoi que ce soit de côté. Aussi doit-il exercer son jugement pour maintenir ce délicat équilibre. Sinon, au lieu d'approfondir la perspective par un habile jeu d'ombres, il risque de surcharger l'intrigue de plus d'informations qu'elle n'en peut contenir. Personnellement, ma stratégie consiste à lire suffisamment pour être en mesure d'inventer de manière probante tout ce que je ne sais pas. Le réalisme du décor d'*Un ballon sur la banquise* est tel que si Harris l'avait créé de toutes pièces, je serais bien incapable de le dire. C'est fascinant. Et parfaitement dosé : nous entendons la voix persuasive de notre narrateur, fasciné par les dispositifs mécaniques et les problèmes mathématiques, le tout au service de l'intrigue.

La psychologie des personnages est également particulièrement subtile. La rencontre avec la mère timide de Luisa, toujours une pâtisserie à la main (« Connaissez-vous Mifouya ? »), est inoubliable. Quant à l'admirable Waldemer, sa tête « américaine bien vissée sur les épaules », qui pourrait rêver meilleur compagnon pour une expédition périlleuse ? À la fin de l'histoire, il n'a toujours pas compris ce que nous, compagnons plus perspicaces du major, avons deviné depuis quelque temps. Mais quel courage, quel moral d'acier ! Sans parler de sa façon d'utiliser un réchaud à pétrole ! L'ingéniosité avec laquelle Waldemer fait son café sans mettre le feu à l'hydrogène contenu dans leur ballon est savoureuse.

Petit point technique : une grande partie du roman est au présent de l'indicatif. Je me suis plaint à plusieurs reprises de cette mode du présent, désormais devenu presque le décor par défaut de tout récit aux aspirations littéraires. Entre les mains de la plupart des romanciers, c'est une affectation inutile. Mais s'il existe un roman dans lequel son usage est justifié, voire nécessaire, c'est bien celui-ci. J'espère qu'*Un ballon sur la banquise* trouvera autant d'admirateurs qu'il le mérite, et que nous verrons de plus en plus l'œuvre de ce romancier singulier, élégant et plein d'esprit. MacDonald Harris est un trop bel auteur pour qu'on le néglige.

12 juillet 1897

À 4 heures, Alvarez vient me prévenir que tout est prêt. Je me lève aussitôt et sors du hangar. L'air est immobile et limpide, le soleil suspendu dans le ciel, à l'est. Le vent souffle toujours doucement du sud, pas aussi fort que je l'avais espéré, mais peut-être est-ce suffisant. Je lui tourne le dos et m'accorde un moment de réflexion pour regarder vers le nord, la direction de nos espérances. Devant moi une plage brune semée de pierres s'étire jusqu'à la mer, interminable surface plate que le vent peine à se rider. Au bord de l'eau se trouve le *Prinzess*, rivé au sol par un système compliqué de cordages. C'est sur lui que depuis de nombreux mois tous nos projets, tous nos efforts se concentrent. Et ces derniers jours, nos préparatifs ont atteint leur paroxysme. Derrière, à 1 mille environ de l'autre côté du détroit, l'île d'Amsterdamøya se détache clairement dans la lumière cristalline du matin avec, à sa droite, la péninsule de Vasa. Je note une température de 5 degrés centigrades.

Alvarez se tient à mes côtés. Je n'ai pas besoin de me tourner vers lui pour savoir qu'il m'observe avec une expression que j'ai fini par reconnaître – non seulement chez lui mais aussi chez les autres membres de l'équipe de soutien, du médecin jusqu'au dernier cuisinier ou menuisier. Ils nous regardent comme si nous étions morts. Ou, plus précisément, comme on regarde des hommes qui vont périr d'une façon bizarre et complexe, jusqu'ici inconnue. Ou qui vont être exécutés, peut-être au moyen d'un dispositif inédit dont les effets pourraient impliquer une sorte d'extase inattendue avant l'annihilation finale. Ce n'est pas vraiment de la compassion. Ce qui nous attend est sans précédent, à tel point que ceux qui nous observent sont complètement indifférents à notre sort. Après tout, il nous est exclusivement réservé et n'est pas, comme un décès après une vulgaire maladie, un destin dont eux-mêmes risquent de faire l'expérience. Leur regard, distant et détaché, exprime donc de la curiosité plutôt que de la sympathie ou de l'envie : ils spéculent sur ce que nous pourrions éprouver à l'égard de ce qui bientôt nous séparera inexorablement de tous les autres hommes sur Terre. C'est le regard qu'on pourrait adresser à quelqu'un sur le point de partir pour la Lune, ou d'être accouplé à une déesse ou un fantôme. Et peut-être est-ce le cas ? Le mystère reste entier. Mais je ferais mieux d'éviter les métaphores fantaisistes et de me concentrer sur la tâche qui nous attend.

Alvarez, le chef de l'équipe, est un Argentin basané qui ne parle ni anglais ni suédois. Comme je ne parle pas espagnol, nous communiquons en français, langue de travail du camp de base. En tout cas, Alvarez n'est guère loquace : il travaille avec ses mains et son cerveau et ne parle que lorsque c'est nécessaire. Au bout d'un moment, sans cesser de m'observer, il me demande sobrement :

– *Ça va*[1] ?

1. Les pssages en français dans le texte original sont ici restitués en italique. (N.d.É.)

Il parle du vent. Je lui dis qu'il souffle suffisamment – enfin, peut-être.

– *Et il y a des perturbations au sud-est. Dans un petit moment, il se peut qu'il y en ait plus qu'il n'en faut et même trop.*

– *Alors nous devrions préparer le* Prinzess ?

– *Bien sûr. Immédiatement. Retirez ce qui est nécessaire. Ne laissez que les trois cordes d'amarrage.*

– *D'accord, commandant.*

Avec un hochement de tête à peine esquissé, le visage toujours sans expression, il disparaît en direction du hangar. Bientôt j'entends sa voix tranchante à travers les murs :

– *Allons les gars... à l'éveillée ! Tout est rassemblé... où sont les couteaux ? On part !*

La plupart des préparatifs sont achevés depuis des jours et ce qui reste à faire ne prendra pas plus d'une vingtaine de minutes : détacher les cordes de maintien, vérifier les instruments, finir de charger le matériel. Par habitude, bien que je sache déjà avec une précision quasi absolue ce que je vais y lire, je jette un coup d'œil à ma montre : presque 4 h 10. Après une dernière évaluation du vent, je retourne au hangar pour réveiller mes compagnons. Waldemer est déjà debout. Encore endormi mais appliqué, il s'occupe de ce qu'il a l'intention d'emporter. Quand je touche l'épaule de Theodor, il ne dit rien. Il ouvre les yeux et me fixe d'un regard ferme, qui ne s'égare pas sur les autres objets du dortoir. Puis il comprend et s'extrait de son sac de couchage, sans un mot. Ces sacs sont en cuir de renne, avec la fourrure à l'intérieur ; ils sont chauds, mais je peux prédire que les poils qu'ils perdent vont être agaçants. Theodor replie le sien de façon experte ; il semble tout à fait éveillé, à croire qu'il n'a pas dormi du tout. Toutefois, il n'est pas très loquace. Et c'est tant mieux ! Nous ne sommes pas ici pour causer. Nous devrions imiter Alvarez.

Je m'habille rapidement et rassemble les quelques instruments qui n'ont pas été embarqués la nuit dernière : les jumelles, le sextant, les deux chronomètres de poche. Je parle de nuit uniquement par habitude, car à la latitude du Spitzberg, le soleil estival rode en permanence à l'horizon tel un animal amical et stupide. Je vais vérifier que les autres instruments ont bien été installés dans la nacelle. Waldemer y range son matériel photographique qui, hormis le trépied rétractable, tient dans une sorte de grande mallette en cuir munie d'une poignée. Nous avons le temps de procéder à un ultime contrôle des chronomètres Kullberg 5566 et Kullberg 5587. Encore 2 minutes et 13 secondes d'écart entre eux ; ce chiffre est constant. Puis nous retournons au hangar. Theodor est en train de lacer ses bottes, la bouche étirée par la concentration. Alvarez a prévenu le médecin. Il vient de débarquer du *Nordkapp*, à l'ancre dans la baie, et attend pour nous examiner une toute dernière fois. Il est le seul qui sache – car comment pourrait-il ne pas le savoir – la bizarrerie de notre trio. Cet homme à la carrure d'ours, cheveux gris et moustache hirsutes, applique négligemment un stéthoscope sur notre poitrine. Nous n'avons ni fièvres, ni palpitations, ni mycoses visibles qui nous empêcheraient d'aller jusqu'au bout de notre *folie*, comme il dit.

– Faites-vous des rêves, major ? me demande-t-il tout à trac.

– Des rêves ? De quel genre ?

– Où vous rêvez que vous volez, par exemple. Ou que vous escaladez une montagne. Des rêves qui vous semblent… bizarres.

Je pourrais lui répondre que même mon existence diurne me semble bizarre, mais le moment est mal choisi pour une aimable conversation épistémologique.

– Posez-vous la question dans un but scientifique, ou simplement pour évaluer mon état ?

– Les deux, je suppose.

– Je suis en parfaite santé. Et je vous proposerais bien un bras de fer, mais pas cette fois. En avez-vous fini avec nous ?

– Je vous parle maintenant en tant qu'homme, non en tant que médecin. Je ne vais pas dire que j'ai de l'affection pour vous. Ce n'est pas le cas. Mais ce que vous allez entreprendre m'inquiète, je me fais du souci pour vous et pour les autres, comme je m'inquièterais pour n'importe quel être humain.

Je lui rends son regard poliment, mais sans laisser transparaître aucune expression. Il finit par me prendre par le coude et nous fait sortir ; une fois dehors, il m'entraîne un peu à l'écart.

– La chair a ses limites, et chacune a les siennes propres. Ce que vous dissimulez dans cette affaire va au-delà de l'imprudence : c'est criminel. Par ailleurs, je crois que vous allez vite découvrir que ce mensonge ne servira pas vos objectifs.

– Êtes-vous sûr de connaître mes objectifs ?

– J'aurais pensé qu'ils étaient assez clairs.

Je souris. Je pourrais lui rétorquer qu'en ce cas, il en sait plus que moi.

– Si je suis un criminel, vous auriez dû en informer les autorités.

– Je vous ai juré de ne rien dire, et vous savez que je serai fidèle à ma promesse. Mais vous allez tenir une vie entre vos mains… Trois vies, bien qu'à mon avis vous soyez davantage responsable de certaines.

– Merci pour ce conseil, docteur. Au revoir.

À ma grande surprise, il ne repousse pas ma poignée de main et réagit presque chaleureusement, ce me semble, à la pression de mes doigts. Mais il n'y a guère de chaleur sur son visage, seulement une immobilité des traits qui pourrait traduire non pas la désapprobation mais l'indifférence. Il me tourne le dos et repart sans un mot vers le vaisseau, sans attendre le moment crucial de cette entreprise à laquelle nous nous préparons depuis tant de semaines.

Je traverse de nouveau la plage rocailleuse. Au bord de l'eau, la grande sphère s'étire vers le haut, comme soumise à quelque mystérieuse attraction irréelle, et s'incurve vers le bas en une sorte de pustule ou de protubérance évoquant le col d'une fiole de laboratoire. Le maillage de minces cordes qui l'enserre forme une autre géométrie, celle du réseau dans lequel la sphère est prise. Pour la première fois, je suis frappé par sa beauté : le *Prinzess* tire vers le haut, les cordes vers le bas, et dans leur logique aveugle ces forces créent un ellipsoïde d'une rondeur féminine exquise. Les bandes alternées de soie rouge et blanche sont des entités parfaites et bien distinctes selon les lois de la géométrie sphérique. Pourtant, en un clin d'œil, elles fusionnent par une sorte d'illusion optique dans ce tout arrondi auquel rien ne pourrait être ajouté ni retranché. L'ensemble donne quelque chose d'éthéré dans sa substance mais parfait dans son concept, comme la pensée d'un mathématicien. Sous la brise, cette forme tremble, se creuse ici et là, puis retrouve sa belle courbure. Ses rayures rouge et blanc sont purement fonctionnelles, elles servent à assurer la visibilité du *Prinzess* de loin. Mais dans l'immensité désertique du paysage environnant, elles évoquent une intrusion, presque une frivolité. Tout le reste est gris ou brun, la mer est couleur de fer. Le vent demeure constant à 8 nœuds, soufflant du sud.

Une foule considérable s'est rassemblée au bord de l'eau : ouvriers, cuisiniers, marins du *Nordkapp*, et le vieux capitaine Nyblom, que je connais depuis l'expédition au Groenland. Perché au-dessus de la nacelle, Alvarez vérifie une dernière fois les guideropes et le mécanisme à vis qui permet de les détacher, au cas où ils seraient pris dans la glace ou accrocheraient un obstacle quelconque. Mes deux compagnons se tiennent près de la nacelle, les mains sur le rebord, attendant le signal pour embarquer. Theodor est élégant comme à son habitude : capote d'officier allemand fourrée, bottes de chez Foirot, rue Saint-Honoré. Je scrute son visage à la recherche du moindre signe d'émotion, mais il semble totalement sûr de lui, avec cette légère touche d'arrogance ou de mépris qui fait partie de sa nature. Ses cheveux sont coupés court et je vois qu'il s'est soigneusement nettoyé les ongles en vue de ce vol. Waldemer, lui, porte une épaisse veste de chasse matelassée et la casquette à rabats assortie. On devine, plus qu'on ne le voit, le long caleçon en laine qu'il porte en bas, du genre américain avec ouverture à l'arrière – disposition des plus pratiques. Quant à moi, j'ai l'habit confectionné sur mesure par des Esquimaux du Groenland en 1882 : manteau à capuche en peau de renne, culotte du même matériau et bottes en peau de phoque.

Alvarez redescend de son inspection des guideropes ; il a soigneusement contrôlé la soupape de manœuvre et vérifié le lest. Nous nous sommes passés de petit déjeuner ; il n'y a pas de temps à perdre si l'on veut profiter du vent favorable. Les câbles qui retenaient le *Prinzess* au sol ont été enlevés, ne restent que trois solides cordes de chanvre reliées à des piquets. Des ouvriers sont postés à côté, munis de couteaux qui ont été aiguisés la veille. Les conventions imposent un nombre considérable de poignées de main, et toutes les personnes concernées se sentent un peu idiotes. Ennemi de toute sentimentalité, Alvarez ne se prête pas à cette cérémonie. Les yeux fixés non pas sur moi mais sur le bas de la nacelle, il se contente de dire sèchement :

– *Bonne chance, commandant.*

Le capitaine Nyblom, pour une raison que j'ignore, secoue lentement la tête, sans se départir de son sourire norvégien ridé.

Un peu gênés par nos lourds vêtements, nous finissons par grimper dans la nacelle. À cause de sa volumineuse veste de chasse, Waldemer reste coincé une jambe dedans, une jambe dehors. Personne ne s'amuse du ridicule de cette posture. Je pense encore une fois à des condamnés pris dans les rouages d'un dispositif d'exécution légèrement dysfonctionnel : les spectateurs nous observent avec une combinaison de détachement et de curiosité. En déboutonnant son manteau par le bas, je réussis à aider Waldemer à franchir l'obstacle.

– Merci, major.

Il semble un peu essoufflé après cet incident, mais il sourit : s'il peut enjamber le rebord aussi adroitement, alors lui et nous tous pouvons sûrement venir à bout de ce qui nous attend ! Theodor ne donne pas l'impression d'avoir vu cette petite saynète. Il a grimpé à bord avec souplesse, comme s'il s'agissait d'un exercice déjà exécuté mille fois, et maintenant il attend tranquillement l'ordre suivant, ses mains gantées reposant sur l'osier. Les lobes de ses oreilles sont déjà gris et je me demande s'il sera capable d'endurer le froid bien plus intense que nous allons rencontrer sous peu.

À présent que nous sommes à bord, le mécanicien Eliassen et son assistant fixent une balance à ressort à la nacelle pour mesurer notre portance : 11,5 kilogrammes. Alvarez attend une accalmie du vent. Les cordes craquent, et à mes pieds les pigeons fournis par un quotidien de Stockholm roucoulent doucement dans leur caisse en osier. Dans l'air plane une légère odeur de pétrole, pas vraiment désagréable. Au sud, vers le centre de l'île, quelques collines rondes et grises nous observent comme un cercle de spectateurs. Légèrement au nord-est se dresse la masse plus volumineuse du Spitzberg – montagne que nous ne pouvons espérer franchir et que nous devrons contourner à l'aide de ce vent qui, espérons-le, ne deviendra pas capricieux. Dans la direction opposée, le *Nordkapp*, avec sa haute et mince cheminée et sa vergue de misaine tronquée, mouille docilement dans la baie. Il est trop éloigné pour que je puisse voir si le médecin nous regarde, mais je suis convaincu que non : il est sans aucun doute dans sa cabine en train de rédiger son rapport d'examen. Il est 5 heures passées d'une ou deux minutes. Je ne vois plus Alvarez, juste en dessous de la nacelle, mais je l'entends parler dans son français rapide : il demande pour la dernière fois si tout est prêt, recommande à l'assistance de s'écarter des guideropes. Soudain, Eliassen arrive en courant sur la pierraille avec quelque chose dans la main, et je capte le mot *dagboken* : j'ai oublié l'agenda de poche acheté il y a seulement deux semaines à Stockholm, sur la Drottninggatan, dans l'intention d'y consigner mes notes sur ce voyage. L'objet m'est remis au milieu de plaisanteries sur les savants distraits. De sous la nacelle, la voix à la cadence télégraphique continue de donner des ordres.

– *Attendez un moment… du calme… attendez.*

Une pause, si parfaitement silencieuse qu'on entend le tic-tac des deux chronomètres et le bruit de l'air dans le gréement, puis le vent baisse d'un ton.

– *Coupez ! Coupez tout !*

Au même instant, je sens la nacelle bouger. Elle s'incline avant de s'élever lentement. En bas, les visages pâles forment un parterre de fleurs bizarres qui se détachent sur le brun de la plage et suivent nos mouvements comme les tournesols suivent le soleil.

En dessous de nous, les hangars, le camp, les visages blancs levés vers le ciel, tout cela rapetisse, et paraît comme tiré progressivement le long d'invisibles lignes de force. Je regarde par-dessus le rebord pour m'assurer que les guideropes traînent correctement. Ils glissent sur la plage puis entrent dans la mer, où ils nous suivent en traçant trois sillons serpentins sur l'eau. Ralenti par leur frottement, le *Prinzess* se met à pencher. Nous commençons à descendre vers la mer, lentement d'abord, puis nous tombons à une vitesse alarmante. Lorsque nous frôlons les crêtes des vagues, je distingue très clairement quelque chose qui brille sur l'eau : un morceau de papier d'aluminium ou de papier d'argent, probablement l'emballage d'une plaque photographique utilisée pour les clichés pris la veille. Waldemer a déjà la main sur la cordelette du lest. Mais il ne faut pas en lâcher trop tôt. Sinon, nous devrons libérer du gaz pour ne pas remonter trop haut. Et nous allons avoir besoin de ce gaz plus tard. Au dernier moment, il tire sur le cordon et un jet de fine grenaille de plomb gicle vers le bas en sifflant. La nacelle heurte l'eau dans un choc bruyant, quasi métallique. Nous sommes projetés les uns contre les autres et conservons non sans mal notre équilibre. Waldemer cherche encore à tâtons le cordon du lest, mais je retiens son bras. La nacelle touche la mer de nouveau, moins brutalement cette fois, et ce dernier contact avec la sphère terrestre semble lui donner de la force. Le *Prinzess* s'élève un peu, hésite et descend, puis recommence à prendre de l'altitude. Les guideropes remontent d'autant, jusqu'à ce qu'il n'en reste plus qu'un tiers dans l'eau.

Waldemer croise mon regard et secoue la tête ; il sourit à présent, mais halète encore un peu à cause de l'excitation.

– Bourrique de ballon ! Il a failli nous faire boire la tasse avant même que nous ne soyons réellement partis !

Theodor ne dit rien. Le camp et le demi-cercle d'observateurs sont désormais presque invisibles. Sur la plage, nous distinguons encore les hangars et, devant eux, à peine détectables, quelques têtes d'épingle et des taches bigarrées, notre dernier aperçu de nos semblables. Le bateau est un jouet. Au nord-est, je vois des terres émergées qu'auparavant je ne connaissais que sur les cartes : l'extrémité de la péninsule de Vasa, Vogelsang et les autres îles périphériques. Waldemer se souvient soudain de quelque chose. Il ouvre la mallette en cuir et en extrait son matériel photographique : un grand coffret en chêne avec une sorte de lunette sur le devant, le trépied et un certain nombre de plaques, chacune dans son châssis. Il déchire le papier d'aluminium qui enveloppe l'une d'elles et le jette par-dessus bord ; l'objet plonge avec lenteur, tel un oiseau d'argent. La plaque glisse dans la fente et en ressort, *clic-clac*. Comme tous les spécialistes, Waldemer se plaint du matériel.

– À cette distance, évidemment… et depuis une plate-forme en mouvement ! marmonne-t-il.

On ne verra que des chiures de mouches sur la plaque. Mais son instinct de journaliste s'en contente et notre départ est enregistré pour la postérité – dans la mesure où cette postérité lit l'*Aftonbladet* de Stockholm ou le *Herald* de New York. Theodor a installé le théodolite ; il est en train de procéder à un ultime relevé pour vérifier notre cap. Il incline le tube vers le bas, l'ajuste pour qu'il s'aligne exactement sur le camp, lit la mesure sur la bague des azimuts et la note dans son carnet. J'ai du mal à croire que nous sommes enfin partis. J'ouvre mon agenda, trouve la page du 12 juillet et écris : *0501 GMT. Ascension depuis l'île Danskøya. V. du sud 8 nœuds, ciel dégagé.*

Mes émotions sont complexes et difficiles à corroborer. J'éprouve un immense désir qui est à la fois plaisir et douleur, comme ce qu'on peut ressentir pour une femme. Je suis certain que ce désir sera assouvi, mais je ne sais pas encore comment, puisque je n'en comprends pas encore tout à fait la nature. Pour la première fois m'apparaît la vérité de ce que j'ai dit au médecin il y a une heure seulement. Mes motivations ne sont pas si claires que ça. Pendant des années – pendant toute ma vie, en fait –, le mécanisme de mon destin a œuvré en secret, ses rouages m'ont conduit exactement à cette heure et ce lieu, et nulle part ailleurs. M'élevant lentement au-dessus de la Terre qui m'a créé et a assuré ma subsistance, je suis emporté inéluctablement vers un endroit inhabité et hostile – ou, au mieux, indifférent –, jonché d'ossements d'explorateurs et d'épaves, de caches à provisions gelées, de messages griffonnés par des doigts frigorifiés dissimulés dans des cairns qu'aucun œil ne verra jamais. Personne n'est allé aussi loin, et beaucoup sont morts.

Pourtant, en m'engageant de mon propre chef dans cette aventure, en choisissant ce moment et pas un autre – ce moment où le vent du sud me porte vers le nord exact à la vitesse de 8 nœuds –, j'ai fait du mécanisme de mon destin le serviteur de ma volonté. Cela, je le comprends, comme je comprends chaque détail technique qui rend tout cela possible. Mais pourquoi ce lieu ? Le pôle Nord, personne n'en veut ! À quoi bon ? Est-il comestible ? Pourra-t-il vous transporter de Göteborg à Malmö comme le chemin de fer ? Les pasteurs danois ont déclaré que la participation aux expéditions polaires était bénéfique pour la vie éternelle de l'âme – c'est du moins ce que j'ai lu dans un journal. Je ne suis pas certain de la façon dont cela doit être interprété, sinon que le Pôle est un but difficile, voire impossible, à atteindre que l'on doit néanmoins poursuivre, puisque l'Homme est condamné à rechercher et à connaître toute chose, que ce savoir lui procure ou non du plaisir. Bref, c'est cette même soif irréfléchie de connaissance qui causa l'expulsion de nos Premiers Parents du jardin d'Éden.

Et supposons que vous le trouviez malgré tout, cet endroit merveilleux où tout le monde est tellement impatient de poser le pied. Vous trouveriez quoi, au juste ? Absolument rien. Un point exactement identique à tous les autres planté dans un désert sans relief aucun, qui s'étend sur des centaines de milles à ronde. C'est une abstraction, une fiction mathématique. Personne à part un Suédois fou ne pourrait lui trouver le moindre intérêt. Justement, me voici. Le vent souffle toujours du sud, nous portant fermement vers le nord à la vitesse d'un chien qui court. Derrière nous, peut-être pour toujours, se trouvent les Cités des Hommes avec leurs tasses à thé et leurs têtes de lit en cuivre. Je pars de mon propre gré rejoindre les fantômes de Bering et de l'infortuné Franklin, de De Long et ses hommes, morts de froid.

Ce que je suis tout près de découvrir n'est pas un éphémère point mathématique. C'est moi-même. Le médecin avait raison, même s'il m'est antipathique. Je suis un dangereux malade qui défie son égoïsme en même temps qu'il lui cède. Pour le docteur, je suis un criminel, et pour les pasteurs danois une sorte de prophète ou de saint – ce que je serai peut-être si je réussis. Mais si je réussis quoi exactement ? J'ai oublié mes propres arguments sur la vacuité de mon objectif.

Bien entendu, je ne note rien de tout cela dans mon journal, pas plus que je ne me confie à mes compagnons. Je me suis déjà rendu compte que ce petit carnet, avec son calendrier en suédois et ses phases lunaires imprimées comme des vignettes amusantes, sera totalement inadapté au récit véridique de ce qui nous attend. Car ce qui nous attend ne peut se produire qu'à l'intérieur de nos trois esprits, et y sera enregistré dans le système infiniment compliqué de fibres et de charges électriques que nous appelons, sans bien tout comprendre, la mémoire. Les événements extérieurs n'existent que s'ils sont fixés par ce mystérieux organe. Les événements les plus importants des prochains jours seront donc ceux qui se dérouleront à l'intérieur de mon esprit. Et je n'ai guère l'intention de communiquer ces phénomènes cérébraux complexes à mes compagnons, et encore moins au monde en général, même si c'était possible – or ce n'est pas le cas. Le contenu de l'esprit est infini dans ses circonvolutions et cent encyclopédies ne suffiraient pas à en contenir une seconde. Alors un petit carnet en peau de porc à 2 *kronor*…

Il est donc clair que, comme Christophe Colomb, je vais devoir tenir deux journaux de bord : un agenda réservé à ce qu'on appelle grossièrement « les faits », et un Journal mental où seront consignés les événements authentiques. Le journal que Colomb montrait à son équipage était d'ailleurs mensonger. Les positions indiquées y étaient fausses, forgées pour apaiser ses hommes qui craignaient de basculer par-dessus le bord du monde. Le carnet en peau de porc, lui aussi, devra mentir. Mais pas tout à fait de la même manière. S'il est destiné à mentir, c'est que les événements extérieurs de notre vie n'ont que peu de rapports, voire pas du tout, avec ce qui nous arrive réellement. Les plaisirs et douleurs qu'éprouve le corps sont des piqûres d'épingle, et l'homme intelligent les méprise. Ce n'est pas le corps, mais l'esprit – ce monstre, ce tyran – qu'il faut tromper pour lui faire croire que son sort est heureux. Le monde extérieur n'existe que dans la perception que j'en ai, laquelle est toujours déformée par la lentille chatoyante de ma conscience. Le Journal mental doit donc s'intéresser aux événements intérieurs en même temps qu'extérieurs.

Il est tout aussi clair que dans cet étrange document, le passé et le présent doivent se mêler comme des couches d'eau chaude et d'eau froide qui fusionnent progressivement dans la mer. À peine a-t-on perçu quelque chose que c'est déjà un souvenir, et entre les souvenirs proches et lointains, on ne peut guère choisir. Luisa dans le salon du quai d'Orléans, Theodor à un mètre de moi dans la nacelle – l'un est réel, l'autre une image projetée par une sorte de lanterne magique sur mes fibres cérébrales vibrantes d'électricité. Mais lequel des deux est quoi? Si je ferme les yeux, ils se brouillent et se confondent: sous un certain angle, leurs profils sont semblables, son mépris et sa pâle chasteté, son courage et sa prompte colère. Puis-je affirmer avec certitude que le contact du ballon sous ma main gantée est un fait, alors que l'odeur chaude d'un cheval de fiacre sous le soleil, ou le claquement des sabots sur une avenue du Bois sont des souvenirs? Car ma perception tactile devient, elle aussi, un souvenir à l'instant même où je cherche à la saisir ou à l'appréhender.

Tout le monde ne partage probablement pas ces difficultés. C'est là ma force et ma faiblesse; j'ai fini par me rendre compte que je suis particulièrement sensible à l'invisible – des forces invisibles pour autrui sont tout à fait réelles et présentes pour moi. Il est certain que Waldemer, par exemple, n'a aucun mal à composer avec le monde extérieur. Lui-même, solidement tridimensionnel sur le fond blême de l'horizon, en fait partie. Il est ici dans la nacelle et non à Paris, en train de développer le cliché pris au moment de notre départ. Aucun doute là-dessus. Bien qu'il ne se soit que récemment initié aux mystères de la photographie, il les maîtrise déjà et parle avec compétence de l'aspect chimique, préférant pour le développement le procédé alcalin, qui autorise des temps de pose d'un cinquième de seconde et parfois moins. La tête et les épaules de Waldemer sont pour l'instant cachées sous une petite tente de drap noir qu'il a dressée sur sa valise ouverte. À l'abri de la lumière, il trempe la plaque dans un bain d'acide pyrogallique additionné de bromure de potassium, fixe l'image dans une solution d'hyposulfite de soude, puis rince la plaque pendant plusieurs minutes dans une cuvette d'eau douce. Le voici qui émerge, tenant prudemment le cliché par les coins. Il le brandit vers le soleil pour voir l'image par transparence, dans une pose hiératique qui pourrait laisser penser qu'il la montre au dieu Hélios afin qu'il l'examine ou même en fasse l'éloge.

– Ah ! Bon, le contraste est un peu extrême, comme je m'y attendais. Quoique…

Il suspend la plaque au gréement avec une paire de pinces. Sans être pleinement satisfait du résultat, il est content quand même. Le simple fait de réussir une manipulation nécessitant tout ce matériel et un tel degré de compétence technique a de quoi réjouir Waldemer. Comme beaucoup, voire la plupart des Américains – et cela explique sans doute la réussite de cette remarquable nation –, il ne sait pas rester inactif. Un soupir ou deux de satisfaction, un coup d'œil sur l'horizon, et le voilà qui lorgne par l'oculaire de l'instrument que Theodor a laissé dans un coin. Puis il remet la housse en toile sur le théodolite.

– Pour notre cap, je dirais nord quart nord-est moins un demi-rhumb.

– Très bien.

– Rien n'est moins sûr cependant, car les guideropes sont hors de l'eau et on ne peut pas s'en servir pour viser. Le soleil est sorti de la brume et réchauffe le gaz, c'est cela qui nous a fait prendre de l'altitude. La poignée de ballast que nous avons lâchée tout à l'heure se fait sentir par son absence.

C'est assez évident.

– Huit heures. Il est grand temps de prendre notre petit déjeuner. Je serais heureux de le préparer.

Il a raison sur tous les points. Le soleil s'est extirpé du halo brumeux qui encercle l'horizon et brille désormais plus chaleureusement. Il semble vibrer quand on le regarde directement. Pénétré par cette énergie, le *Prinzess* enfle et s'élève. Les trois guideropes qui filaient tout à l'heure derrière nous dans la mer pendent désormais librement, loin au-dessus de l'eau. Nous ne pouvons plus estimer notre cap grâce aux traces serpentines qu'ils laissent dans l'océan. Notre boussole solaire est désormais notre seul guide. Waldemer a aussi raison en ce qui concerne l'heure – qu'il a lue sur sa montre de gousset fiable, fabriquée au Massachusetts. Il est grand temps de prendre le petit déjeuner. Il est toujours heureux de se rendre utile, surtout si cela implique l'usage d'un quelconque dispositif. Et il se trouve que la préparation du petit déjeuner implique justement un réchaud à pétrole de type Primus – appareil simple mais admirable en soi –, mais aussi le système que Waldemer a mis au point pour empêcher le Primus d'enflammer l'hydrogène contenu dans l'immense enveloppe en soie au-dessus de nos têtes. La cafetière est d'abord remplie d'eau et de la dose adéquate de café. Ensuite, elle est posée sur le réchaud sur lequel elle est maintenue en place par des pinces, et l'ensemble est descendu sous la nacelle au bout d'une corde d'une dizaine de mètres. Puis Waldemer manie avec précaution deux cordelettes, l'une reliée à un allume-réchaud et l'autre à la molette qui en contrôle le combustible. Finalement, après un certain nombre d'échecs, un scintillement jaune apparaît, accompagné de l'odeur du pétrole qui brûle. La flamme vire au bleu : le Primus fonctionne.

– Aha ! s'exclame Waldemer, victorieux.

Il est content de lui. Je souris moi aussi. Notre compagnon est vraiment un type formidable, un héros de notre temps. Il a beau être journaliste de profession, sa véritable mission dans la vie est de présider aux allume-réchaud, aux armes à feu et à tous les autres astucieux mécanismes qu'une civilisation trop évoluée en est venue à considérer comme des nécessités. Il est un emblème de notre siècle et, plus encore, du siècle à venir – celui des voitures automotrices qui finiront par rendre les jambes inutiles. S'il préfère le bœuf en boîte à celui du boucher, ce n'est pas parce qu'il a meilleur goût, mais parce que l'ingéniosité avec laquelle il est conservé dans un récipient en fer-blanc lui plaît. Il est dépourvu de toute sentimentalité envers la nature. Pour lui, un animal est un objet qu'on vise avec un fusil et qui se transforme en viande dès qu'on actionne le mécanisme exquis de la détente. Il n'a aucune hostilité envers les animaux : ce sont seulement des machines quelque peu inférieures, malodorantes et sujettes à la brucellose et autres dysfonctionnements. Waldemer est un vieux compagnon de route. Il m'est indispensable parce que sans lui je ne suis guère plus que la moitié d'un homme – et je suis incapable de me passionner pour un allume-réchaud. Ensemble, nous sommes au moins un homme un tiers. Les machines ne sont pas parfaites, bien sûr, et Waldemer non plus. Les choses ne se passent pas toujours comme il l'a prévu. Ce qui est heureux, car s'il était aussi infaillible que le sont les machines dans les rêves de leurs concepteurs, il ne serait pas humain et je ne me soucierais pas de lui comme je le fais. À chaque rotation de ses rouages, un minuscule atome de la machine s'use et elle n'est plus la même. Et puis il y a des impondérables. Et cela,

Waldemer ne l'a jamais compris. Parfois une machine qu'on croit parfaite, mais qui en réalité possède son âme propre, se retourne contre son créateur dans une trahison silencieuse bien plus dangereuse que celle de n'importe quel animal. Mais…

Je me prends à imaginer que c'est mon ancêtre qui a inventé le feu, et celui de Waldemer la roue.

Le premier aperçu que j'ai eu de lui était emblématique de l'homme tout entier : un jour d'été, sur une route de campagne en Pennsylvanie, il m'a doublé. Il était sur une bicyclette – cet ingénieux dispositif que l'être humain a conçu comme une extension de son appareil locomoteur. Pour un mathématicien, la bicyclette est particulièrement intéressante en ce qu'elle ramène au défaut bien connu des membres inférieurs : il n'y en a que deux. L'un est constamment avancé pour anticiper l'étape suivante tandis que le poids du corps repose sur l'autre, en une configuration instable qui entraîne titubements et mouvements inefficaces. Aussi la nature a-t-elle créé au fil de l'évolution le cheval et autres quadrupèdes, de sorte qu'un nombre suffisant de pattes soit toujours là où il faut et sans effort excessif. Mais la roue est bien supérieure au quadrupède. À bicyclette, il y a toujours une jambe – un point mathématiquement infini de la roue – sous le corps en progression. Le cycliste peut se permettre de détendre ses membres de temps en temps, et il n'est même pas obligé de prêter attention à ce qu'il fait. La roue, dans sa stupide persévérance, s'occupera de la physique à sa place. Sa progression est assurée, et il peut à sa guise ajouter de l'élan ou le contrecarrer en actionnant tour à tour les pédales ou les freins. Simple animal locomoteur, il est parvenu, en se combinant avec le produit de sa pensée, à se transformer en un animal grandement amélioré. Ainsi Waldemer, par cette bucolique journée d'été, essaya-t-il de ralentir sur la route poussiéreuse et s'étala-t-il devant moi avec sa machine.

Un peu moins enjoué, il s'extirpa de sous sa monture, épousseta ses vêtements et se présenta. Il avait alors une trentaine d'années. C'était un jeune homme trapu avec un beau visage, des sourcils droits et une moustache douce et touffue en forme de… guidon de bicyclette. Il ressemblait aux héros propres sur eux qui peuplaient les romans américains à deux sous que je lisais, enfant, à Stockholm. Ces héros qui sourient mais sans jamais perdre le petit pli soucieux sur le front qui veut dire « je prends la vie au sérieux ». Et peut-être était-ce prémonitoire, car nous nous apprêtions justement, lui et moi, à jouer les aventuriers. Waldemer était d'une amabilité à toute épreuve, et son intelligence ne faisait aucun doute. Il venait de commencer à travailler comme correspondant du *New York Herald* pour la Pennsylvanie et il considérait notre rencontre comme sa première « opportunité » (l'Américain type qu'il était aimait bien ce mot) d'oublier son enfance provinciale pour accéder enfin à la scène internationale. Après m'avoir expliqué cela, il m'aida à m'installer sur le guidon de sa machine et nous partîmes à la recherche du Woodlawn State College et du professeur Eggert.

Cuthman Eggert était à l'époque une autorité de premier plan en matière d'aéronautique. Je m'étais rapproché de lui par curiosité intellectuelle, mais aussi sans doute parce que le démon qui sommeillait en moi sentait obscurément que les ballons allaient jouer un rôle dans ma destinée. J'avais lu à la bibliothèque de l'Institut royal de technologie de Stockholm ses articles sur la manœuvrabilité des ballons à gaz, et il avait à son tour pris note de mes propres publications sur l'aéromagnétique.

Nous avions correspondu, échangé nos opinions, et étions convenus de nous rencontrer. Moi parce que mon objectif se trouvait hors de ma portée, dans le ciel, et lui parce qu'il espérait que ma connaissance des phénomènes magnétiques pourrait l'aider à résoudre le problème de la manœuvrabilité.

Il se révéla être un petit homme osseux et sans humour, passionnément dévoué à ses recherches et à peine conscient des aspects pratiques de la vie quotidienne. Avec lui, pas de bavardages. Il me proposa une ascension pour l'après-midi même et nous allâmes ensemble voir son matériel, qu'il remisait dans un hangar en lisière du terrain de hockey de l'université. Sur les trois ballons qu'il possédait, un seul était en état de marche. Plutôt petit, il était capable d'emporter environ 150 kilos, nacelle comprise. L'enveloppe – une seule couche de soie ordinaire vernie après couture – fuyait sans doute abominablement. Ses méthodes de production de gaz étaient tout aussi primitives, bien que conventionnelles pour l'époque. Il était obligé d'élaborer son hydrogène sur place en ajoutant de la limaille de fer au contenu d'un grand flacon en faïence rempli d'acide muriatique, puis d'éliminer toute trace d'acide et d'humidité en faisant passer le gaz à travers un système de filtres. L'hydrogène était ensuite acheminé vers le tube de remplissage du ballon. Nous dûmes nous y mettre à trois pour le maintenir en position pendant qu'il se gonflait et prenait progressivement forme. Tout ce processus durait trois ou quatre heures, entrecoupées de pauses au cours desquelles le professeur Eggert était obligé de déboucher le flacon pour rajouter de l'acide et de la limaille. Enfin l'aéronef enfla comme un soufflé, avec sa nacelle dessous ; seuls quelques sacs de sable l'empêchaient de s'élever. Sur le terrain, les joueurs de hockey, voyant ces préparatifs, s'arrêtèrent pour nous regarder.

Alors eut lieu un moment de confusion extraordinaire – et tout à fait puérile, quand on y repense. C'est seulement à ce stade qu'il fut évident que le ballon ne pouvait transporter que deux personnes. Le professeur n'était pas allé jusqu'à réfléchir aux arrangements pratiques : qui serait du voyage ? Il m'invita à monter et grimpa lui-même, laissant Waldemer planté sur le terrain herbeux, toujours poli, toujours de bonne humeur mais retenant fermement la nacelle d'une main. Waldemer signala alors qu'il était venu tout exprès de Harrisburg à la demande de son journal pour décrire les sensations d'un voyage en ballon et qu'il subirait une perte financière s'il était empêché de le faire. Cela me sembla raisonnable et je redescendis. Waldemer monta dans la nacelle, après quoi le professeur descendit à son tour. Non qu'il soit mécontent ou irrité, mais simplement parce qu'il lui semblait préférable, en attendant que ces questions pratiques soient réglées, que tout le monde discute calmement les deux pieds sur terre. Waldemer, toutefois, ne descendit pas. Il consolida sa position avec obstination et logique, s'accrochant à la nacelle de cette bicyclette céleste qui allait bientôt résoudre pour lui un autre des défauts anatomiques de l'Homme : son manque d'ailes.

Sa mâchoire bien dessinée était crispée, et il était clair qu'il n'allait pas renoncer. Quel bénéfice l'humanité pourrait-elle tirer de cette ascension – celle-ci ou une autre – si elle n'en avait même pas connaissance ? Et qui, sinon le journalisme moderne, pour diffuser cette information à travers le monde ? Si ce vol valait la peine d'être entrepris, ce n'était que dans la mesure où il était amené à entrer dans les annales du progrès. Et les gardiens de ces annales étaient ceux qui immortalisaient des événements éphémères grâce à la permanence de la page imprimée. C'est-à-dire lui-même, Waldemer, les autres employés du *Herald* de

New York, et leurs collègues d'un bout à l'autre des États-Unis et dans le monde entier.

On pourrait penser que le professeur Eggert lui céda par lassitude, mais pas du tout. Il avait finalement été convaincu par ses arguments. Malgré son naturel abscons et son repli dans l'isolement scientifique, il n'était pas insensible aux avantages et même à la nécessité de la publicité. Il m'invita donc à remonter dans la nacelle. Je pris place à côté de Waldemer et, croyant libérer du lest, ce dernier tira sur le cordon du panneau de déchirure. L'enveloppe de soie lâcha un halètement, se plia en deux comme un homme qui a reçu un coup de poignard, et commença à s'affaisser très lentement sur nous. Les joueurs de hockey poussèrent des hourras moqueurs. Nous eûmes tout le temps de sortir de la nacelle et de rejoindre le professeur Eggert pour contempler avec lui le ballon qui reposait désormais à nos pieds, comme un tas de vêtements abandonnés.

Il y avait abondance de limaille de fer dans le coin, car la Pennsylvanie centrale est criblée d'usines sidérurgiques, mais l'acide muriatique était onéreux. Je dus en acheter sur mes propres deniers une autre bonbonne, qu'il fallut faire venir de Harrisburg en chariot. L'ascension fut donc reportée au lendemain, et cette fois il n'y eut pas d'anicroche. Waldemer et moi survolâmes une heure durant les mosaïques d'exploitations divisées en parcelles rectangulaires, pour atterrir finalement dans un champ de seigle. Le professeur Eggert nous avait suivis dans un cabriolet tiré par une jument intelligente qui avait beaucoup appris sur les mouvements des ballons et était capable de trouver le lieu de leur atterrissage presque sans être guidée.

Waldemer était un assistant précieux et utile. Il apprit rapidement à distinguer le cordon de dégonflage de la commande du lest, et nous réalisâmes ensemble de nombreuses envolées au-dessus des collines de la Pennsylvanie. Nous finîmes par surpasser le dévoué et décharné professeur Eggert, notre mentor, et connaître sur les ballons des choses qu'il ignorait.

Bien qu'érudit et passionné, le professeur manquait quelque peu d'imagination. Il était obsédé par la recherche d'un moyen de diriger les aéronefs afin de les libérer des caprices des vents. Il avait essayé des pales de toutes sortes, et était depuis un moment douloureusement proche de la solution – bien que sa démarche soit ridiculisée par les théoriciens de l'époque. Renonçant aux pales (mauvaise idée !), il s'était finalement tourné vers des hélices actionnées par des pédales et des dispositifs émetteurs de gaz. Je n'ai guère d'opinion là-dessus, même si je ne doute pas qu'un jour ou l'autre, tout sera réalisable. Certaines des expériences d'Eggert étaient très dangereuses et, bien que prêt à confier sa propre vie à ses appareils non testés, il n'était pas disposé à risquer celle d'autrui. Il se servait donc fréquemment d'animaux comme cobayes. Ce qui entraînait des difficultés insolubles et exaspérantes ayant trait au dressage des chats à actionner des soupapes, par exemple.

Ces écueils avaient, à mon avis, perturbé le cours de ses recherches. Pendant la durée de notre collaboration, ses réflexions restèrent complètement bloquées sur la possibilité d'utiliser l'électromagnétisme à des fins directionnelles. Il savait que les lignes de force électromagnétiques s'incurvaient autour du globe d'un pôle à l'autre comme un gracieux vêtement féminin, et aussi que ces champs étaient liés d'une manière insaisissable aux forces électrostatiques qui produisaient la foudre, le feu Saint-Elme et d'autres paraphénomènes atmosphériques. J'eus de nombreuses discussions avec lui sur ce sujet. Il soutenait que, puisque le champ magnétique était constitué de lignes de force – ou du moins qu'on en parlait communément de cette façon –, il devait y avoir une force en jeu. Et si elle existait, alors il devait être possible de l'exploiter dans un but utilitaire, comme manœuvrer un ballon. J'essayais de le convaincre que les prétendues lignes de force étaient absolument incapables de tirer un objet quelconque vers le nord ou le sud, et qu'elles pouvaient tout au plus orienter des objets parallèles, comme en témoignait l'aiguille d'une boussole. Mais lui soutenait que si l'aiguille d'une boussole subissait une rotation, c'était bien qu'une force agissait sur elle, et que cette même force pouvait potentiellement servir à faire pivoter un ballon. Je lui répondais que cela n'était pas la même chose que l'envoyer dans une direction contraire au vent. Que le ballon aurait beau tourner comme une toupie, l'aérostat n'en dériverait pas moins selon le vent, en vertu d'une loi stupide mais inévitable. Le professeur ne parvenait pas à abandonner l'idée que la question de la manœuvrabilité pouvait être réglée grâce à la rotation de l'aérostat. Là encore – ainsi que le prouveraient mes découvertes ultérieures –, sa pensée était prémonitoire mais pas assez imaginative. Il en était arrivé au point d'expédier dans ses ballons des barres de fer aimanté. Une fois, il y mit même un poulet entraîné à actionner un mécanisme qui verrouillait ces barres une fois qu'elles étaient alignées dans le sens qui convenait. Par malheur, cette expérience eut lieu à la fin de l'automne, juste avant une tempête, et un fort vent d'ouest emporta l'aéronef vers la côte atlantique et le large.

À l'époque de Benjamin Franklin et de Lavoisier, Eggert aurait peut-être pu se faire un nom dans le monde scientifique. Mais au XIXe siècle la technologie évoluait trop vite pour lui et il avait été incapable de surmonter le problème de la surspécialisation, génie et fléau de notre temps. Ma sympathie pour lui était grande, presque autant que ma dette scientifique – je lui suis encore redevable pour son enseignement tout à fait altruiste en matière d'aéronautique. Où est le professeur Eggert aujourd'hui ? Probablement toujours dans sa petite université, à expédier canards, chatons et étudiantes dans des ballons désuets, qu'il poursuit par monts et par vaux avec sa vieille jument.

– Major, vous êtes bien silencieux. Toujours plongé dans vos pensées, n'est-ce pas ? Ce doit être votre mysticisme scandinave.

C'est l'humour américain de Waldemer, un badinage émaillé d'insultes joviales.

– Beaucoup de métaphysique chez vous, les Suédois. Voyez Swedenborg. En hiver, vous avez trop de temps pour réfléchir, c'est votre problème. Prenez les Norvégiens : ils ont le même climat, mais ils passent l'hiver à faire du ski sur leurs collines. Ils ne pensent presque jamais, et ils sont dans une forme olympique !

Il tire sur la cordelette reliée à la molette du combustible pour éteindre le réchaud suspendu sous la nacelle, puis il remonte l'ensemble et récupère sa cafetière. Il en verse le contenu dans des tasses épaisses et incassables – il les a choisies lui-même – qu'il nous fait passer avec des tranches de gros pain beurré.

– Ah ! soupire-t-il avec satisfaction. Le petit déjeuner vous convient-il, major ?

En fait, je bois le café mais découvre que je n'ai guère d'appétit pour le pain, même beurré. Waldemer ne s'en aperçoit pas, il est en train de se faire à son tour une tartine.

– C'est mieux qu'un coup de bâton pointu dans l'œil, commente-t-il en mordant dedans.

C'est une de ses expressions multifonctions. Sans cesser de mâcher, il cherche un mouchoir dans ses poches et retire quelques miettes de sa moustache. De temps à autre, il fait descendre le pain avec une gorgée de café fumant qui entraîne un nouveau soupir de satisfaction.

– Il y a du vrai dans ce que vous dites, admets-je finalement. Mais vous simplifiez à l'extrême, comme d'habitude. Les Suédois sont peut-être métaphysiques en hiver, mais ils sont hédonistes en été. Aux alentours de Pâques, il y a comme une métamorphose, et jusqu'à l'automne, ils sont aussi dépourvus de métaphysique que vous autres Américains. Ils développent d'énormes appétits. Ils tombent amoureux. Je puis vous assurer qu'en été, un Suédois ne réfléchit jamais.

– Mais nous sommes en été ! Par conséquent, si votre théorie est correcte, vous ne devriez pas être plongé dans vos pensées.

– Ah ! Mais voyez-vous, c'est précisément entre l'été et l'hiver que nous nous trouvons à présent. À Stockholm, l'air est doux. Sur Danskøya, il faisait frais, mais encore à peine froid. Et maintenant nous nous dirigeons vers la glace et la neige. Bref, mon cher Waldemer, l'espace et le temps sont interchangeables. D'ordinaire, il s'écoulerait plusieurs mois avant que ma phase métaphysique apparaisse. Mais un déplacement géographique est aussi susceptible de déclencher cette phase.

– Trop profond pour moi. Encore un de vos paradoxes, j'imagine. Qu'y a-t-il, major, vous ne mangez pas ?

– Je le pourrais si nous allions vers le sud.

– Très spirituel. Donnez-moi votre pain, je vais le finir.

Waldemer engloutit ce qui reste de ma tartine (la plus grande partie, à vrai dire). Puis il procède méthodiquement à ses ablutions matinales. Il lui faut bientôt satisfaire ses besoins naturels, ce qu'il accomplit au moyen de l'ouverture ménagée dans son caleçon et d'un dispositif sanitaire que nous avons emporté à cette fin. Pendant ce temps, Theodor se retourne et regarde l'horizon. Ensuite, après s'être soigneusement lavé les mains, Waldemer prépare le nécessaire pour se raser. Il remplit une théière, la place sur le Primus, et fait une fois de plus descendre l'ensemble au bout de la corde. Conformément à sa règle personnelle proscrivant l'inactivité, il se brosse les dents en attendant. L'eau est vite chaude et la bouilloire sous la nacelle commence à gronder en émettant un panache de vapeur. Il la remonte, remplit le bol à raser et se couvre le visage de mousse de savon. Puis il extrait son rasoir droit d'un étui en noyer et éprouve le tranchant de la lame sur son pouce. L'outil est à quelques centimètres de sa joue quand il lâche une exclamation.

Quelque chose le trouble.

Il fouille sa trousse de toilette et affiche une expression d'inquiétude mêlée d'agacement.

– Zut ! Je n'arrive pas à mettre la main sur mon miroir de poche. J'étais sûr qu'il était ici.

Il se tourne vers moi, plein d'espoir.

– Major, est-ce que…

Non, malheureusement, je n'ai pas emporté de miroir. Je n'ai pas l'intention de me raser pendant cette expédition, expliqué-je. Et je prédis qu'il ne le fera pas non plus quand il verra à quel point cette opération devient pénible à mesure que l'on se rapproche du pôle Nord.

Il se tourne vers Theodor, qui secoue la tête poliment.

– Ah.

Waldemer est perplexe. Son visage est couvert de savon à barbe qui sèche rapidement. L'eau dans le bol refroidit.

– Hmm.

Il prend dans le panier à provisions une cuillère qui brille encore de l'éclat du neuf et tente en vain d'y capter son image.

Ne serait-ce qu'un timbre-poste, qu'il pourrait raser avant de passer à la parcelle suivante.

– Flûte !

La cuillère est pire que les miroirs déformants des fêtes foraines qui vous renvoient un reflet de nain au front immense. Waldemer est véritablement troublé par l'absence de miroir. Si l'expression n'était pas impropre à sa personne, je dirais qu'il est métaphysiquement troublé. Mais la simple impossibilité de se raser ne peut suffire à expliquer son anxiété. Il pourrait le faire à l'aveugle, guidé par le toucher, ou alors il pourrait ne pas le faire du tout. S'il se reprend vite, il peut encore se rincer le visage avec une eau relativement chaude. Mais non, la perplexité de Waldemer dépasse cette simple question du rasage. Ce qui le trouble profondément, c'est qu'il n'y a plus rien dans l'univers – puisque l'univers se réduit actuellement à l'aéronef et son contenu – qui puisse lui renvoyer son image et donc lui prouver son existence. Car si l'on capte son reflet dans un miroir, c'est que cette image a été générée par quelque chose, et ce quelque chose c'est soi-même. Se toucher le genou de la main gauche ou se cogner la tête contre un mur prouve seulement qu'on perçoit des sensations. Et qu'est-ce que percevoir des sensations, au juste ? Peut-être les sensations ont-elles leur existence propre et, suspendues dans le vide, se donnent-elles l'illusion d'appartenir à une personne. Tandis que le miroir confirme la réalité du monde extérieur. Certes, Waldemer, s'il le voulait, pourrait aussi demander à l'un de nous s'il existe : « Dites, mon vieux, je suis encore là, n'est-ce pas ? Et exactement le même qu'avant ? Ou à peu près le même ? »

Il en est ainsi de ces femmes qui demandent si on les aime encore, ou si elles sont belles aujourd'hui, ou si leur robe nous plaît. Mais c'est tout à fait typique de Waldemer de se fier à un appareil – car un miroir de poche est un appareil, aussi simple et minuscule soit-il – pour un besoin que d'autres satisferaient au travers des relations humaines. Waldemer est troublé et je ne sais pas trop ce qui se passe dans ma propre âme. Car la nuit dernière, dans le hangar, j'ai dérobé son miroir dans sa trousse de toilette et l'ai caché sous la caisse qui nous servait de chaise. Il y est sans doute encore, et Eliassen le trouvera comme il a trouvé mon agenda en cuir – que j'ai oublié tout à fait par inadvertance, en revanche. Aucune motivation métaphysique là-dedans.

– Ah, dommage, M. Waldemer a oublié son miroir. Comment va-t-il se raser ?

Comment, en effet ? Et pourquoi ai-je été si dissimulateur et si perfide ? Je n'en ai pas la moindre idée. Waldemer ne sait pas pourquoi le miroir lui manque à ce point, et je ne sais pas pourquoi je l'ai volé. Je conclus, et c'est préférable, que c'était un simple jeu de ma part. Un miroir est un objet futile et s'agacer de ne pas en avoir est très trivial. C'était juste une blague idiote, comme couper les boutons des bretelles d'un quidam. Faute de bretelles son pantalon tombe et il perd sa dignité. Il s'agit en réalité d'humour américain, comme le jovial badinage de Waldemer. Et je me réjouis de savoir qu'il n'y a pas de miroir dans l'aéronef. Pourquoi donc ? Je n'en suis pas sûr. Peut-être n'ai-je pas besoin de vérifier mon existence avec un petit appareil. Ou peut-être que je préfère ne pas vérifier. Ce menu trait de ma personnalité que je viens de découvrir est peut-être dangereux. Ou peut-être pas.

– Major, je me demande si je pourrais emprunter votre sextant. Le fait est que cet infernal savon sèche à une vitesse vertigineuse. Si je ne l'enlève pas bientôt, j'en serai tartiné comme un acteur du Grand Guignol pour le reste du voyage. Que je sois maudit d'avoir été assez stupide pour oublier mon miroir !

Dans notre entreprise, le sextant est essentiel pour la navigation, et donc pour notre survie. C'est un Koerner dernier modèle, auquel a été ajouté un niveau au mercure dans l'éventualité où l'horizon serait invisible. Je l'extrais délicatement de son coffret en bois et le tends à Waldemer. Celui-ci a du respect pour l'instrument, aucun risque qu'il le casse. Il le tient très soigneusement de la main gauche, la lame dans l'autre, et se rase sans quitter des yeux le petit morceau de sa joue visible dans le grand miroir. L'Homme, en inventant des instruments pour mesurer le monde, réussit à se mesurer lui-même. Ou, plutôt : voici l'Homme reflété par ses instruments. Quand il en a terminé, Waldemer me rend le sextant, que je remets dans son coffret. Puis il verse le reste de l'eau, encore tiède, sur ses mains et frotte vigoureusement les endroits fraîchement rasés. Enfin, il se sèche soigneusement avec une serviette qu'il accroche au gréement. Elle gèle immédiatement.

Theodor ne dit rien. Il a pris son petit déjeuner dignement, chassant chaque miette avant de s'essuyer les doigts sur un mouchoir en lin. Il a fait tout cela assez distraitement, sans vraiment y prêter attention. Puis il a posé sa tasse et contemple désormais d'un regard intelligent l'horizon, où il n'y a absolument rien à voir.

Malgré ses nombreuses qualités, Theodor ne sait pas encore tout à fait qui il est. Il se croit poète, mais ses rimes sont juste passables – et encore faut-il qu'il parvienne à surmonter l'influence de Heine. Il a aussi un faible pour les tenues militaires. Theodor a eu pour parents, comme Luisa, un père américain, à présent décédé, et une mère métisse née dans la colonie portugaise de Goa, sur la côte de l'Inde. Ils se sont rencontrés on ne sait comment à Paris, mais cela, c'est une autre histoire. La mère est à maints égards une personne intéressante, même si je ne peux pas dire que j'ai éprouvé beaucoup d'affection pour les Goans qu'il m'a été donné de connaître. La combinaison des sangs, d'après mon expérience, produit un mélange d'excitabilité portugaise et de paresse orientale, les côtés les moins attrayants de ces deux races. La principale contribution de la mère à l'Humanité a été de léguer son teint à Luisa. Ou à Theodor. (J'ai oublié un instant que je parlais de Theodor.) Son teint est à la fois olivâtre et translucide, pâle comme la lune et pourtant sombre ; exactement comme la lune, donc. En revanche, contrairement à la surface lunaire, affectée de diverses taches et cratères, ce teint est impeccable et évoque une exquise porcelaine.

La lune, la porcelaine… Trêve de métaphores ! Mais les êtres comme Theodor appellent les métaphores : en leur présence, elles naissent du milieu ambiant, pour ainsi dire. Sa voix est claire, plutôt haut perchée ; ce serait presque celle d'une soprano s'il était une femme. Puisque c'est la sienne, je dirai qu'elle est raffinée. Theodor est doté d'une grande culture, notamment scientifique et linguistique. Outre l'anglais et le portugais, il parle parfaitement le français, le suédois seulement avec un léger froncement de sourcils. Il a aussi un allemand de manuel scolaire et un italien de réceptionniste d'hôtel suisse. Avec ses yeux sombres et le long visage aristocratique des Silva e Costa, il est d'une beauté saisissante, surtout lorsqu'il s'exprime en français ou en suédois. Pourquoi l'ai-je emmené ? Parce qu'il a étudié l'aérostatique et sait relever un cap au théodolite, et aussi, ne nous mentons pas, parce qu'il peut nous régaler d'un peu de poésie si le voyage devient ennuyeux. Malgré mes préparatifs minutieux, je commence à percevoir des zones d'ombre et ambiguïtés. Qu'ai-je choisi d'emmener dans cette expédition ?

Et décidé de laisser derrière moi ? Retirer un miroir, objet utile s'il en est... Et emmener Theodor, à qui l'on pourrait reprocher d'être principalement décoratif.

Mais il se trouve que Theodor est l'idéal du jeune aventurier. Malgré son teint magnifique, il est endurci aux obstacles habituels que sont le froid, l'inconfort et la fatigue. J'ai gravi l'Aletschhorn avec lui en passant par le glacier, et il n'a jamais demandé grâce. Même quand mes propres jambes me faisaient un mal de chien. Il méprise autant les besoins de son propre corps que ses contemporains. Je serais bien en peine de dire ce qu'il aime. Peut-être ses vêtements, peut-être son défunt père, ou même moi, avec sa distance un peu hautaine. Je trouve curieux qu'en dépit de sa beauté il ne se regarde jamais dans un miroir. Comment s'assure-t-il de son existence ? Réside-t-elle à l'intérieur de lui ? Il est indifférent au fait que son teint et ses yeux sombres ne sont pas faits pour ces latitudes. Il y a chez lui quelque chose de persan, une langueur d'oasis, une indolence qu'il dompte ou ignore avec ce mépris de l'inconfort physique sans doute hérité de son père pionnier dans l'Ouest américain. Sa seule délicatesse est une pudeur presque féminine quant aux besoins naturels, pour lesquels il se retire derrière une toile tendue dans un coin de la nacelle. Waldemer ne l'a pas remarqué, mais Theodor ne s'est pas rasé ce matin et sa joue est aussi lisse qu'hier. Sa pleine virilité se fait encore attendre.

Ce *Prinzess*, le troisième du nom, est énorme. Il est quatre fois plus gros que les ballons auxquels j'ai eu affaire. C'est du moins l'impression qu'il donne, à présent que le désordre et l'animation des préparatifs sont passés et que nous voilà livrés à nous-mêmes dans la nacelle. Presque deux mètres me séparent de Waldemer, qui inspecte la culasse de sa Mannlicher, une carabine légère calibre .256. Deux mètres, ce n'est pas grand-chose dans une salle de bal, mais dans les conditions présentes, c'est incroyablement et luxueusement spacieux. Nous nous tenons sur un plancher en bois stratifié fabriqué selon un nouveau procédé américain : il est démontable par sections et dessous sont entreposés provisions et matériel. Entourant toute la nacelle à hauteur d'épaule se trouve le « ring », une armature légère sur laquelle les théodolites, magnétomètres et divers autres instruments peuvent être fixés selon les besoins. Par mauvais temps, il est possible d'ajouter entre cet arceau et le haut de la nacelle des brise-vent amovibles.

Tout est soigneusement rangé ; il y a même de la place pour les pigeons et la chambre noire miniature de Waldemer. Il suffit de bien tendre le bras au-dessus de soi pour toucher le cerceau – le petit anneau d'acier très résistant auquel est rattaché le gréement de l'enveloppe en toile de notre ballon, et d'où partent les haubans. Au cerceau sont aussi rattachées les longues perches de bambou qui servent de vergues aux voiles. Pour l'instant, celles-ci sont refermées comme des rideaux grâce à un système de mon invention. La nacelle en osier et en canne d'Espagne, les espars en bambou et les cordes de chanvre tendues au-dessus de nos têtes évoquent un vaisseau du temps jadis, une caravelle tout droit sortie d'une gravure du XVIe siècle.

Le matériel est rangé sous nos pieds ou dans des ballots accrochés au cerceau. Le lest de fine grenaille de plomb pend à l'extérieur de la nacelle, dans des petits sacs. L'expédition, méticuleusement organisée et bien équipée, est entièrement financée par l'estimable et très méritoire Prinzessin Brauerei de Brême. En échange, elle a l'insigne privilège d'avoir un aéronef à son nom et d'en tirer une belle notoriété – bien que cela puisse se retourner contre la brasserie si notre aventure se termine mal. Leur bière restera alors durablement associée à un sort funeste plutôt qu'à l'ivresse du succès. J'ai dans ma poche une coupure d'un journal autrichien que j'ai soigneusement conservée dans mon portefeuille sans trop savoir pourquoi, peut-être pour la ressortir dans les moments d'ennui.

Dieser Herr Crispin, der mitellst Luftballon zum Nordpol und zurück fahren will, ist einfach ein Narr oder ein Schwindler[2].

Eh oui, je suis probablement un idiot doublé d'un escroc, *Herr österreichischer Zeitungsschreiber*, mais en quoi cela vous regarde-t-il ? Ce n'est pas vous que j'escroque. Tout au plus des brasseurs dotés d'un pragmatisme tout germanique, qui ont très bien évalué les risques encourus. Je préfère encore à cette autoritaire invective d'un obscur auteur autrichien l'humour de l'aventurier américain qui a déclaré l'an passé, à l'époque de ma visite très médiatisée à New York, que « les gens qui souhaitent atteindre le Pôle au moyen de ballons, de voitures à vapeur, de traîneaux tirés par des ours blancs dressés, etc., ont plus à voir avec des exhibitionnistes qu'avec des explorateurs dignes de ce nom ».

Touché ! Il paraît que Peary lui-même envisage une expédition au Pôle. Il compte y aller avec des dizaines de traîneaux à chiens, guidé par des villages entiers d'Esquimaux. Sans doute trouve-t-il plus facile de dresser des autochtones que des ours blancs. Et diable, il a raison de penser que je ne suis pas sérieux. Je voudrais bien l'être ! Nous verrons qui arrivera là-haut le premier. Si c'est lui, je boirai joyeusement à sa santé. J'ai oublié de préciser que la Prinzessin Brauerei, en plus de financer l'expédition,

2. « Ce M. Crispin, qui compte aller jusqu'au Pôle nord en ballon, est tout simplement un idiot ou un escroc. » (N.d.É.)

nous a fait cadeau de deux douzaines de bouteilles de leur meilleure bière, emballées dans un panier garni de paille. Nous les boirons au fil du voyage, si bien qu'elles aussi serviront de lest et passeront par-dessus bord pour compenser la perte progressive d'hydrogène dans l'enveloppe. Nos vies sont à la merci de quelques litres de gaz, de quelques kilos de matière.

Je retire le sextant Koerner de son coffret et le braque sur le disque cuivré qui flotte à l'est. Theodor, quant à lui, surveille les deux chronomètres et attend que je lui dise quand prendre sa mesure. En visant avec la lunette et en tournant la vis de réglage, j'abaisse lentement l'image du soleil dans le grand miroir jusqu'à ce qu'elle coïncide exactement avec sa jumelle qui flotte dans le mercure. Puisque l'astre monte, les deux disques ne cessent de s'éloigner l'un de l'autre, ce qui complique la manœuvre.

– Attendez… attendez… Maintenant, je les ai… *allez, hop !*

Theodor note l'heure précise : 09 h 06 min 52 s GMT. Et ainsi de suite jusqu'à ce que cinq hauteurs angulaires soient relevées. Je rejette une mesure qui me semble erronée, fais une moyenne, puis me mets au travail avec ma table de logarithmes et mon almanach. En vingt minutes, selon un indice de fiabilité acceptable, je suis en mesure de tracer sur la carte une ligne qui nous situe à 80° 40' nord et 11° 32' est. Soit à environ 47 milles marins au nord-nord-est de l'île Danskøya.

J'écris ces coordonnées sur un petit morceau de papier et ajoute : *« Tout le monde à bord va bien. Altitude 200 m. Continuation vers le nord. Expédition "Prinzess" 0906 GMT, 12 juillet 1897. »*

Waldemer déboucle alors la caisse en osier à nos pieds et y fourre le bras. On entend un léger battement, des roucoulements alarmés, et sa main réapparaît, fermée sur un pigeon gris et blanc au bec rose. L'oiseau se tord le cou et bat un peu des ailes, inquiet ou impatient. Je confie à Waldemer le morceau de papier, qu'il enroule très serré avant de le glisser dans un minuscule tube en aluminium. Il fixe le tube à la patte du petit messager, doucement pressé contre sa poitrine. Puis il place le pigeon sur le ring. L'oiseau regarde vivement autour de lui avec des mouvements de tête saccadés et tente de picorer quelque chose sur son épaule. Il semble heureux d'être perché là, et ne manifeste pas l'envie de nous quitter. Mais Waldemer, fidèle à lui-même, a appris une nouvelle technique.

– Maintenant, mon mignon, dit-il en tendant délicatement son index ganté pour toucher le postérieur du pigeon, à mi-chemin entre ses parties et ses pattes.

Tel un oiseau mécanique, il s'élève alors dans les airs, claquant bruyamment des ailes jusqu'à prendre de la vitesse dans un vol moins heurté. Il descend un peu, avant de tourner autour du *Prinzess* et de regagner de la hauteur. Les éclairs blancs de ses ailes battent de plus en plus vite jusqu'à se fondre en une sorte de pépiement optique trop rapide pour l'œil. Finalement il prend la tangente en souplesse et s'élance en direction du sud.

Il n'est bientôt plus qu'un point, une tête d'épingle vacillante, puis plus rien. Satisfait, Waldemer fixe le sud un certain temps. Nous espérons que cette minuscule parcelle de vie parviendra à parcourir les quelque 1 100 milles qui la séparent de son bercail, à Trondheim. Nul pigeon n'a jamais voyagé aussi loin ni survolé une mer aussi déserte et aussi inhospitalière, mais peut-être que celui-ci y parviendra. Là-bas, dans son village de pêcheurs norvégiens, l'honnête horloger colombophile à qui il appartient le trouvera blotti sur le seuil du pigeonnier, tremblant de fatigue. Il lui donnera à manger et le caressera, puis il sortira le petit morceau de papier du tube et le portera jusqu'au bureau du télégraphe. Les courants électriques transmettront alors mes quelques mots aux bureaux de l'*Aftonbladet*, d'où ils seront acheminés via d'autres fils et câbles jusqu'aux journaux de Waldemer, le *Daily Mail* de Londres et le *Herald* de New York. Ainsi le monde connaîtra-t-il notre position exacte à 9 heures et 6 minutes, heure de Greenwich. À condition que le pigeon parvienne à sa destination, et qu'un cétacé ne morde pas le câble transatlantique. En effet, il arrive qu'un *physeter macrocephalus* – ou cachalot commun – qui mange son krill au fond de l'océan rencontre un câble sous-marin et le tranche malencontreusement comme un simple fil. Parfois aussi, ce pachyderme nageur se prend la mâchoire dans le câble et se noie, faute de pouvoir remonter. Tout ça n'a bien sûr rien à voir avec l'expédition du *Prinzess* ni avec le pigeon en vol vers Trondheim. Ce n'est qu'un indice parmi tant d'autres qui nous renseigne sur la lutte entre nature et civilisation.

– Alors, major ?

– Alors quoi ?

– Encore dans vos pensées, il me semble. Et je crois savoir à quoi vous pensez.

Il s'applique à ne pas afficher un sourire canaille, mais les signes de cette autocensure sont visibles sous sa moustache.

– Vraiment ?

– Ce pigeon qui s'envole ne peut que nous faire penser à… nos êtres chers.

– À nos êtres chers ?

Il doit me trouver particulièrement lent, sur ce coup-là.

– À Mlle Hickman. Hein ?

Je jette un coup d'œil rapide à Theodor. Aucune réaction de sa part. À en juger par son expression, il se pourrait même qu'il n'ait rien entendu. Mais il a entendu, bien sûr. Je décide d'adopter un ton faussement digne et légèrement offensé. Calme, mais le menton un peu relevé.

– Vous oubliez que nous progressons toujours vers le nord. Et plus nous allons vers le nord, moins les questions... charnelles trouvent de place dans mes pensées.

Waldemer semble embarrassé. Le sourire canaille émerge franchement : il va réagir sur le ton de la plaisanterie.

– Eh bien, major... Je ne faisais pas vraiment référence à des... hum... questions charnelles. J'avais plus en tête les sentiments tendres que l'on peut éprouver...

– Chaque fois que je remarque pareil problème, je consulte un médecin. Et il me procure un remède.

– Ah ah ! Bravo, major.

Indifférent à toute cette conversation – ou feignant l'indifférence –, Theodor étudie la carte. Il vérifie notre cap grâce aux règles parallèles et la distance parcourue en la fractionnant avec les séparateurs. Il se concentre sur ce tracé de lignes entrecroisées qui part de l'île Danskøya, passe entre l'île Amsterdamøya et Vogelsang, évite la pointe de la chaîne du Spitzberg puis s'éloigne vers le nord, vers la partie vierge de la carte. Sentant que je l'observe, il lève les yeux.

– Alors ?

Il hésite un instant, craignant peut-être d'avoir commis une erreur dans ses calculs par manque d'expérience.

– Vous pouvez vérifier si je ne me suis pas trompé, Gustavus. Il me semble que notre vitesse moyenne est de 11,5 nœuds au lieu de 8. Et que nous nous sommes un peu déportés vers l'est.

Debout à ses côtés, dans un silence absolu, nos coudes se touchant, je feins de vérifier ses chiffres. Mais je sais sans même avoir besoin de regarder qu'il a raison, et cela ne me plaît guère. Je fronce les sourcils, l'index sur la carte. Waldemer remarque bientôt que je suis retombé dans mes pensées, mon vice suédois.

– Un problème avec la météo ?

– Je crois bien.

– Le temps est encore clément, pourtant. Pas un nuage dans le ciel à part cette brume infernale.

– Ce qui se passe doit se produire très loin d'ici. Invisible aux yeux des mortels, j'en ai peur.

– Ah ah ! Des perturbations dans l'éther ? Alors vous feriez bien de consulter le Télégraphe des Esprits, major.

Il l'a dit sur le ton de la plaisanterie, mais il se trouve que c'est exactement ce que j'ai l'intention de faire. Avec une excitation croissante que je cherche à brider – ou du moins à dissimuler un tant soit peu à mes compagnons –, j'ouvre la mallette en cuir rangée sous nos pieds. Elle contient l'appareil qui occupe mes pensées depuis tant de mois et incarne le point culminant de mes recherches sur la relation entre aéroélectricité et géomagnétisme. Mon invention consiste en une bobine d'un fil de cuivre très fin minutieusement enroulé autour d'un tube de carton fort, d'un condensateur fait de papier d'aluminium et de papier sulfurisé, et d'un cristal de galène au-dessus duquel est placé un minuscule ressort prélevé sur une montre. Ce cristal est relié par une paire de fils de cuivre isolés à un convertisseur magnéto-auditif – lequel n'est en fait que le combiné de réception d'un téléphone tout ce qu'il y a de plus ordinaire. Enfin, il y a le capteur-collecteur, c'est-à-dire l'antenne, bobine constituée d'un fil de cuivre enroulé sur un cadre et pouvant tourner grâce à deux pivots. J'installe l'ensemble et vérifie que tout est bien fixé.

Puis, après avoir porté l'écouteur à mon oreille, je pose délicatement le ressort sur différentes parties du cristal de galène.

La galène est minuscule, pas plus grosse qu'un quart de penny anglais, mais au cours des mois, j'ai appris à connaître ses moindres détails, comme un mari connaît le corps de sa femme. Là, à côté de cette double crête et dans une cavité pas plus grande qu'une crotte de mouche, se trouve un point particulièrement sensible. L'extrémité du ressort descend en frémissant dans ce triangle concave, et dans l'écouteur j'entends des sons qui, jusqu'alors, n'avaient jamais été appréhendés par l'oreille humaine. Bruissements, crépitements, sifflements, frottements, craquements sourds, comme du bacon céleste dans une poêle brûlante. Quelques réglages de la bobine et du condensateur augmentent légèrement l'intensité de ces sons.

Qu'est-ce que j'entends exactement ? Personne ne le sait vraiment. La seule certitude, c'est que ces bruits énigmatiques circulent dans l'atmosphère depuis l'aube des temps, mais ne sont audibles pour les humains que depuis cinq ou six ans. Leur origine – la force aveugle ou l'intelligence qui les fait crépiter et siffler jusqu'à nos oreilles – reste une énigme. J'ai ma petite théorie là-dessus. Je pense que ces crépitements sont produits par les mouvements de l'atmosphère que nous appelons familièrement intempéries, qui sont dues à des collisions entre masses d'air de différentes sortes – air sec ou humide, parfois comprimé ou encore raréfié. Ainsi, conformément aux lois de la physique, elles dérivent les unes à côté des autres et se déplacent. Les masses humides, en se raréfiant, libèrent la pluie. Les masses chaudes montent, et d'autres se précipitent pour les remplacer. L'atmosphère est le champ de bataille de monstres invisibles, c'est bien connu. Ce qui est moins connu – si du moins mes conjectures sont correctes, et si mes découvertes ne sont pas le produit d'une imagination trop fantasque –, c'est que ces masses d'air chaud ou froid, humide ou sec, à force de se frotter les unes aux autres comme d'énormes animaux, émettent des vibrations électromagnétiques exactement semblables aux étincelles et crépitements produits lorsqu'on frotte vivement de la cire à cacheter sur de la fourrure, ou un morceau d'ambre sur de la soie. D'autre part, ces manifestations liées aux masses d'air sont intrinsèquement liées aux directions. S'il y a, par exemple, une masse d'air raréfié à l'ouest, le vent dominant viendra du sud. C'est toujours vers les zones de basse pression que les masses d'air se précipitent le plus vigoureusement, et là qu'elles forment des tourbillons cycloniques – ce qui engendre d'ailleurs encore plus de collisions, et donc plus de crépitements dans l'appareil.

Peut-être ma théorie ne contient-elle pas plus de véracité qu'une métaphore. Néanmoins, comme certaines métaphores qu'en des temps lointains on appelait « dieux », la mienne fonctionne. Et il suffit de se pencher sur la manière de l'interpréter pour comprendre ce qu'elle recouvre scientifiquement. Goethe aurait dit – je cite de mémoire –, avec une prescience qui ne peut exister que chez un homme qui est à la fois un savant et un grand poète : « La nature est infinie. Mais celui qui comprend ses symboles la comprendra tout entière. »

Si l'on oublie la poésie, que faut-il penser de ces entités qui nous parlent, semble-t-il, au travers de phénomènes invisibles qui affichent tous les attributs de l'occulte et ne sont détectables que par des instruments scientifiques de pointe ? C'est peut-être là que se cache ce sixième sens sur lequel les hommes ont de tout temps réfléchi, de l'Antiquité à l'époque moderne, sans vraiment comprendre de quoi il s'agit. Supposons que vous n'ayez pas d'odorat. L'idée qu'un pareil sens puisse exister ne vous viendrait même pas à l'esprit, sinon par une sorte d'intuition mystérieuse.

Or ce dont je parle ici est parfaitement mystérieux. Je me souviens de ce jour d'août, dans un pâturage du Varmland, où j'ai entendu pour la première fois la foudre – je ne veux pas dire que j'ai entendu le tonnerre mais bien que, dans un hangar obscur, mon récepteur de téléphone Edison collé à l'oreille, j'ai entendu le fracas de l'éclair jailli d'un nuage à une douzaine de kilomètres de là une minute entière avant que le bruit du tonnerre ne me parvienne. L'éclair avait signalé son existence par certaines vibrations mystérieuses ; mais des vibrations de quoi ? Quelque chose avait forcément vibré. Peut-être un gaz ténu que nos organes trop rudimentaires ne peuvent détecter avait tremblé, frappé par l'éclair. Que pouvait être l'objectif de ce miroitement de l'éther ? Attendait-il patiemment depuis des milliards d'années que je connecte enfin mon écouteur au cristal de galène pour devenir le premier à l'entendre ? Dans ce cas, il s'est montré quelque peu cryptique. Peut-être ai-je seulement intercepté ce jour-là un message destiné à quelqu'un ou à quelque chose d'autre.

Cette entité découverte par hasard me fascine jusqu'à l'extase, tout autant qu'elle m'inquiète. Pourquoi, je ne saurais dire. Il flotte dans cette affaire un parfum de nécromancie qui, dans mon for intérieur, me paraît de mauvais augure. Si vous glissez votre doigt dans l'intimité de la nature, vous le faites à vos risques et périls, et à ceux de l'Humanité entière. Au Moyen Âge, les alchimistes, sans bien comprendre ce qu'ils faisaient, tâtonnaient avec leurs chaudrons et leurs cornues pour essayer de transformer le plomb en or. Au lieu de quoi ils ont découvert les principes de la chimie, qui leur a permis de donner naissance à la poudre à canon. Et toute une civilisation de châteaux et de cathédrales s'est effondrée, les alchimistes saignant sous les ruines comme tout le monde. (En l'occurrence la poudre à canon a été inventée par les Chinois, je fais seulement une analogie.) Les hommes, c'est bien connu, sont agacés par les secrets. Et dès qu'ils sont conscients de l'existence d'une chose, ils veulent tout savoir sur elle, que cela les rende heureux ou non. En fin de compte, c'est peut-être cela qui les détruira.

Mais en attendant, nous disposons d'au moins un siècle pour être heureux ou malheureux avant que notre curiosité nous détruise. Et il est particulièrement peu probable que les ondes aéromagnétiques nous anéantissent dans un avenir proche. Au contraire, elles vont sans doute se révéler d'une grande utilité au quotidien. Je me tiens au fait des recherches menées dans ce domaine par Hertz, par le *signor* Marconi et d'autres. Et à mon avis, ces efforts ont toutes les chances de réussir. Un exemple : si l'on fait passer de l'électricité statique d'une boule de laiton à une autre, l'étincelle produite est capable de faire dévier l'aiguille d'une boussole dans une pièce située en dessous, jusqu'à dix mètres de distance. Le fait a été constaté par Trowbridge dès 1880. Cela signifie que, si on interrompt et rétablit cette étincelle en rythme conformément au code Morse, un message peut parfaitement être envoyé en bas sur la boussole, même si aucun fil ne relie les deux étages.

Un tel appareil pourrait-il fonctionner depuis un aérostat ? Indubitablement. Sur de longues distances ? Peut-être. Mais en aucun cas je n'en parlerais à Waldemer. Il a déjà bien assez de choses en tête, et surtout, s'il soupçonnait un jour que l'appareil dans ma mallette en cuir peut être utilisé pour envoyer des messages au monde extérieur, il rédigerait des bêtises jour et nuit. À n'en pas douter sur nos « sensations » – nous avons froid au nez, nous savourons notre dîner. Et aussi sur sa joie devant le bon fonctionnement de l'appareil. Cela s'est d'ailleurs déjà produit avec le télégraphe filaire. À son bureau de Chicago, un homme tape : « Comme ce télégraphe fonctionne bien. » Et l'opérateur de La Nouvelle-Orléans de répondre : « Oui, le télégraphe est une sublime invention. » Non, décidément, il faut coûte que coûte dissimuler à Waldemer les possibilités pratiques de l'aéromagnétisme.

En matière de météorologique aussi les possibilités sont nombreuses, même avec ma compréhension limitée. Après avoir chatouillé le cristal de galène avec le ressort pour m'assurer que tout fonctionne bien vient maintenant la partie la plus délicate : il s'agit de détecter la position de la masse principale des manifestations. Et voici, professeur Eggert, où nous en revenons à la manœuvrabilité ! Vos barres de fer aimanté et votre canard n'auront pas donné grand-chose, mais vous étiez sur la bonne voie. Grâce aux grattements éthérés que je perçois dans mon combiné, je vais m'efforcer de diriger cet aérostat pour qu'il aille non pas dans la direction où il veut aller, mais dans la direction où moi je veux qu'il aille. Pour cela, j'emploie ce que des chercheurs appellent l'aérien et d'autres « l'antenne », par analogie avec les fragiles appendices rattachés au cerveau de certains insectes – et qui leur permettent de faire usage de leur sixième sens.

Pour cette invention absolument sans précédent, j'ai enroulé un fil de façon à former une bobine aplatie, montée sur un cadre pivotant de sorte qu'elle intercepte le maximum d'aéroélectricité lorsqu'elle fait face au cadre, et aucune lorsqu'elle est sur la tranche. Ainsi la direction d'une perturbation météorologique peut-elle être précisée par l'opérateur. En faisant doucement tourner ce dispositif, je relève que les crépitements les plus forts viennent de l'est-nord-est. Il y a sans doute dans cette zone une région d'air raréfié autour de laquelle les vents circulent bêtement en vertu des lois de la rotation des corps, et le *Prinzess*, tel un amant perplexe, suit tout aussi bêtement les vents. Je démonte l'appareil et le range dans la mallette que je referme soigneusement.

Aucun de mes compagnons ne dit quoi que ce soit : manifestement, ils attendent la prophétie que m'a dictée le monde invisible.

– Il y a une masse d'air fluide ici, dis-je en dessinant sur la carte un rectangle grossier, à l'est et un peu au nord de notre position. De quoi infléchir le vent dans une direction légèrement oblique. Par conséquent, nous courons un peu à l'est quart nord-est.

– Ah. Hmm.

Waldemer regarde la carte, troublé.

– Mais nous n'arriverons jamais au Pôle ainsi.

Il a raison, mais c'est plus compliqué que ça. Dans un souci pédagogique à peine teinté de mesquinerie, je lui offre un petit cours de mathématiques.

– Au contraire, un aérostat filant au nord-nord-est finira forcément par atteindre le Pôle.

Je cherche un morceau de papier et, n'en trouvant pas, exécute un croquis rapide sur le bord de la carte : une projection polaire grossière avec des cercles pour les parallèles et des radiales pour les méridiens.

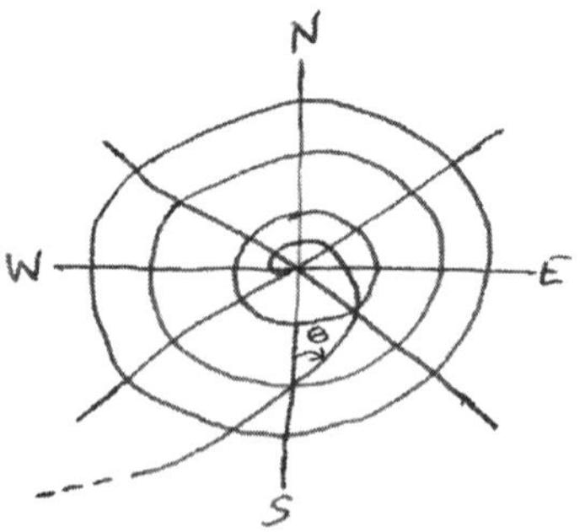

– Si l'aérostat poursuit sa route au nord-nord-est, il coupera par définition tous les méridiens sous le même angle – l'angle θ que j'ai indiqué ici –, soit 22,5 degrés.

Avec un petit sourire triomphant mais un brin perfide, j'entraîne Waldemer dans cette logique.

– Vue directement de dessus tel que je l'ai dessinée, cette route va décrire une spirale autour du Pôle, s'en rapprochant de plus en plus selon la formule des asymptotes telle que présentée dans le théorème de Geminus. Au bout d'un certain temps, l'aérostat n'en sera plus qu'à 1 mille. Puis 1 pied. Puis 1 pouce. Puis 1 millionième de pouce.

Waldemer sent bien qu'il y a quelque chose qui cloche, mais il ne sait pas exactement quoi. Il n'est pas familier de ces abstractions – asymptotes, théorème de Geminus, spirales qui se rapprochent de l'infini.

– Arrêtez, major. Vous et vos paradoxes de Zénon ! Je me contenterai d'un millionième de pouce.

Theodor intervient alors gravement pour démontrer sa propre compétence en mathématiques, moins pour Waldemer que pour moi.

– Excusez-moi, Gustave. Il y a une légère erreur dans vos hypothèses. Le problème n'est pas vraiment géométrique, mais trigonométrique.

Il prend lui-même le crayon et commence à dessiner à un autre endroit de la carte.

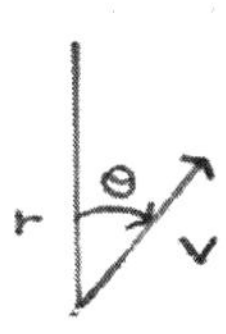

– Soit r notre distance du Pôle, V notre vélocité, et θ notre cap, ou angle par rapport au méridien. Nous pouvons maintenant traduire notre vecteur vitesse selon deux composantes.

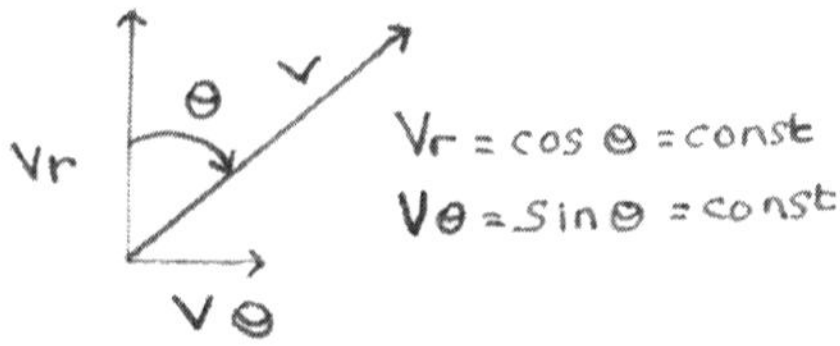

– La vélocité linéaire avec laquelle nous nous approchons du Pôle est constante et nous allons inévitablement l'atteindre. Mais ce que vous avez négligé, c'est que le mouvement *angulaire* – la vitesse à laquelle nous tournons à l'intérieur de la spirale – tend vers l'infini à mesure que l'aérostat se rapproche du Pôle, si bien que les forces centrifuges vont anéantir soit l'aérostat, soit les lois de la physique. L'un ou l'autre.

Félicitations, Theodor. Vous avez raison et vous avez battu votre professeur lors d'une démonstration ouverte, même si le public risque de ne pas apprécier votre performance à sa juste valeur.

– Hmm.

Waldemer contemple tous ces hiéroglyphes et sillages d'insectes d'un air penaud. Mais il suspecte qu'on le fait marcher de plus d'une manière, et n'apprécie guère cela.

– Vous savez ce que je crois, Theodor ? Je crois que les paradoxes de Zénon sont contagieux. Vous êtes encore plus farceur que lui ! Je ne l'aurais jamais soupçonné de votre part. Je pensais que vous étiez un jeune homme sérieux.

Waldemer a la tête bien vissée sur les épaules, et il s'agit en outre d'une tête américaine et pragmatique. Il a saisi les expressions sur nos visages, et il ne croira plus un traître mot de ce que nous dirons. Il sourit un peu lui-même. La spirale n'est bien évidemment pas un paradoxe de Zénon. Une chimère, tout au plus, un animal mythique n'existant que dans le monde des mathématiques abstraites. Ce vent, s'il continue à souffler, va juste nous mener quelque part vers l'île Wrangel, sur la côte orientale de la Sibérie – une destination fort peu attrayante. Mais l'épisode cyclonique à l'est va très probablement s'aggraver et passer au sud de nous, de sorte que, dans un jour ou deux, cette déviation de notre trajectoire se corrigera d'elle-même. Je compte néanmoins laisser Waldemer se débattre mentalement avec la spirale, même s'il est quasi certain désormais que nous nous sommes gentiment moqués de lui. Je dois avouer qu'un autre de mes vices (le premier étant de penser trop), c'est que je ne suis pas le plus ouvert des hommes. Pour me sentir complètement moi-même, j'ai besoin de faire un peu de rétention, de ne pas tout confier à mes semblables – même à un ami aussi cher que Waldemer. J'ai besoin de savoir des choses que les autres ignorent. Waldemer craint de cesser d'exister s'il ne peut se voir dans un miroir, moi je crains de cesser d'exister si je dis tout ce que je sais. Je suis bien conscient que cette position aussi mesquine qu'hypocrite m'expose à l'accusation d'être un piètre scientifique. Un savant n'est-il pas censé chercher de manière désintéressée la vérité afin de la partager avec ses semblables ? Si vous découvrez des secrets dans vos alambics et qu'au lieu de les publier dans des revues scientifiques vous les serrez contre vous et vous en servez pour mener à bien des projets personnels, alors vous n'êtes pas un savant mais un sorcier. « Donnez-nous la vérité ! » crient les gens tels des enfants qui réclament des friandises. Mais ils sont probablement plus heureux sans elle. Et qu'en feraient-ils, de toute façon, si je partageais avec eux cette découverte poétique et enivrante ? Sans doute en feraient-ils un jouet, ou une arme. Mes deux compagnons, au moins, ne demandent pas mieux que de me laisser démêler ces mystères de l'éther.

– Le vent pourrait tourner demain. Sinon, nous déciderons d'un plan d'action.

Waldemer hoche la tête tandis que Theodor étudie silencieusement le tourbillon que j'ai dessiné au crayon sur la carte. Il fait plus froid maintenant. Le thermomètre fixé sur le ring indique – 4 degrés centigrades. Peut-être est-ce dû à notre altitude, ou à la perturbation qui arrive de l'est. Je relève la capuche de mon manteau en peau de renne et sors mes bras de mes manches pour les croiser sur ma poitrine. Le manteau est suffisamment ample pour que je puisse m'y sentir comme à l'intérieur d'une petite tente. Waldemer a baissé les rabats de sa casquette de chasse et les a boutonnés sous son menton. Je vois qu'il a froid mais il est résolu à ne pas se plaindre, même s'il devait perdre son nez et ses oreilles. L'extrémité de son nez a d'ailleurs déjà pris une teinte violette, comme la cire que l'on utilise pour assurer l'étanchéité de certains instruments de laboratoire. Quant à Theodor, il est impassible. Sa peau ivoire est légèrement grise, comme s'il était exsangue. Sa casquette militaire n'a pas de rabat et je prédis que ce sont ses oreilles qui gèleront les premières. C'est curieux à quel point le soleil est avare en chaleur. Il a beau être presque à son zénith, il n'est pas très haut. Il se contente de trotter sur l'horizon de l'est au sud, comme s'il nous suivait à distance en essayant de voir ce que nous faisons. Son disque plat et parfait ne donne aucune impression de sphéricité. Il a une autre particularité : peut-être est-ce du fait d'une réaction physiologique, une irritation de la rétine par exemple, mais sa surface semble animée comme si des parties d'un rouge plus foncé rampaient lentement sur l'astre. Je suis profondément attaché au soleil – cet objet divin, vivifiant et inquiétant. Il est significatif que je le fuie délibérément, moi le Scandinave fervent héliophile qui suis, en plein été, en train de filer vers le nord comme pour m'abriter de sa chaleur. Le soleil sait-il ce que je fais ? Indubitablement. Rouge et immobile, il nous observe.

13 juillet 1897

Minuit passé d'une heure ou deux. Dans le crépuscule polaire d'un gris brumeux marbré de rose, je dors. Ou peut-être pas. J'ai beau être conscient du craquement des cordages et de la respiration paisible de mes compagnons, une autre partie de moi-même est ailleurs. Elle évolue dans des lieux irréels et pourtant bien plus concrets, dans leur myriade de formes et de textures, que cette particule négligeable de réalité dans laquelle je suis suspendu, à moitié endormi, à un globe d'hydrogène flottant dans un air glacial. Elle évolue dans une autre conscience au sein de laquelle je m'enfonce par moments plus profondément, comme dans un bain à la séduisante chaleur dans lequel on ne peut s'abandonner complètement ni s'immerger plus de quelques instants. Car respirer est impossible dans ce fluide violet et soporifique ; les objets sont durs, vifs, tranchants, d'autant plus durs et vifs qu'ils sont irréels. Le mot « sommeil » est bien trop simple pour décrire cet état. Vers la surface, il se fond dans la rêverie ; si l'on tombe tout au fond, c'est la mort. Mais l'esprit sait assurer sa survie. Il nage à la bonne profondeur, descendant parfois un peu plus bas, puis remontant jusqu'à toucher la surface, à l'instar de ces créatures marines qui doivent respirer de l'air alors que leur pitance se trouve dans les abysses. J'espère ne pas me laisser piéger par un câble télégraphique traînant au fond de l'eau.

Quand je me réveille et somnole un peu, je sens l'odeur âcre de poil de renne et de goudron qui flotte dans mon manteau, réconfortante. Je suis bien au chaud dans cette sorte de tente. Recroquevillé au point que mes genoux touchent presque ma poitrine, la capuche sur le visage, je suis enfermé dans une enveloppe animale. Dans les moments où je sombre vers le sommeil complet, un curieux phénomène se produit. Une certaine partie de mon anatomie, trompée sur les circonstances ou peut-être réagissant à une réalité qui lui est propre, s'éveille et s'agite. Guidée par son imagination, cette partie de moi pense, invente ou conjecture son pendant dans un autre corps similaire et pourtant différent, une concavité correspondant à sa convexité. Stupide et brutale, elle ne se décourage pas le moins du monde de ne pas trouver cette concavité, qu'elle continue à désirer à sa manière rigide et insensée, s'excitant avec son propre cœur qui bat la chamade.

Dans mes moments de demi-éveil, j'aurais tendance à m'amuser de cette illusion dans laquelle semble être tombé mon cinquième membre. Et pourtant n'est-il pas étrange et curieux qu'une partie de moi-même, de ma conscience, si vile et grossière soit-elle, puisse ainsi prendre de la peau de renne pour l'étreinte d'un être désirable et adoré ? N'est-il pas encore plus étrange que, de tout ce que contient l'univers, cette simple portion de membrane soit celle que mon nerf délicat souhaite toucher ? Que, si exigeant, si obsessionnellement sélectif soit-il, il ait pourtant été si facilement trompé ? Ce n'est que dans l'état de veille que le corps opère réellement des distinctions. Endormi ou à demi endormi, il est prêt à se contenter du plus médiocre simulacre. Mais pli de peau de renne ou de n'importe quoi, ce serpent aveugle et raidi reste ton adorateur, ô toi, l'objet de mes pensées.

Mais trêve d'âneries, que la peste le prenne ! Je ferais mieux de rester éveillé pour mettre le holà à tout ça. Je n'ai plus sommeil, de toute façon. Je me retourne dans la chaleur de la peau de renne et me redresse, puis m'endors ou du moins somnole de nouveau. Mais c'est différent, cette fois. Par une méthode apprise depuis l'enfance et que je pratique de temps à autre, comme d'autres hommes s'entraînent avec des haltères ou des cartes à jouer, j'entre en pleine conscience dans ma réserve onirique où je choisis moi-même les images, éliminant soigneusement celles sur lesquelles la quête aveugle de mon être animal serait tentée de s'arrêter. Le sommeil s'apparente alors à une de ces visionneuses stéréoscopiques que vous chaussez comme des lunettes, et qui vous permet de voir avec un relief saisissant, plus vrai que nature, n'importe laquelle des images sur carton bidimensionnel. Bref, en y mettant un peu de volonté, il est possible de rêver ce qu'on veut, tout comme il est possible de se rappeler ce qu'on veut. Un numéro dans une rue ou la formule du salpêtre.

Mais il faut être dur, dur comme un ange. Tranchant comme l'acier, je saisis le souvenir entre les doigts de ma volonté et je m'enfonce, fendant des voiles qui chatoient lorsqu'ils se déchirent et, leurs bords m'accrochant doucement au passage, se referment derrière moi. Dans une strate non loin de la surface, je découvre une chambre jaune dans une villa, à Stresa. Puis une calèche rue de Rivoli, un vol en ballon au-dessus de la Finlande, un visage pâle et courroucé au crépuscule dans le Bois. Encore plus bas se dessine, bien plus vague et évanescente, la salle du musée Carnavalet lors du cinquième congrès de la Société paraphysique de 1895, où je donnais une conférence sur les phénomènes électromagnétiques dans l'atmosphère. Je venais de commencer à développer la possibilité d'une origine extraterrestre des ondes lorsque j'aperçus un visage extraordinaire dans l'auditoire. Plutôt allongé et absolument immobile, les yeux fixés intensément sur moi ; un front altier, une bouche qui semblait ne tenir en place que par un effort conscient, de sorte que deux petites lignes se formaient de part et d'autre. Une jeune personne impeccablement soignée, en robe de chez Worth, sa chevelure soyeuse rassemblée en un nœud. Chose incroyable, elle n'avait alors que 19 ans. Après la conférence, elle se présenta sur l'estrade et me prit à parti dans une discussion sur la Question féminine.

– Capitaine (j'étais capitaine à l'époque), ces entités, ces manifestations, peu importe comment vous les appelez, croyez-vous qu'elles soient susceptibles d'être étudiées par des femmes ?

Je levai les yeux de mes notes ; je savais à peine quoi lui répondre. Était-ce une attaque ou une sorte de proposition amicale, l'expression de son admiration ?

– Pourquoi ? Et d'un autre côté, pourquoi pas ?

– Il me semble… enfin… d'après ce que vous dites, j'en déduis qu'il s'agit d'une sorte de chose éthérée.

Parlait-elle toujours aussi rapidement, sans vraiment regarder la personne à qui elle s'adressait ?

– Ou subtile, si vous voulez. Et peut-être que les femmes, créatures intuitives et particulièrement douées pour les choses invisibles, pourraient être particulièrement aptes à enquêter sur elles. En plus, on peut les étudier chez soi avec peu de matériel, et on ne se salit pas les mains.

C'est plus ou moins ce qu'elle avait dit – mes souvenirs sont flous. En tout cas, elle s'exprimait avec une grande assurance, et même un air de défi et un soupçon de mépris. Et pourtant, elle rougissait : une sorte d'araignée rose s'était formée sur le haut de sa poitrine, et remontait dans la pâleur de son cou. Le discours sur le féminisme émanait évidemment d'une partie de son être, et la réaction épidermique d'une autre.

– En fait, il faut beaucoup de matériel, rectifiai-je aussi calmement que possible. Des générateurs électrostatiques, des bobines de fil de cuivre, des bouteilles de Leyde et des appareils de ce genre, dont beaucoup sont onéreux. Non seulement ils vous salissent les mains, mais ils impliquent souvent un danger. Sans compter que bon nombre d'observations ne peuvent se faire qu'à partir d'un aérostat. Je ne crois pas que cela vous plairait. Quant aux tâches plus ou moins adaptées à chaque genre… Je pense que vous exagérez la différence. Les particularités sexuelles physiques (réapparition de l'araignée rose, mais je fonçai tête baissée) sont très superficielles. Sur le squelette, elles sont à peine perceptibles, sauf pour un spécialiste. Alors que si on compare l'homme au singe, la différence ostéologique est évidente même pour un profane. Puis-je vous demander d'où vous tirez vos opinions sur les intuitions et ce genre de choses ?

J'allais vite comprendre qu'elle ne répondait jamais directement à une question. Formuler une remarque sous la forme d'une question, c'était l'aiguiller instantanément vers un autre sujet, comme par un système invisible de commutateurs.

– Connaissez-vous les drames de Strindberg ?

– Je ne suis jamais allé voir une pièce de théâtre de ma vie.

– Dommage. Vous parlez comme si vous aviez lu Strindberg. Il est fou, bien sûr. Je puis vous assurer que j'ai les moyens de m'offrir des bouteilles de Leyde et des bobines de fil de cuivre, et que j'adorerais faire une ascension en aérostat. D'ailleurs, je possède un recueil de gravures sur les frères Montgolfier. Si vous aviez lu Strindberg, il aurait pu vous permettre de fourbir vos armes. Dans l'état actuel des choses, vous êtes ma victime. Capitaine, s'il vous plaît, venez prendre le thé chez ma tante. C'est tout à fait convenable, elle appartient à la meilleure société de l'île Saint-Louis. Vous lui expliquerez vos manifestations, et peut-être pourrez-vous me donner une liste des appareils à acheter.

Je ne sais plus si j'ai dit oui ou non. Toujours est-il que je me présentai effectivement le lendemain à la maison du quai d'Orléans, habillé comme un idiot, chemise blanche et chaussures en cuir verni.

C'était un curieux endroit, dont il était ardu d'établir s'il était convenable ou non. Luisa, en soulignant sa respectabilité, avait peut-être un peu trop insisté. Pourquoi le mentionner, à moins que la question ne se pose ? Toute la famille semblait caractérisée par une tendance licencieuse alliée à la plus grande dignité – un mélange qui se retrouvait chez ses différents membres sous divers déguisements, mais qu'on reconnaissait toujours une fois qu'on l'avait détecté. Peut-être le devaient-ils à leur ascendance métisse, bien qu'aristocrate.

Le père américain n'était bien sûr plus présent, car il était retourné chez lui dans des circonstances compliquées – et pour moi obscures – et était mort en 1895 lors d'un raid contre un camp apache au Nouveau-Mexique. Cette disparition exotique n'était sans doute pas jugée *comme il faut* dans la famille, puisqu'on ne parlait jamais de lui. Outre des dettes, il n'avait laissé que le patronyme transatlantique de Hickman, que tout le monde cachait comme un secret honteux. La mère de Luisa habitait chez sa sœur – la tante – dont elle était en quelque sorte la dame de compagnie ; elle portait des saris et même une marque de caste sur le front, bien qu'elle ait trois quarts de sang européen, et ne faisait pas grand-chose sinon boire du thé et manger des douceurs levantines. Les Silva e Costa ne la tenaient pas en haute estime, peut-être à cause de son mariage avec ce défenseur de l'Ouest américain. Beau, mais sans le sou.

La tante était vieille fille. Son faciès longiligne était légèrement chevalin, ses sourcils débordaient un peu vers l'extérieur, comme les avant-toits d'une maison. Elle partageait le teint ivoire de la famille, même si chez elle il avait été gâché par une variole infantile qui lui avait conféré une sorte de texture lunaire irrégulière, comme de l'albâtre patiné ou du satin oublié dans une vieille armoire. Elle souffrait aussi de tics presque imperceptibles : le menton, crispé comme sous le coup d'un effort, tremblait néanmoins vers la gauche d'une petite fraction de millimètre une ou deux fois par seconde, avant de revenir immédiatement à sa position initiale. C'était si subtil que ça évoquait plus la pulsation du cœur d'un minuscule insecte que le tic-tac d'une horloge. À vrai dire, il était même possible de n'en rien remarquer. Mais une fois qu'on en avait pris conscience, ce tic conférait une dimension négative à toutes ses paroles et actions. Qu'elle apprécie votre poème, qu'elle vous invite à revenir pour le thé, qu'elle soit d'accord avec vos opinions politiques, le hochement imperceptible de sa tête semblait répéter sans cesse : « Nenni. Je n'ai rien dit ni promis de tel. »

Elle appréciait les robes Empire et faisait friser ses cheveux, mais l'effet était un peu gâché par ses lorgnons cerclés d'or qui lui donnaient plutôt un air voltairien. On la disait très riche. Je crois qu'elle n'aimait pas les hommes par principe, et c'est peut-être d'elle que Luisa tenait ses tendances de suffragette – je concède que le lien est un peu ténu. En tout cas, elle était aimable avec moi. Elle parlait français avec un accent très personnel qui impliquait de bien découper les syllabes, et un mouvement de bouche différent pour chaque voyelle.

– *On voit*, me disait-elle gentiment, *que vous z-êtes un vr-rai é-rudit.*

J'ajoute qu'elle avait subi une mastectomie et portait un rembourrage à la place d'un sein.

Outre cette tante, il y avait un oncle à Pondichéry, une autre tante à Palma de Majorque et une cousine en Pologne, avec qui Luisa échangeait des lettres parfumées à la violette. La maison du quai d'Orléans est restée longtemps un mystère pour moi. Elle se trouvait au milieu de la Seine, ni sur la rive gauche ni sur la rive droite, donc dans une position ambiguë. Il est peut-être vrai qu'ils « appartenaient à la meilleure société de l'île Saint-Louis », même si pareil jugement est évidemment une question de goût. Certes, ils n'avaient rien à voir avec ces vieux Bourbons et bonapartistes qui se détestent cordialement dans leurs hôtels particuliers du XVIIe siècle. Les thés de la tante étaient fréquentés par une coterie qui allait des marges du faubourg Saint-Germain aux éléments les plus douteux de Montmartre. Par exemple un jeune professeur d'histoire de l'art du Collège de France, un poète anglais pédérastique, un médecin de la Marine brésilienne aux références irréprochables.

Je fus présenté à M. Lugné-Poe, directeur du Théâtre de l'Œuvre, ce qui ne m'impressionna guère puisque je n'avais jamais entendu parler de cet endroit. Les habitants de la maison étaient tous des femmes, les invités tous des hommes à l'exception d'une amie de la tante, une doctoresse à la carrure de débardeur spécialisée dans les affections nerveuses. C'était peut-être elle qui soignait le tremblement de la maîtresse de maison. Il y avait bien d'autres fleurons : un photographe à la mode, un professeur de géologie de l'École normale, et un jour le poète grec Jean Moréas vint siroter un thé et réciter ses vers sous sa molle moustache. Je dirais que les principes du lieu étaient tout à fait démocratiques. Une fois, je fus présenté à un paveur, une autre fois à un inspecteur des douanes retraité, peintre à ses heures, individu un peu niais dénommé Rousseau – il n'avait aucun lien de parenté avec le philosophe.

J'ai dû me rendre quai d'Orléans une vingtaine de fois, sans compter toutes les sorties pour lesquelles j'ai escorté Luisa dans des lieux comme le Café Royal ou une exposition d'objets étrusques. Tout cela était très convenable, puisque nous étions toujours accompagnés de son chien et parfois même du valet de pied du quai d'Orléans, un jeune Breton boutonneux, maussade et rougeaud. Dans sa tenue d'après-midi du dernier chic, Luisa produisait un effet remarquable. Ses cheveux bruns mi-longs simplement noués à l'arrière n'étaient pas à la mode, mais cette coiffure lui allait admirablement. Sa robe en tissu moiré noir révélait son sternum, et elle avait pour habitude de rejeter négligemment sur les hanches les pans de la veste qu'elle portait par-dessus.

Ça sautait aux yeux qu'il s'agissait là d'une jeune femme extraordinaire, tout à fait à l'aise à Paris – et qu'elle n'était pas française. Si son teint ne suffisait pas, il y avait la forme de son visage : chez elle, l'élongation génétique des Silva e Costa, au lieu de prendre une forme chevaline comme chez sa tante, conférait à son faciès patricien au nez droit et aux grands yeux un aspect songeur et légèrement dédaigneux ; elle ressemblait à un lama. Elle avait un carlin, bien sûr, et transportait toute sa vie dans son sac à main. Encore une de ces femmes marsupiales qui n'ont que faire d'une maison, mais ne sauraient se séparer de ce petit ventre qu'elles transportent partout avec elles : peigne de poche, mouchoir, flacon d'eau de Cologne, pièces de monnaie étrangère, rubans pour les cheveux, sels, roman pas encore commencé, bouts de papier, crayon, bonbons à la menthe, parfum, pince à épiler, souches de billets de théâtre, mascara, minuscule poudrier qui joue de la musique lorsqu'on l'ouvre, et même un œuf en porcelaine. Son sac préféré était une sorte de réticule à motifs style tapisserie de Bayeux. Très beau, je dois bien l'admettre.

Lorsque nous allions à une exposition ou à une soirée musicale, elle dispensait ses commentaires d'une voix maîtrisée et légèrement artificielle, un peu déconnectée peut-être, mais souvent avec une grande perspicacité. Il ne faisait aucun doute qu'elle était intelligente, et qu'à sa manière elle prenait les choses de l'esprit au sérieux et pouvait s'y appliquer assidûment quand elle le voulait. Un jour, pour lui faire une plaisanterie, alors qu'elle me demandait ce que je lisais, je lui prêtai un traité philosophique abstrus en allemand sur la théorie de l'irréductibilité dans les nombres irrationnels. Contre toute attente, elle y comprit quelque chose. Son parfum était à ma connaissance unique : un effluve de violettes à peine perceptible, comme celui qui se diffuse autour des appareils électriques. Elle préférait Gérard de Nerval à Goethe, Schumann à Bach.

Ce printemps-là, j'étais venu à Paris avec l'idée de travailler à la Bibliothèque nationale. Mais pour une raison ou une autre, j'y arrivais rarement. À 17 heures, quai d'Orléans, je me retrouvais entraîné malgré moi dans des conversations que je n'avais pas choisies et qui ne devaient pas avoir été pensées en amont par Luisa, puisqu'elle était à peine capable d'organiser le contenu de son sac à main. Est-ce que j'aimais Rilke ? Nous étions de parfaits inconnus. Elle m'informa qu'il avait inventé « la poésie des choses ». Bravo à lui. Est-ce que j'aimais l'équitation ? Elle se promenait à cheval tous les matins dans le Bois, très tôt, quand le monde dormait (par « le monde », elle entendait 600 personnes sur une population de 2,5 millions, et « très tôt » voulait sans doute dire sur les coups de 9 heures du matin). Elle annonçait nonchalamment qu'une diva d'exception devait se produire à la salle Meyer le soir même. Avais-je prévu d'y assister ? Je répondais que je n'allais jamais à ce genre de spectacle, et elle disait « Ah ! » avec beaucoup d'intérêt, et beaucoup d'indifférence. Suivait un silence que j'aurais été sage de ne pas troubler, mais je finissais par lui demander poliment :

– Et vous y songiez ?

– Oh non, expliquait-elle avec une sorte de sarcasme rêveur. C'est que, voyez-vous, il n'est pas de bon ton pour une jeune fille de sortir seule dans une si grande ville. Préjugé stupide, certes, mais aujourd'hui encore, la société est ainsi faite, *que voulez-vous* ?

Naturellement, je finissais par lui proposer de la protéger des voyous, des cochers un peu trop galants, etc. Et je me retrouvais invariablement à la salle Meyer, à écouter une soprano milanaise dodue débiter avec force trilles l'aria « *Il dolce suono* » dans *Lucie de Lammermoor*. Il ne fallut pas longtemps pour qu'elle me tienne pour acquis, chose que j'abomine.

– À demain, n'est-ce pas ? me rappelait-elle d'une voix enjôleuse quand nous nous séparions. *Chez ma tante.*

Le lendemain, chez la tante, un violoniste balkanique famélique jouait des czardas, la conversation roulait sur Rodin, le valet de pied lugubre servait des loukoums et du thé. J'appris par pur hasard que Luisa avait un fiancé.

Ce jeune officier d'artillerie espagnol était, semblait-il, un sujet de plaisanterie dans la famille. Il se prénommait Alberto mais, pour une raison ou une autre, on l'appelait La Péninsule. Peut-être parce qu'il était ibère, ou parce qu'il n'était pas encore bien intégré à la famille. Je ne l'ai jamais rencontré, mais il y avait une photo de lui sur le piano : un jeune homme à l'air imbu de lui-même, la mâchoire forte, avec un gros nez. Bref, une sorte de bouledogue. Ses sourcils se rejoignaient, comme s'il n'en avait eu qu'un seul. Je ne saurais dire pourquoi je trouvais ce détail à la fois répugnant et amusant. Je trouvais tout aussi excentriques les imposants sourcils de la tante. Contrairement à ce que Luisa m'avait annoncé, elle ne me questionna jamais sur mes manifestations, mais lors de ma dernière visite quai d'Orléans, elle m'interrogea sur la vie que je menais. Je lui dis que j'étais attaché à l'Institut royal de technologie de Stockholm, que j'espérais devenir leur conservateur le moment venu, et qu'en attendant je me consacrais à mes recherches, qui m'avaient valu une modeste reconnaissance ainsi que l'adhésion à l'Institut et à une ou deux sociétés savantes internationales. Ce petit discours était pompeux, mais la question l'était aussi.

– Luisa me dit que vous vous intéressez au spiritualisme.

– Pas du tout.

– Alors à l'électricité ou quelque chose comme ça. C'est un peu pareil.

– Il n'y a pas deux choses plus éloignées l'une de l'autre.

– Est-il vrai qu'avec l'électricité, on peut savoir ce que font les gens dans la pièce à côté ?

– Seulement s'ils émettent des ondes avec un dispositif de Coulomb.

– Qu'est-ce que vous découvrez alors exactement ? Je suis désolée d'être une vieille femme si stupide.

Le hochement de sa tête était en parfaite contradiction avec ses paroles tandis qu'elle souriait et présentait ses excuses.

Je me sentais arrogant, et sur le point de céder au rire.

– Je pense que des intelligences vivant dans les étoiles tentent de communiquer avec nous grâce à des messages télégraphiques.

C'est une question de la plus haute importance. Vous intéressez-vous à ces choses-là ?

Mais, comme sa nièce, elle neutralisa ma question en changeant de sujet.

– Au fait, je me demande si vous avez remarqué quelle jeune personne remarquable est Luisa. De grandes choses l'attendent. Savez-vous qu'elle lit Dante ?

Je convins que son éducation avait été au-delà de la sphère habituelle réservée aux femmes, mais cette formulation malheureuse lui déplut.

– Ces sphères dont vous parlez, mon cher capitaine, appartiennent à une époque révolue. Les vrais penseurs, de nos jours, ne croient plus que la moitié de la race humaine doit rester confinée dans une sphère, et l'autre moitié dans une autre, au lieu de se promener librement et de faire ce qu'elle veut. À propos, *dites donc*, comment se fait-il que vous ne portiez pas l'uniforme, puisque vous êtes militaire ?

– Je suis en service détaché, expliquai-je. Et l'extérieur doit laisser présager de l'intérieur, vous ne croyez pas ? Il se trouve qu'à l'intérieur de mes vêtements, je ne suis pas très… uniforme.

– À l'intérieur de vos vêtements, vous n'êtes plus le même ?

– Non. Je suis profondément différent.

– Ah.

Une expression sceptique passa sur son visage, mais elle se contenta d'agiter irrépressiblement la tête.

Mais j'oublie les autres menus événements de ce dernier thé. Il s'y est dit beaucoup de bêtises. Je parlai un petit moment à la mère de Luisa, ou du moins essayai de le faire. D'une part, elle se tenait trop près de moi. Aussi discrètement que possible, je reculais légèrement, elle avançait d'autant, et ainsi de suite. C'est, au mieux, un exercice futile – un tel ballet peut décrire de grands cercles dans un salon. Peut-être, me dis-je alors, serait-il temps que je surmonte mon aversion très XIXe siècle pour la proximité d'une autre chair. Mais n'y avait-il pas simplement au fond de moi un je-ne-sais-quoi de trop luthérien et nordique pour ces créatures tropicales ? Il n'empêche que Mme Hickman, née Silva e Costa, toujours en sari, la pastille au front, se tenait trop près de moi, avec sa soucoupe chargée de pâtisseries. Elle conversait d'une voix frêle et timide, légèrement en dessous du seuil d'audibilité, jetant de temps à autre des coups d'œil anxieux autour d'elle comme pour voir si on l'observait. Je devais fournir un gros effort pour la comprendre. J'avais l'impression qu'à tout moment elle allait murmurer : « J'ai été enlevée. S'il vous plaît, sauvez-moi. »

Elle sentait le musc et la nervosité, comme un petit animal. Elle parlait un mélange de français et de ce qu'elle imaginait être de l'anglais, de sorte que la comprendre – outre une prouesse physique – était un exercice de philologie comparée.

Je parvins enfin à décoder :

– Est-ce que vous aimez Paris ?

– Beaucoup, répondis-je.

– Avez-vous vécu de nombreuses nouvelles expériences ?

Ou peut-être avait-elle dit : « Avez-vous fait de très nombreuses nouvelles expériences ? » puisque le mot français est ambigu, même à un volume sonore normal.

– Des expériences ? C'est-à-dire ?

Nouveau regard circulaire. Puis elle se lança :

– Connaissez-vous Mifouya ?

Du moins c'est ce que je crus comprendre. Comment répondre ? Qu'était-ce ? Qui, ou quoi ? Un peintre japonais ? Un port en Turquie ?

– Plaît-il ?

– Millefeuille, une pâtisserie.

Ah.

– Certainement, madame, lui dis-je avec tout le respect que je pouvais avoir pour le sujet. Je connais très bien.

Elle avait pris une petite bouchée de son gâteau, et voilà qu'elle tentait de la mâcher tout en parlant. Ça n'arrangeait pas mon affaire.

Je compris finalement qu'elle disait : « *C'est ra-vi-ssant.* »

Le millefeuille ou ce qu'elle mangeait ? Pour elle, c'était probablement la même chose ; elle mangeait en même temps les mots et le gâteau, et c'était ravissant.

Lui causer était très simple une fois qu'on avait saisi l'astuce : il suffisait de se dire que l'on parlait à un tout petit enfant, 3 ans environ, qui venait de découvrir les bonbons et voulait savoir si vous en aviez entendu parler. Il suffisait de lui assurer, avec la gravité propre au sujet :

– Oui, et c'est très bon.

La mère finit par s'évaporer dans la foule des invités, à moins qu'elle n'ait fusionné avec le tapis d'Astrakhan. Quant à moi, je me retrouvai dans une alcôve, face à une baie vitrée donnant sur la Seine, avec le photographe en vogue de la rue de la Paix. J'espérais l'interroger sur les possibilités d'utiliser la photographie à partir d'un aérostat pour enregistrer des phénomènes météorologiques. Or il était difficile de lui parler car il agitait continuellement la tête pour jeter des coups d'œil alentour, probablement à la recherche d'une célébrité – plus riche et plus susceptible de payer une grosse somme pour avoir son visage immortalisé sur une plaque de verre. Ces écarts d'attention étaient heureusement bridés par le sévère jockey qui chaussait son nez : une paire de lunettes cerclées d'or.

– Vous êtes un artiste ? finit-il par me demander.

– À peine.

– Vous n'êtes pas un artiste ?

– Je suis un philosophe naturaliste, en quelque sorte.

– Bizarre. Vous ressemblez vraiment à un artiste. Et croyez-moi, je sais de quoi je parle. La physionomie est au cœur de mon métier.

– Peut-être qu'un naturaliste n'est pas très différent d'un artiste, d'un point de vue physionomique.

– Profondément différent.

– L'art est éternel, la nature est en mouvement. La nature est poussière et vapeurs nocives. Ce que nous voyons autour de nous, ces belles perspectives (le nez se braqua brièvement vers le décolleté d'une dame un peu plus loin) ne sont en réalité qu'un panorama de corruption en dégénérescence permanente.

– Quelle est la durée d'une photographie ?

– Si l'on observe toutes les précautions, cinquante ans, voire un siècle.

J'étais sur le point de dire que c'était pareil pour un humain quand nous fûmes interrompus par la tante, qui le prit à part pour lui parler avec force tremblements dans un autre coin du salon.

Cet après-midi-là, pour une raison quelconque, tout ce beau monde me fit l'effet d'un asile de fous. Alors que j'étais sur le point de céder à mon désir d'évasion, je croisai dans le vestibule Luisa, lumineuse, pensive et un peu empourprée par cette agitation.

– Eh bien ? tenta-t-elle.

– Et bien, c'est un adieu, lui dis-je avec un sourire figé.

– Ce n'est sûrement qu'un au revoir. Vous alliez me donner la liste des appareils nécessaires, et…

Et quoi ? Oh, ces silences au beau milieu de ses phrases !

– Pour commencer, il suffit d'un cerveau, chère mademoiselle. Et d'une bibliothèque pleine de livres.

– Vous vous plaisez à vous moquer de moi. Pure vanité masculine. Vous pourriez au moins m'indiquer les livres à lire.

– Je suis très pressé. Je quitte Paris pour Stockholm demain.

– Et qu'est-ce qui vous appelle là-haut ? demanda-t-elle doucement. Une autre affection, peut-être ?

« Une autre » était une formule intéressante et peut-être même légèrement présomptueuse de sa part.

– Seulement une ascension en ballon, à vrai dire.

– Oh, j'adorerais faire une ascension en ballon ! Vous devez absolument m'emmener.

Il m'était difficile de lui expliquer pourquoi il était tout à fait impossible qu'une jeune femme bien élevée reste quinze ou vingt heures d'affilée suspendue dans une nacelle avec un homme sans avoir à recourir aux commodités de la civilisation.

– Je suis désolé. Ce n'est pas un pique-nique, vous savez. C'est une entreprise scientifique sérieuse, qui implique un travail soutenu, des détails ennuyeux, etc.

– Le travail ne me fait pas peur et je ne m'ennuie pas facilement. Je pourrais sûrement me rendre utile, relever les mesures de votre altimètre ou quelque chose de ce genre.

– Adieu, mademoiselle, dis-je en souriant avant de lui tendre la main.

– *Au revoir*, rectifia-t-elle avec un sourire tout aussi convenu.

Dès mon retour à l'Institut royal, je commençai les préparatifs de mon projet, une expédition de la région de Stockholm vers la Finlande méridionale. Il s'agissait de tester en vol l'appareil à gouverner que j'avais finalement réussi à mettre au point après de nombreuses années de recherches. L'itinéraire devait passer principalement au-dessus de la mer, où les guideropes risquaient moins de s'accrocher. J'avais écrit à Waldemer avant de quitter Paris pour lui demander de m'accompagner dans cette petite aventure. Malheureusement, lui avais-je expliqué, je ne serais pas en mesure de payer ses dépenses transatlantiques, puisque mon vol n'était financé que par une très modeste subvention de l'Institut. Mais j'espérais que son journal financerait son voyage en Europe en échange d'une couverture exclusive. Mais Waldemer me répondit aussitôt qu'il lui serait très difficile de soutirer à son rédacteur en chef l'argent du voyage et que de plus, à son grand regret, il était pris pour plusieurs mois par une autre mission. Il s'agissait d'une série d'articles sur cette industrie de la conserve alimentaire qui allait bientôt initier le grand public aux plus hauts raffinements gustatifs. Il ressortait donc de sa lettre qu'il regrettait terriblement de ne pas pouvoir s'envoler avec moi – non pas parce qu'il préférait ma compagnie à celle des magnats de la soupe en boîte, mais parce qu'il considérait l'aéronautique comme une avancée autrement plus importante que la conservation des aliments. Soyons clairs : Waldemer préférait bien évidemment ma compagnie à celle des magnats de la soupe – ce qu'il prouverait de nombreuses fois dans les années suivantes –, mais il faisait toujours passer ses plaisirs personnels au second plan. C'était un homme très dévoué à sa profession, un héros du journalisme moderne. Ce qui était bien dommage car, à vrai dire, j'appréciais sa compagnie (moi qui n'étais pas tout à fait aussi dévoué). Sans compter que c'était un assistant inestimable, et que je m'étais donné beaucoup de mal pour le former.

Ce vol ne s'annonçait pas particulièrement exigeant et, à la rigueur, je pourrais m'occuper moi-même des guideropes nouvellement inventés. Alors pourquoi avais-je besoin d'un partenaire ? Parce que ce ballon était conçu pour soulever environ 150 kilos, et que faute d'atteindre ce poids, il me faudrait embarquer des sacs de sable pour compenser. Il ne devait pas être si difficile de trouver un humain plus utile qu'un sac de sable, ne serait-ce que pour lire l'altimètre. Pourquoi cet exemple particulier m'était-il venu à l'esprit ? Et pourquoi avais-je aussitôt télégraphié à Luisa ? C'était de la folie. Sans doute voulais-je la confronter, au travers d'une proposition très concrète, à l'un de ses caprices. Elle exprimait fréquemment ses envies sans avoir aucune idée des implications pratiques : elle se déclarait prête à se faire hypnotiser, à descendre dans une mine de charbon, à assister à une dissection… simplement pour prouver qu'elle était aussi robuste et intrépide qu'un homme. Au bout d'un moment, une envie malveillante mais irrésistible vous prenait forcément de lui dire : « Voici le cadavre, chère mademoiselle, prenez vous-même le scalpel et trouvez le nerf hypogastrique. » Oui bien : « Montez dans le wagonnet à charbon, et ne m'en voulez pas si vous ruinez votre robe. » Mais c'était une tactique dangereuse avec Luisa. Si je l'avais vraiment connue à l'époque, je me serais abstenu.

Je reçus de sa part un télégramme presque aussi rapide qu'une impulsion électrique mais en plus détaillé, ordonné et substantiel. Elle était d'accord, bien sûr, et me précisait avec quel train elle arriverait à la gare de Kungsholm le lundi suivant. Elle ajoutait qu'elle prendrait des vêtements de voyage résistants à la poussière et un sel indiqué contre le mal de l'altitude. Pourquoi une tenue spéciale ? S'imaginait-elle que le ballon était poussiéreux ? Elle l'avait probablement vue dans un magazine de mode. Quant à l'altitude, pour tester mon nouveau dispositif directionnel, il fallait maintenir l'aéronef assez bas – je doutais même que nous dépassions la hauteur de la colonne Vendôme –, mais je ne pris pas la peine de lui télégraphier de nouveau pour expliquer tout cela. Au lieu de quoi je demandai aux ouvriers de préparer le ballon pour une ascension le mardi, si le temps le permettait, avant de m'affairer pour rassembler les instruments et les cartes nécessaires.

Lundi à 15 heures, je la retrouvai à la gare. Elle était impeccablement vêtue d'un manteau ourlé de renard polaire – la même fourrure ornait le haut de ses bottes, et elle avait le manchon assorti. Elle était suivie d'un porteur poussant un énorme chariot de bagages, ce qui n'augurait rien de bon. Retirant gracieusement une main de son manchon, elle me l'offrit puis la remit dans sa cache douillette. Nous étions en mai, il faisait doux.

– La Suède ! exulta-t-elle, écartant ses cheveux de son front altier. *Comme c'est charmant !* J'adore l'air, ça sent un peu le goudron de marine. Et ces *fillettes*, ces petites filles avec leur cravache… *elles sont délicieuses.* (Je n'avais pas la moindre idée de ce dont elle parlait.) Où logez-vous ?

Je dis seulement que je lui avais réservé une chambre dans un hôtel proche de l'Institut.

– Ah, répondit-elle, ravie. C'est très attentionné de votre part.

Tout aussi gracieusement, elle me suivit jusqu'au bout du quai, sourit triomphalement au porteur à qui je donnai son pourboire, puis se laissa installer dans un fiacre. Je me dis alors – pensée mesquine et grincheuse – que si Waldemer avait été là, je n'aurais pas eu à lui payer un porteur. Il fut possible, miracle, de caser tous ses bagages dans le fiacre, ou sur le toit, sur les côtés et à l'arrière. Nous étions à cinq minutes de l'hôtel.

Mais que diable allais-je faire d'elle ? J'avais du travail, ce soir-là. Le réglage final des instruments, un passage au bureau météorologique pour consulter les cartes. Elle était charmante, parfumée, féminine, flatteuse, accommodante, joyeuse – et assez impérieuse dans son besoin d'être divertie ou du moins accompagnée à tout instant. À l'hôtel, modeste établissement sans ascenseur, elle signa le registre d'une belle écriture baroque puis suivit l'employé mal luné qui se cognait contre les murs de l'étroit corridor, une grosse valise à chaque main.

– Oh, très cher. Je ne suis pas sûre du tout que cela convienne, murmura-t-elle depuis les profondeurs du couloir.

Moi aussi, je craignais soudain que le lieu ne convienne pas à une jeune personne aussi élégante, et me demandai ce que j'avais eu en tête en le choisissant. Heureusement, la chambre était moins sordide. Il y avait des gravures de chasse sur le mur, des roses dans un vase, et même un piano. De la fenêtre, on apercevait le Kungsträdgården. Elle s'assit au piano et joua un fragment de Schubert, puis se leva d'un bond et écarta les rideaux.

– Et ce parc ?

– Le Jardin royal.

– Ah ! Tout est fascinant, c'est tellement différent de Paris !

Tout ce qu'elle avait vu jusqu'à présent ressemblait exactement à Paris, à moins qu'elle ne parle de l'odeur de goudron ou des « fillettes » avec leurs fouets.

– Mais vous prendrez bien quelque chose ? suggéra-t-elle avec un petit hoquet, comme si elle venait brusquement d'y songer. Thé, cognac, liqueur ? Je ne connais pas vos habitudes.

Je refusai cérémonieusement, la remerciai et pris congé d'elle. Dehors, l'après-midi fraîchissait rapidement. Ses fourrures étaient peut-être justifiées, après tout.

Ah, que le diable les emporte, elle et son manchon ! Je me frappai le front, y laissant ma main un instant. Elle allait gâcher le vol. Dans ma chambre meublée, sur la place de l'Institut, j'avisai sur le bureau un chronographe que j'avais prévu de faire vérifier chez le bijoutier ce jour-là. Je faillis le jeter contre le mur mais je me retins : c'était un objet de prix qui avait toujours parfaitement fonctionné, et avec un écart journalier quasi nul. Au lieu de quoi je tirai le cordon de la sonnette et commandai quelque chose au domestique : thé, liqueur, cognac ? Quelle était donc mon habitude ?

Je passai un habit à queue-de-pie, et à 19 heures j'appelai Luisa. Nous allâmes dîner au Stallmästaregården : fruits de mer sur lit de glace, *potage au cresson* et rôti de bœuf à l'anglaise. Avec le bordeaux et le café-liqueur à la française, le tout s'éleva à 150 couronnes, sans les pourboires. Luisa, le teint animé par le vin, exprima le désir d'aller dans un café-concert. Infectée par le virus touristique, elle était fascinée par tout ce qui différenciait ce nouveau pays du sien, mais souhaitait y faire exactement les mêmes choses que chez elle. J'interrogeai mon intelligence. Il y avait bien un concert de musique de chambre et le Ballet royal suédois, mais c'était trop rigide et formel. Mon plaisir personnel du soir, quand je n'avais rien de mieux à faire, était le Club d'échecs. Mais le plus souvent, je travaillais. Je devais d'ailleurs impérativement passer au bureau météorologique, qui m'avait promis de rester ouvert jusqu'à 21 heures. Finalement, je me souvins d'un établissement sur l'Apelbergsgatan qui combinait café et music-hall ; si j'avais bien compris, c'était un lieu où on pouvait se procurer des boissons et où des gens chantaient en langue étrangère, accompagnés au piano. Nous nous y rendîmes en fiacre.

L'intérieur, découvris-je alors qu'il était trop tard pour s'échapper, était si triste qu'il vous donnait dès l'entrée des idées suicidaires. Dans une salle peinte en blanc et éclairée par des lampes à huile, nous écoutâmes un baryton corpulent chanter des lieder tandis qu'une femme, la sienne peut-être, piétinait sur le malheureux piano une tout autre mélodie. Luisa s'enquit de *la boisson du pays* et, par pure méchanceté, je commandai deux verres de notre akvavit national. Elle vida le sien très vite, s'imaginant peut-être que c'était du vin blanc, et en but même un autre. Le baryton s'était lancé dans « *Röslein, Röslein auf der Heide* », insistant sur le refrain comme s'il espérait réussir à mettre au pas le piano. Luisa avait bien sûr changé de toilette ; ce soir-là, elle portait une longue robe rouge orangé qui la moulait des pieds jusqu'aux hanches. Le haut était constitué d'une écume de dentelle. Elle ne semblait pas avoir froid malgré ses épaules dénudées. Naturellement, tout le café n'avait d'yeux que pour elle, et les conversations avaient cessé. Luisa était enchantée de tout. Le serveur lui apporta un bol de noisettes, ce qu'elle trouva charmant ; elle brisait les coques avec un casse-noix argenté et plaçait délicatement les fruits entre ses lèvres. Elle m'en offrit une, que je refusai poliment en souriant, la paume levée.

– *Stockholm, c'est le délire.*

Elle allait vraiment finir par délirer, si elle buvait plus de cette affaire. Mon Dieu, qu'est-ce qui avait bien pu me passer par la tête ? Non sans peine, je la persuadai qu'il était nécessaire de se coucher tôt et nous partîmes, laissant aux autres clients l'impression que les Françaises (ou était-elle une sorte d'Indienne ?) se saoulaient à l'akvavit en public et vivaient de noisettes concassées.

À son hôtel, tout était déjà éteint ; il nous fallut sonner et réveiller le garçon d'étage.

– *À demain*, mon vaillant aéronaute.

Elle leva la main jusqu'à mon épaule et la laissa là un instant, la paume ouverte, souriante, dans un geste étrangement touchant.

– Votre équipage rêvera de vous.

Je rentrai à pied chez moi. Il était déjà 22 h 45 : trop tard pour le bureau météorologique.

Le lendemain matin à la gare, elle se présenta sous la chiche lumière de l'aube dans la tenue anti-poussière annoncée : long manteau en lin à la dernière mode, bas noirs, chaussures de marche pratiques et chapeau fixé par un foulard noué sous le menton. Elle portait son cher réticule à motif Bayeux, qui contenait sans doute le fameux sel contre le mal de l'altitude (notre altitude de 100 mètres !) et, comme unique bagage, une petite mallette de voyage en cuir suffisante pour contenir une tenue de rechange. Il fallait prendre un train régional jusqu'à la bourgade de Bergshamra ; le trajet durerait environ une heure. Là-bas, où l'ascension aurait lieu à partir d'un promontoire surplombant la mer, tout était prêt. Les ouvriers étaient au travail depuis la veille et le *Prinzess*, le deuxième du nom financé par de généreux brasseurs hambourgeois, était presque entièrement gonflé. La brise soufflait régulièrement de l'ouest, avec un peu plus de force que je l'aurais souhaité. Le départ risquait d'être délicat, mais une fois dans les airs, nous prendrions une bonne vitesse. Une petite foule s'était rassemblée pour assister à l'ascension : un ou deux journalistes et quelques autochtones curieux. Nos bagages furent déposés dans la très modeste nacelle suspendue sous le globe d'hydrogène, nous montâmes nous-mêmes à bord et les préparatifs commencèrent pour libérer les amarres.

Luisa semblait imperturbable. Un peu plus pâle que d'habitude peut-être, mais sereine et digne, même lors de la difficile gymnastique consistant à enjamber le rebord de la nacelle en osier. Elle posa quelques questions intelligentes sur ce qu'elle ne comprenait pas – très peu, heureusement – et rassembla d'une main les pans de son cache-poussière pour ne pas me gêner pendant que je me déplaçais pour régler mes instruments. Jusqu'ici, tout allait assez bien. Sauf que cette vaniteuse créature m'avait empêché de passer au bureau météorologique. J'espérais que cette brise d'ouest ne nous ferait pas complètement défaut, et ne se mettrait pas à souffler trop fort non plus. Ma seule consolation était que les types du bureau météorologique ne semblaient pas en savoir beaucoup plus que moi. Les cordes d'amarrage furent bientôt coupées, et nous basculâmes violemment sur le côté avant que la nacelle heurte une souche. Enfin, nous nous éloignâmes du sol en oscillant comme un pendule. *La Première Traversée en Ballon du Golfe de Botnie !* Les deux journalistes avaient sorti leurs carnets et composaient déjà des éditoriaux.

Je me concentrai aussitôt sur les questions délicates relatives au poids et au lest. L'ascension au-dessus du promontoire avait été trop chaotique pour pouvoir évaluer si le *Prinzess* avait l'intention de monter ou de descendre. Mais une fois au-dessus de la mer, il devint évident qu'il était bien trop léger. Il courait horizontalement pendant une minute ou deux puis, comme s'il se rappelait brusquement quelque chose, il montait sur à peu près la hauteur d'une flopée de marches, et poursuivait encore un moment son vol en palier avant de gravir une autre flopée. Les guideropes pendaient, inutiles, loin au-dessus de l'eau. Évaluant notre excédent de portance à une dizaine de kilos, je libérai la quantité correspondante de gaz au moyen de la soupape. Enfer et damnation ! J'avais beau avoir déjà accompli cette manœuvre cinquante fois, je me trompai et une quantité excessive d'hydrogène s'échappa, ainsi que mes sens le détectèrent immédiatement. Et nous commençâmes à perdre de l'altitude. Nous pesions probablement 8 ou 10 kilos de trop, à présent. Luisa ne pouvant guère faire pire que moi, je lui montrai comment libérer du lest. Il s'agissait de sacs de sable de 20 kilos chacun, suspendus à l'extérieur de la nacelle ; le fond de chaque sac comportait un volet d'ouverture actionné par un cordon. C'était enfantin, et elle comprit facilement comment actionner le cordon. Mais pour une raison quelconque, elle ne parvint pas à refermer le volet, et tout le contenu du sac se vida dans la mer.

Cet accident était le parfait opposé de la bévue que je venais de commettre. Et cela m'exaspéra au plus haut point.

– Malheur ! m'écriai-je. Vous n'avez pas compris ce que j'ai dit ?

– J'ai parfaitement compris ce que vous avez dit.

– Je vous ai dit de libérer la moitié du sac.

– Ah ! Mais vous n'avez pas mentionné ce détail ! Vous m'avez expliqué comment tirer le cordon et j'ai fait exactement ce que vous m'avez dit.

– J'ai dit la moitié du sac.

– Vous n'avez rien dit de tel. J'ai prêté particulièrement attention à vos paroles, afin de ne pas commettre d'erreur.

– Et pourtant, vous en avez commis une belle.

J'étais en colère, elle aussi ; elle me faisait face, fière et blême, le visage dépourvu de toute expression. La rougeur apparut à la base de sa gorge et s'étendit lentement jusqu'à son cou. C'était notre première dispute.

– Si vous soutenez que je mens, alors c'est que vous êtes un mufle et un individu méprisable. Si j'étais un homme, vous n'oseriez pas m'accuser ainsi, sinon vous devriez en répondre. S'il vous plaît d'insulter votre équipage, alors cantonnez-vous à votre propre sexe.

– Très bien. Voilà un point intéressant. Parlons-en. D'abord, si vous étiez un homme, vous n'auriez peut-être pas bâclé votre première tâche, pourtant très simple. Ensuite, si vous étiez un homme, il ne vous serait pas si facile de me traiter de mufle et d'individu méprisable, car vous devriez en répondre.

– En somme, conclut-elle, simplement parce que nous sommes du sexe opposé, nous nous comportons l'un envers l'autre comme deux animaux plutôt que comme deux êtres humains cultivés et bien élevés.

– Précisément.

– Alors je vous suggère de me traiter avec la décence dont vous feriez preuve si je n'étais pas une femme, et je ferai de même. En attendant, quels dommages pratiques – s'il y en a, bien sûr (elle menaçait toujours d'exploser en disant cela) – a causé ma prétendue maladresse ?

– Nous montons beaucoup trop vite. Dans une minute, vous risquez d'avoir besoin de vos sels.

– Comment allez-vous y remédier ?

Je sentais les poils de ma moustache se détendre lentement ; ils se hérissaient toujours quand j'étais en colère. J'attendis environ cinq secondes, puis lui dis très calmement :

– En actionnant de nouveau la soupape de manœuvre.

Je décomposai soigneusement les mouvements, pour lui faire comprendre par cette pantomime que nous manquions de lest, et libérai assez de gaz pour nous mettre en vol horizontal et même pour incliner légèrement la trajectoire du *Prinzess* vers la mer. Il nous restait encore une centaine de kilos de sable pour parer à de nouvelles bévues.

Je n'avais plus le temps pour les mystères de l'âme féminine, car l'heure était venue de tester le fruit de mon imagination : l'unique raison de ce vol et de tous ses préparatifs complexes.

Le vent d'ouest nous portait dans une direction qui nous ferait manquer de quelques milles l'extrémité sud de la Finlande, et nous mènerait en deux ou trois jours à Saint-Pétersbourg – à condition que Luisa ne perde pas tout le lest d'ici là. Mais même si Saint-Pétersbourg était sans doute une ville intéressante, elle n'était pas dans mes projets et nos visas n'étaient de toute façon pas tamponnés pour la Russie. Il fallait donc infléchir notre cap vers la gauche, donc légèrement au nord, afin de retrouver la côte finlandaise et arriver à destination. Bref, naviguer vent debout, ce que personne n'avait encore jamais fait.

J'actionnai d'abord très délicatement la soupape de manœuvre – si ce dispositif restait coincé, tout l'hydrogène s'envolerait et nous serions condamnés – afin de libérer juste assez de gaz pour nous faire redescendre vers la mer. C'est là que les guide-ropes entrèrent en scène. Il y en avait trois, longs et assez épais, fabriqués en fibre de coco imprégnée d'huile de façon à flotter à la surface de l'eau. Lorsque le *Prinzess* volait très haut, ils étaient suspendus sous lui telles de gracieuses colonnes doriques. Mais lorsqu'il descendit, les guideropes se mirent à traîner dans l'eau, et un ensemble complexe de réactions et d'interactions s'ensuivit. Le ballon ralentit, et s'inclina un peu dans le sens de sa marche, comme la tête d'un taureau qui charge. Simultanément, un léger vent se fit sentir, moins fort que celui que nous avions eu à Bergshamra, mais un vent quand même.

Les guideropes traînaient maintenant dans l'eau sur environ un tiers de leur longueur, laissant derrière eux trois sillages serpentins. Le ballon avait sensiblement ralenti. Nous perçûmes un frémissement, et sur nos joues la fraîcheur de la brise que j'avais suscitée : il était temps de mettre les voiles. Elles devaient être hissées sur des vergues en bambou par des écoutes passant sur des petites poulies aux extrémités, et guidées aux coins inférieurs par d'autres écoutes. Luisa allait pouvoir se rendre utile. Il fallait vraiment trois mains, sinon quatre ou cinq, pour manier toutes ces écoutes et tous ces palans.

– Maintenant, chère mademoiselle, cette corde dans votre main gauche, s'il vous plaît, et dans l'autre…

C'était vraiment très compliqué.

– Je ne comprends pas le sens de tout ça. Qu'essayons-nous de faire exactement ? À moins que vous ne m'expliquiez le principe, je crains qu'il me soit totalement impossible de manipuler toutes ces ficelles et cordons comme vous le souhaitez.

Elle avait parfaitement raison. C'était ma faute si j'avais choisi un bas-bleu et une personne cultivée comme équipière. Si j'avais emmené un lourdaud habitué à obéir aux ordres, je n'aurais eu qu'à dire « Tire ceci ! » et « Laisse filer ça ! », et il l'aurait fait. Mais comme j'avais décidé d'admettre dans l'aérostat une femme qui avait lu *Stetigkeit und irrationale Zahlen* de Dedekind, j'étais bien obligé d'expliquer ce principe… Faute duquel l'esprit cultivé est paralysé et tire invariablement sur la mauvaise corde. J'aurais ressenti la même chose si on m'avait demandé de manipuler un appareillage complexe sans m'en exposer la raison. Je dus d'abord apprendre à Luisa comment fonctionnaient les voiles qui permettaient à un véhicule tel qu'un bateau d'avancer en diagonale face au vent. Je revins ensuite sur le principe des guideropes, la vélocité contrariée et la manœuvrabilité en général. Elle m'écouta avec cette même attention séraphique que j'avais notée en découvrant son visage lors de ma conférence au musée Carnavalet : les yeux fixés sur moi, la bouche bien ferme avec les deux petits plis. Puis nous alignâmes les voiles à un angle oblique par rapport au vent ; plus rigoureusement, nous tournâmes une manivelle en fer reliée à un pignon jusqu'à ce que la nacelle soit orientée selon l'angle requis par rapport aux guideropes. Le vent soufflait maintenant en diagonale ; les trois sillages serpentins dans l'eau entamèrent une longue courbe mathématiquement précise vers la gauche.

L'effort m'avait rendu quelque peu haletant. Je m'assis sur une caisse et contemplai le résultat de nos manœuvres, non sans une certaine satisfaction. Un coup d'œil au compas me confirma que nous nous courions à l'est quart nord-est, donc exactement vers la péninsule finlandaise. C'était un bon moment. Mais au lieu de pouvoir jouir à loisir de ce sentiment du devoir accompli, je dus porter mon attention sur une particularité de ma physiologie qui m'avait causé quelques soucis auparavant, mais jamais dans des circonstances aussi délicates. Dans des conditions de tension ou d'incertitude particulières, comme l'ascension mouvementée que nous venions de faire, mon organisme accélérait ses processus d'élimination des fluides et, au bout d'une heure ou deux seulement, exigeait en termes non négociables une évacuation de liquide. La sensation était présente depuis un certain temps déjà, mais elle était désormais impérieuse. J'étais donc là, coincé au-dessus de la mer Baltique avec cette *femme savante*, et ce que la nature réclamait de moi avec des accents inexorables – ce geste qui, si je ne l'accomplissais pas, allait entraîner des tourments physiques et finalement ma mort – était interdit par toutes les mœurs et pudeurs de la société qui nous avait produits l'un et l'autre. Évidemment, ce serait fait ; pas question de me laisser torturer pour une simple convention.

– *Mademoiselle*, la priai-je (je l'appelais encore *mademoiselle*, même lorsque je parlais anglais, par une politesse un peu ironique), *mademoiselle*, puis-je vous demander de tourner la tête un instant et de scruter l'horizon ? Je crains qu'il n'y ait rien à voir du tout, à vrai dire, mais vous avez de l'imagination, et…

Sans beaucoup de formalité, la chose fut expédiée. Ouf! Lorsque, par gratitude et par pur soulagement physique, je lui proposai de lui rendre la pareille, elle me dévisagea sans un mot. Très bien, que la peste m'emporte. Peut-être ma suggestion était-elle de mauvais goût. Pour cacher la confusion du moment, et aussi parce que, fraîchement allégé, je me sentais plein de vigueur, je m'affairai avec mes instruments pour vérifier si le système de cordages et de voiles fonctionnait toujours. En installant le théodolite sur le bord du panier et en visant le long des sillages des guideropes, je m'assurai que nous courions toujours plus ou moins au nord-est.

– Prochain arrêt, la Finlande, l'informai-je avec une certaine satisfaction.

– Alors avec ce système, un ballon pourrait aller n'importe où?

– Si le vent le permet.

– Comment ça, si le vent le permet?

– Il est possible de louvoyer contre le vent en diagonale, mais pas de le heurter de front.

– Pourrait-on aller, par exemple, jusqu'aux lacs italiens?

J'éclatai de rire.

– Vous êtes une incorrigible sentimentale.

– Et vous un barbare arithmétique.

– Pourquoi nous querellons-nous en permanence? lui demandai-je gaiement.

– C'est quelque chose dans votre caractère. À quoi sert un ballon ou un autre engin, quel qu'il soit, si on ne peut pas aller dans des endroits agréables?

– La Finlande ne vous plaît pas?

– Il y fait froid, et tous les habitants parlent finnois.

– C'est vous qui avez voulu venir, lui rappelai-je, sous prétexte de vous consacrer à la recherche scientifique.

– Je suis tout à fait prête à enquêter de façon scientifique sur quelque chose. Sur quoi, par exemple ?

Je lui montrai comment lire les instruments les plus simples, et elle ne tarda pas à le faire sans moi. Nul doute qu'elle avait du caractère. Son caractère à elle, bien sûr, mais du caractère quand même.

La mer était d'un bleu grisâtre, striée çà et là d'une écume qui dessinait de longues rayures à sa surface. Le vent s'était levé ; les voiles, tirant obliquement, nous entraînaient à une vitesse exaltante vers l'invisible côte finlandaise, les guideropes laissant dans l'eau trois sillages mousseux. Les îles Åland apparurent droit devant ; craignant que les cordes ne s'accrochent dans les habitations ou les arbres, je modifiai légèrement notre cap en agissant sur la commande du pignon pour éviter l'archipel. (Normalement, j'aurais survolé Åland en lâchant un peu de lest, mais comme Mademoiselle nous en avait malencontreusement fait perdre, je choisis de jouer la sécurité et de contourner l'obstacle. J'avoue que j'aurais peut-être lâché du lest – dont nous disposions en vérité en quantité tout à fait suffisante – si, de façon puérile, je n'avais pas préféré lui donner tort en prétendant que nous en manquions.) Les îles étaient un regroupement de formes basses ressemblant à des belettes, avec çà et là une maison ou un coin de forêt verdoyant. Les rouleaux se brisaient sur les rochers. Nous ne passâmes qu'à 12 milles du port de Mariehamn ; je vis les navires ancrés dans la rade et une grande barque, toutes voiles dehors, qui louvoyait face au vent en direction de la ville. Juste en dessous de nous, un bateau de pêche tanguait dans les vagues. Nous le survolâmes d'un peu trop près et les guideropes manquèrent l'embarcation de quelques mètres juste au moment où le jeune pêcheur en ciré levait la tête. Il nous aperçut : un gentleman et une élégante jeune femme filant au-dessus de lui dans une nacelle. Il resta bouche bée devant cette incroyable apparition et nous suivit des yeux en pivotant lentement de tout son corps, tel le tournesol qui suit le soleil. Tandis qu'il disparaissait au loin sans cesser de nous fixer, la bouche toujours ouverte, ses bras se remirent automatiquement à tirer la palangre main sur main. Une vraie poupée mécanique, un jouet sur ressorts.

Les mouettes qui nous tournaient autour nous observaient avec curiosité, puis s'éloignaient en décrivant de larges courbes dès qu'elles comprenaient que nous n'avions pas de poisson. Un fracas sourd montait de la houle moutonnante, accompagné du clapotis des guideropes. Devant nous, à l'horizon, on distinguait des masses brunes éparses auxquelles s'accrochaient des taches de brume : les îles du littoral finlandais. Une heure durant, nous nous faufilâmes entre elles ou les contournâmes plus ou moins abruptement avec l'agilité d'un danseur ; j'officiais à la manivelle en espérant que des oscillations prolongées suffiraient à éviter les obstacles. Puis la côte apparut, avec des vagues assez effrayantes qui s'écrasaient contre un à-pic de granit. Plus question de jouer à tourner la manivelle. Il était trop risqué de laisser traîner les guideropes. Si les cordes accrochaient le toit d'une ferme, le toit se soulèverait, puis le toit et le ballon redescendraient ensemble, et tout le monde serait mécontent. Je libérai donc un demi-sac de sable. Nous remontâmes par paliers jusqu'à être juste assez haut pour franchir la falaise vorace, qui – imaginai-je – se dressa légèrement pour tenter de nous mordre. Le golfe de Botnie s'ajoutait donc désormais à mon palmarès. Des points noirs pas plus gros que des moucherons commencèrent à tourbillonner autour du *Prinzess* : des oiseaux terrestres, des hirondelles.

C'était la fin de l'après-midi, le soleil commençait à se dissoudre dans une masse de brume au-dessus de la mer. À présent que nous avions coupé le vent artificiel de mon invention, le *Prinzess* flottait sans un bruit dans l'air grisâtre. Nous ferlâmes les voiles. En dessous de nous, comme un panorama sur toile dans un musée, la campagne se déroulait, uniforme et placide. Il y avait une odeur de terre labourée et de verdure. Le paysage, parsemé de lacs, se composait de prairies et de bois mystérieux. Çà et là, des bâtiments de ferme avec des toits et des murs rouges parés de boiseries blanches. Pas un seul être humain n'était visible. Il était environ 17 heures, un mardi. Que faisaient tous les Finlandais à cette heure-là ? Avaient-ils été enlevés par des envahisseurs venus d'une autre planète ? Peut-être la terre appartenait-elle désormais aux vaches qui broutaient l'herbe jaunâtre et levaient à peine les yeux alors que nous planions à 200 mètres au-dessus de leurs têtes. Nous vîmes enfin un homme qui attaquait des mauvaises herbes à la faux. Enfoncé jusqu'aux genoux dans un fossé au bord de la route, il ne nous remarqua même pas. Tandis que nous le survolions, il s'arrêta un moment, passa la faux dans sa main gauche et essuya la sueur de son front avec un mouchoir. Dans le silence, nous pûmes même l'entendre expirer doucement avant de se remettre à la tâche. Puis à nouveau le bruissement rythmé de la faux. Lèverait-il les yeux, nous verrait-il disparaître ? Non, il était concentré.

Il y avait d'autres lacs ici. De plus en plus. D'après la carte étalée sur mes genoux, la campagne serait bientôt composée aux quatre cinquièmes de lacs, avant de se métamorphoser en une sorte d'immense mer d'eau douce semée d'îles. Selon la loi des probabilités, plus loin nous dériverions, moins nous aurions de chances d'atterrir les pieds au sec. À voir leur lacs, on avait l'impression que les Finlandais avaient trouvé le secret de la conservation de l'eau en dessous de la température de la glace. Il faisait presque nuit maintenant, il était temps de mettre un terme à cette aventure. Mais alors que je m'attendais à ce que le vent se calme à l'approche du soir, il soufflait toujours avec son enthousiasme idiot. J'aurais préféré que ce panorama cesse de se dérouler, ne serait-ce qu'un instant, pour nous y poser en douceur. Il allait de toute façon bien falloir descendre, avant que tout ne soit plus qu'eau. Sans prendre la peine d'expliquer les choses à Luisa, je m'attelai à mes préparatifs.

– Que dois-je faire ? demanda-t-elle finalement d'une petite voix.

– Occupez-vous des instruments. Prenez l'altimètre dans une main, le théodolite dans l'autre, et cramponnez-vous comme vous le pouvez à la nacelle.

Sans un mot, elle serra les dents, produisit tant bien que mal trois mains, et fit ce que je lui disais. Elle était déterminée à pulvériser une fois pour toutes le mythe du sexe faible. En vérité, les instruments pouvaient aller au diable. J'espérais seulement qu'elle ne tomberait pas sur la tête. Garde à vous, le moment était venu de prendre le taureau par les cornes ! Je saisis le cordon de la soupape de manœuvre et le tirai doucement. Il y eut un sifflement gazeux venu d'en haut. Et le ballon, nous, la nacelle : tout descendit délicatement, avec une lenteur onirique contrastant avec la vitesse du paysage qui défilait sous nous.

Mais j'avais oublié les guideropes ! Ils risquaient de se coincer dans un obstacle, ou de nous coucher sur le côté en éjectant quelque chose d'important – peut-être Luisa et les deux objets qu'elle serrait contre son sein. Je me hissai jusqu'au cerceau, détachai rapidement les guideropes et les regardai tomber un à un dans la prairie en contrebas. Une grande ferme rouge s'approcha de nous en titubant, mais réussit à se faufiler sous le ballon à la dernière minute. Puis un groupe d'arbres, que nous évitâmes également. Mais nous glissions désormais bien trop rapidement sur un plan incliné, et bientôt un bouquet de sureaux arrêta notre course. Luisa se cramponna désespérément et je réussis, malgré les oscillations de la nacelle, à trouver à tâtons le cordon du volet de déchirure. Il y eut comme un énorme soupir au-dessus de nous. Le ballon se plia en deux et se coucha sur le côté. La nacelle rebondit encore deux fois et, par miracle, s'immobilisa presque droite, soutenue par un autre buisson de sureaux qui s'était providentiellement interposé entre nous et un grand lac. Si j'avais attendu dix secondes de plus avant de déclencher l'ouverture du volet, nous aurions amerri. D'où diable sortait ce lac ? Je ne l'avais pas remarqué. J'enjambai le rebord de la nacelle et m'enfonçai jusqu'aux chevilles dans le sol détrempé.

La seule chose à faire était de rejoindre les bâtiments de ferme que nous avions survolés quelques minutes auparavant. Luisa insista pour m'accompagner, et il me fallut la persuader d'abandonner dans la nacelle les deux instruments qu'elle serrait contre elle comme des bébés. Une pluie fine avait commencé à tomber ; devant nous, j'aperçus une silhouette humaine – homme ou femme, impossible à dire – qui se réfugiait sous le couvert des arbustes. Nous étions plus loin que je ne le pensais des bâtiments. La silhouette réapparut brièvement, puis se dédoubla en une vieille femme et un jeune garçon, à bonne distance devant nous. Ils couraient vers une sorte de hangar. Bientôt, ils disparurent dans l'embrasure d'une porte qui se referma aussitôt.

Nous les suivîmes, haletant un peu ; Luisa riait de son agilité à sauter par-dessus les flaques d'eau. Le bâtiment était plus une habitation ou une grande réserve qu'un hangar. La porte, en grosses planches solides, était close. Je frappai, secouai la porte et appelai en quatre langues – mais pas en finnois, langue que je n'avais jamais pris la peine d'apprendre. Rien. Ils étaient bien là, nos trolls bucoliques, mais ne semblaient pas très hospitaliers. Je cognai de plus belle sur l'huis. Finalement, je ramassai une pierre pour pouvoir taper plus fort.

– Hé, maman ! Amis. Télégraphe par ici ? Voyageurs en ballon de Suède.

Pas de réponse. Bruits de pas traînants et menues bousculades à l'intérieur, rien de plus. La pluie crépitait doucement mais sans arrêt sur le toit du pavillon, sur l'herbe, sur les flaques d'eau, sur nous.

– Hé, madame ! Jeune homme ! Un bol de soupe, ça serait bien. Payé à la livraison, bien sûr. Vous ne voulez pas gagner un peu d'argent ?

Je continuais avec ma pierre. *Bang, bang.* Ce traitement n'était pas recommandé, même pour une porte aussi solide.

– Hé, madame à l'intérieur ! Ouvrir. Vous chrétiens ou une sorte de Turcs ?

Enfin, un volet pivota légèrement et l'œil de la vieille femme apparut. Un œil rouge, surmonté d'un sourcil, et avec une zone de peau pas très propre tout autour.

– Qui être ?

Elle pouvait marmonner quelques mots de suédois. Par ici, les maîtres étaient scandinaves et les paysans finlandais.

– Ballon, répétai-je. Expédition... amis.

– Homme ?

– Comment ça, homme ?

Que le tonnerre l'emporte !

L'œil disparut puis réapparut, encore plus sceptique qu'avant.

– Peut-être...

Elle ajouta un mot finnois incompréhensible mais qui signifiait sans doute, dans le coin, démon ou gobelin. Qu'attendait-elle de moi ? Que je fasse le signe de croix ? Que je baisse mon pantalon pour montrer que je n'avais pas de queue fourchue ?

– Pas fantômes. Nous ne sommes pas ces machins-choses que je n'arrive pas à prononcer, juste des gens ordinaires comme vous, des voyageurs en ballon.

– *Ballong resande ?*

– Oui, oui ! m'écriai-je dans mes quatre langues, des gens sympathiques, venus de Suède en ballon pour visiter votre pays, et nous avons terriblement froid ici, et nos pieds aussi.

Finalement, la porte s'ouvrit et la vieille femme apparut, tremblant de tout son corps, et derrière elle le garçon aux yeux comme des soucoupes. Luisa les rassura. Elle ne dit rien, se contentant de rester plantée là froidement, mais c'est précisément cette apparition très concrète d'une jolie femme qui les persuada que nous n'étions pas des esprits malveillants venus du ciel ou des sortes de génies.

– Maître et madame, babilla la vieille femme, entrez au feu.

– Où est le télégraphe ? demandai-je aussitôt.

Cela dépassait totalement l'aïeule, qui était probablement née au XVIIIe siècle, mais le garçon avait compris. Il nous dit, prononçant ses premiers mots, que le télégraphe était à Helsingfors. Je savais bien que le télégraphe était à Helsingfors, puisque c'était à Helsingfors que je voulais télégraphier ! Mais n'y avait-il pas un télégraphe plus proche, afin que nous puissions envoyer un message à Helsingfors ? Et de là à Stockholm, et finalement à Paris, pour assurer à nos associés ainsi qu'à la mère et à la tante de Luisa que nous étions sains et saufs ? Très désireux de se rendre utile, le garçon dit que Timo pourrait peut-être monter sur son cheval. On ne savait pas clairement qui était ce Timo, peut-être un ouvrier agricole, ou peut-être le garçon parlait-il de lui-même à la troisième personne. On ne savait pas non plus où irait Timo sur son cheval. Jusqu'à Helsingfors ? Ou y avait-il un poste télégraphique plus près ? Mais se faire comprendre était trop difficile. L'instrument bavard pouvait bien se taire jusqu'au lendemain ! En attendant, nous cesserions d'exister, nous flotterions dans des limbes qui ne seraient ni la terre ni l'air, puisque personne ne saurait dans quel élément nous étions. Où était le bon feu annoncé ? Pourrait-on faire sécher nos vêtements ?

Ce logis était bien trop humble pour Maître et Madame, de l'avis de ses occupants. Un robuste jeune homme blond apparut – peut-être Timo, ou alors le père du garçon si celui-ci s'appelait Timo ? Il nous conduisit dans une fermette rustique à quelques centaines de mètres de là, sans doute une maison d'hôtes qu'ils réservaient aux ballonneux de passage. Pendant ce temps, le garçon courut récupérer nos affaires dans la nacelle.

Basse de toit, la chaumière était ornée de sculptures en volutes et dotée d'une haute cheminée en pierre. À l'intérieur, une seule pièce, avec à côté de l'âtre une alcôve qui servait de cuisine. Un feu fut aussitôt allumé, et une langue de flamme jaune commença à monter. Le garçon revint avec les bagages.

– Maître et madame, est-ce qu'ils aimeraient souper, un peu ? s'enquit la vieille femme, se demandant sans doute encore si nous étions des êtres surnaturels.

Oui, nous aimerions souper un peu, et aussi boire quelque chose, une boisson forte de préférence, surtout pour Maître, et pouvoir faire sécher nos vêtements avant d'être pris de phtisie. Tout était possible, Maître et Madame n'avaient qu'à demander. Et tout se passa magnifiquement. Tandis que la vieille femme, le robuste jeune homme et le gamin entraient et sortaient comme les figurines d'un carillon suisse, des choses fort utiles apparurent : une cruche de bière avec deux chopes en étain, une bouteille de spiritueux pour moi, un cuisseau de mouton froid, un fromage herculéen, du pain, des pommes de terre que la vieille femme fit rissoler dans une poêle sur le feu, un pot de confiture (sans doute de sureau) et des serviettes, qu'elle réchauffa. Et, je le jure par Odin et Freya, une paire de pantoufles pour moi, et pour Luisa des bottes souples doublées de feutre comme celles des Lapons dans le Nord glacial du pays. Maître et Madame ont-ils trouvé assez bonne cette nourriture grossière que nous mangeons nous-mêmes ? Assez bonne ? Luxueuse, en fait ! Maître et Madame voulaient-ils encore autre chose ? Rien. Il y avait plus qu'assez. Elle dirait à Timo (le robuste jeune homme blond, donc) d'apporter une lampe à huile. Inutile : le feu donnait assez de lumière. Merci pour tout. L'aïeule était l'hospitalité incarnée, mais tremblait encore. Nous ne sommes pas des fantômes, grand-mère. Seulement des mortels comme vous, que la pluie glace et que le feu réchauffe, friands de mouton froid et de fromage. La vieille femme était partie, mais le garçon s'attardait. Il prit finalement son courage à deux mains.

– *Flyga morgon ?*

– Quoi ?

– Voler encore demain ?

Eh bien, peut-être pas demain, mais oui, nous allions repartir.

– M'emmener avec ?

Cet échange semblait particulièrement ardu pour lui. Plus pour son courage, ou son suédois ? Il en transpirait et ses yeux papillonnaient, mais son rêve de voler l'avait amené là devant nous, quelle que soit la possible punition qui l'attendait. Bonne nuit, petit Finnois, rêve de voler, attends ton heure. L'air est plein d'hydrogène et tous les vers de Chine fabriquent de la soie pendant que tu dors.

Enfin, nous étions seuls. La pluie crépitait sans trêve sur le toit de bardeaux. Assis à la table rustique, à la lueur du feu, nous mangeâmes le mouton et le fromage, bûmes la bière et conclûmes avec de la confiture de sureau sur du gros pain rustique. Luisa se leva de sa chaise et déambula dans la pièce, s'arrêtant finalement devant l'âtre, les mains tendues vers les flammes.

– Oh, je suis toute mouillée. Je suis trempée jusqu'aux os.

Elle le dit non pas pour signaler un inconfort physique mais distraitement, rêveusement, comme on dirait qu'on a sommeil. Le plus simplement du monde, elle leva les bras pour tâtonner sous la douce masse de cheveux, vers sa nuque, et dégrafa quelque chose. Puis, descendant plus bas le long de son dos, elle ouvrit d'autres fermetures. La robe de voyage glissa, révélant du linge coûteux. Le gentleman que je suis détourna naturellement le regard. Je saisis la chope de bière – vide – et fixai la porte. J'entendis alors Luisa demander où les trolls avaient mis la serviette. Elle était au bout de la table, soigneusement pliée.

– Alors apportez-la-moi, idiot.

Dans un grand silence, j'obtempérai. Quand je me retournai, serviette en main, je constatai avec stupéfaction que le linge coûteux – la totalité du linge coûteux – était désormais disposé sur la chaise, près de l'âtre. Face au feu, une main appuyée sur le dossier de la chaise, un genou plié sur l'assise, elle me tournait toujours le dos. Dans la lumière des flammes, je distinguai un dos élancé d'une pâleur tout à fait incroyable, le long duquel les ombres des vertèbres étaient à peine visibles. Elle se retourna, irritée, pour voir si la serviette arrivait. Sous les cheveux défaits, le front altier était encore calme et la bouche, comme de coutume, bien ferme entre ces deux lignes qui trahissaient peut-être l'agacement d'une volonté confrontée à l'intransigeance et la rébellion de la chair – la sienne, en l'occurrence. Je déployai la serviette et vins en couvrir son dos pâle, la posant sur ses épaules pour passer les coins aux mains qui les attendaient. Mais par un accident maladroit, un tâtonnement, ces mains saisirent non seulement les coins du tissu mais aussi mes doigts. La serviette m'échappa et à sa place je sentis deux proéminences douces et chaudes conçues avec une ingéniosité malveillante de façon à s'adapter exactement à mes paumes. En leur centre, une sorte de petit doigt se raidit pour se presser contre les miens. Elle resta immobile une ou deux secondes. Puis, pivotant sur elle-même, elle appuya faiblement ses avant-bras contre mon torse dans un geste de défense – et qui me défendait, moi ? – tandis que l'araignée rose montait vers l'ombre pâle de sa gorge.

– Vous… ce n'est pas ce que je voulais… ce n'est pas ce que je voulais dire.

La rougeur envahissait son visage, son coude s'enfonçait dans ma poitrine ; elle était en colère, ou une partie d'elle l'était. Pourtant tous ces efforts et contorsions, ces tentatives pour fuir, aussi ostensibles qu'inefficaces – mais sincères, pour autant que je sache –, étaient en conflit évident avec une autre partie de son être sur laquelle elle n'avait aucune prise. Elle était impuissante face à cette chose, et moi aussi.

– Ce n'est pas ce que je voulais… ce n'est pas ce que je voulais dire, répétait-elle, rapprochant son visage du mien. Vous… oh, très cher, ce n'est pas ce que…

Mais son corps semblait désormais comme animé d'une vie propre. Son ultime et ténue objection fut étouffée, et quand sa bouche fut à nouveau libre, elle n'avait plus rien à dire. Cette *femme savante*, cette lectrice de *Stetigkeit und irrationale Zahlen* était devenue phénoménalement muette, on n'entendait plus que les gouttes de pluie sur les bardeaux et le crépitement du feu. Par une sorte de tour de passe-passe, nous nous laissâmes alors entraîner dans un abîme, nous abandonnant dans un lit du siècle passé garni d'un énorme édredon et de draps parfumés au lilas. Ces lèvres, tout à l'heure si fermes, étaient maintenant une fleur à la pâle corolle, avide et tremblante. Comment cette transformation s'était-elle opérée ? Il fallait bien que la magie soit de la partie. Fermeté et douceur se mêlaient si ingénieusement ; une pointe de corail délicatement ramassée à son hémisphère, presque trop fragile pour être touchée, déclenchait, à peine effleurée, le séisme qui nous faisait sombrer à l'unisson dans une douce convulsion, plus loin, toujours plus loin. Nos mouvements nous entraînèrent inéluctablement au creux de cette mer chaude et fantastique jusqu'à ce que l'ombre la plus profonde et la plus secrète s'ouvre et, miraculeusement, attire en elle cette partie de moi qui aspirait si intensément à être prise dans les anneaux palpitants de miel chaud qui se resserrèrent d'une façon presque alarmante jusqu'à ce qu'elle, moi, tout, je ne sais quoi, explosions dans le cataclysme étonnamment long de notre capitulation. La tempête passée, nous demeurâmes à moitié emmêlés, ne nous connaissant plus ni nous-mêmes ni l'un l'autre, perdus dans un même oubli. Le feu dans l'âtre s'était éteint, il faisait terriblement froid dans la chaumière finlandaise, alors Dieu merci pour ce lit de plumes.

Endormi ; un huitième éveillé ; à moitié éveillé. Puis je me rendors, restant tout de même assez lucide pour être conscient que je somnole, si bien que je sens le frôlement blanc du drap le long de mes membres lorsque je me tourne et, de temps à autre, le contact d'une douceur chaude contre mon genou. Je comprends enfin que je ne suis pas à Stresa, mais dans une autre partie du monde. Le silence m'étreint, l'unique son est le grincement ténu des cordes qui relient l'enveloppe à la nacelle, à croire que le *Prinzess* lui-même remue dans son sommeil. Dans mon demi-éveil, je ressens une peur étrange, la présence d'une entité qui m'observe, dissimulée, confusément hostile et pourtant profondément désirée. Si cette chose est éveillée, me dis-je, mieux vaut que je le sois aussi. Je m'extrais du sac de couchage en peau de renne (ce maudit sac qui laisse des poils partout, comme je m'y attendais !) et resserre la capuche de mon manteau. Dès que je me redresse, je suis frappé par la beauté de la scène. Le ciel est barré de minces bandes nuageuses à travers lesquelles le soleil, presque à la hauteur de l'horizon maintenant, brille faiblement et indistinctement, comme si ses contours avaient fondu. La mer est un miroir d'étain extrêmement dur. Comme l'astre du jour s'est enfoncé dans les nuages et ne peut plus réchauffer le ballon, celui-ci a perdu de l'altitude et ses guideropes frôlent l'eau. Mais tantôt blanchâtre, tantôt grisâtre, le soleil est toujours là. Il chemine le long de l'horizon, entamant déjà imperceptiblement son ascension.

C'est sans doute ce soleil blanc insomniaque, à 2 heures du matin, qui m'a inspiré cette étrange sensation de quelque chose qui ne devrait pas être, d'une présence vigilante. Cela et le *Prinzess* qui est descendu. Ses trois guideropes touchent désormais le miroir d'étain, et y gravent trois flèches. Non pas clapotantes et dentelées comme dans le sillage d'un navire, mais aussi dures que la surface de la mer elle-même. Dans mon sommeil, j'ai plus ou moins ressenti la proximité de l'eau. Peut-être parce que les guideropes, même s'ils n'émettent aucun son perceptible par l'oreille humaine, ont parlé d'une manière mystérieuse. Ou peut-être l'infime augmentation de la pression atmosphérique au fil de notre descente m'a-t-elle réveillé. S'il existe des liquides capables de détecter l'arrivée d'une tempête lointaine en se rétractant et en essayant de se cacher dans leurs tubes de verre, alors pourquoi certains capillaires infiniment plus petits du corps ne pourraient-ils réagir de la même manière à une diminution de l'altitude ? Imperceptiblement, mais assez pour agiter une conscience déjà sur le point de se réveiller. Lorsque le föhn déferle sur l'Europe centrale, le taux de suicide triple : l'âme est donc sensible aux moindres changements de l'air qui l'entoure. La question n'est pas d'inventer de nouveaux détecteurs pour les messages de la nature, mais d'apprendre à écouter les détecteurs qui sont déjà en nous. J'aurais dû être maître d'école. Me voilà en train de taper sur le bureau avec ma règle. Je dis aux cancres de la dernière rangée de se secouer.

« Nous voulons plus de faits ! » crient-ils.

Vous en respirez déjà bien assez, des faits ! Ils passent dans votre sang et palpitent dans les tubes capillaires de votre cerveau, exigeant seulement que vous vous réveilliez pour les écouter. Ils m'auraient conduit à l'asile en une semaine, ces garçons aux doigts tachés d'encre et à l'odeur de porridge. Dans quelle direction allons-nous ? Le vent souffle à nouveau du sud. Tant mieux. Nous nous dirigeons à bonne vitesse, et bon gré mal gré, vers notre destination ; ce point mathématique où convergent de nombreuses lignes invisibles et arbitraires.

À mes pieds, mes deux compagnons sont des petits monts poilus, indistincts dans la lumière grise. Leurs têtes sont totalement cachées. Une des formes s'agite légèrement, un pied fléchit et s'étire dans l'enveloppe en peau de renne. Ce n'est pas Waldemer. Même si les sacs de couchage sont identiques, je reconnais une forme plus élancée. Sentant mon regard, peut-être par une intuition analogue à la mienne avec le soleil, la forme s'agite puis se retourne. Une tête sort du sac, et Theodor émerge. Dans un silence absolu, il met sa casquette, enroule une écharpe de laine autour de sa tête et de ses oreilles, puis se lève pour regarder la mer d'étain. Il a froid. Il passe d'un pied sur l'autre et serre les coudes contre ses côtes. Nous discutons à voix basse pour ne pas réveiller notre compagnon.

Avec son écharpe autour de la tête, il ressemble à un Bédouin, effet renforcé par ses yeux persans et sa pâleur.

– Je n'aime pas ce soleil, dit-il calmement.

– Parce qu'il devrait disparaître la nuit ?

– Pas exactement. Parce qu'en veillant toute la nuit, il essaie de nous tromper en se faisant passer pour la lune. Cette clarté laiteuse…

– Vous n'aimez pas le lait ?

– Je déteste le lait et la neige, tout ce qui est blanc. Cela suggère des choses moites au toucher. Des cadavres, des linceuls.

– Dans ce cas, j'ai bien peur que vous ayez choisi la mauvaise direction pour vos vacances. Là où nous allons, tout est blanc, même la mer.

– Je ne suis pas en vacances, dit-il avec raideur. Je ne me plains pas. Je signale simplement mes préférences.

Son petit côté féminin, bien dissimulé mais indubitable, ressort de temps en temps dans ses intuitions, sa façon de marquer ses préférences pour un paysage plutôt qu'un autre. Mais en précisant qu'il ne se plaint pas, il affiche sa virilité. Theodor est plus compliqué qu'il n'y paraît de prime abord, ou qu'il voudrait le révéler. C'est comme si sa personnalité était consolidée de l'intérieur par des bandes de caoutchouc, qui assurent par leur tension la symétrie parfaite qu'il renvoie. Je me retiens de lui rappeler qu'il y a quelques mois, sur l'Aletschhorn, il m'a dit aimer la blancheur. Mais c'était dans une autre existence, dans un autre univers, nous étions d'autres personnes.

– Droit devant, au nord, lui fais-je remarquer, vous pouvez déjà voir l'iceblink.

Cette bande blanche sur le gris fer des nuages est à peine visible à l'horizon.

– Le ciel blanc est dû à la réflexion de la lumière sur la glace, blanche, en dessous. Sur la glace, les animaux blancs se nourrissent les uns des autres.

– Et leur sang est blanc, lui aussi ?

– Non, il est rouge. Tout comme le nôtre. Leurs yeux sont de couleurs variées, en revanche. Noirs ou bleu cobalt. Il y a des exceptions à la blancheur, mais pour la plus grande partie, la région dont nous nous approchons est blanche.

– Je n'ai pas l'impression que nous nous en approchions très vite.

– Mais si. Nous irions même un peu plus vite si nous prenions de l'altitude, puisqu'il n'est plus indispensable que les guide-ropes soient dans l'eau à présent que le vent vient du sud.

Ensemble, maladroits avec nos gants, nous lâchons un peu de lest. Theodor manipule le cordon avec précision et ne commet aucune erreur. Un long filet de grenaille de plomb chute dans la mer dans un silence absolu. Le *Prinzess* s'agite alors, un peu à contrecœur (lui aussi est encore somnolent), et finit par tirer ses guideropes hors de l'eau ; il les laisse replonger un instant, puis entame enfin une lente ascension. Lorsque le soleil réchauffera à nouveau le gaz, celui-ci se dilatera et nous devrons en libérer un peu pour ne pas trop monter. C'est dans cet équilibre délicat entre les gouttes de plomb et les molécules infiniment plus ténues de l'hydrogène que nos vies reposent, tels des papillons de nuit dans la main d'un enfant. Si nous pouvions nous cacher dans la nappe de brouillard, elle nous protégerait du soleil et donc de la fatale perte d'hydrogène à venir. Mais il nous faudrait alors passer au-dessus du brouillard pour procéder à nos observations.

– Quelle heure est-il ?

– Un peu plus de 2 heures.

– À Paris, les cafés sont en train de fermer, et pourtant je n'ai pas sommeil. C'était bizarre que le lest tombe sans le moindre bruit.

S'attendait-il à ce qu'il sonne, sur cette mer métallique ? Mais je le rejoins, c'était très bizarre.

14 juillet 1897

À 8 heures, à travers une faille dans les nuages, nous apercevons en dessous de nous une lueur blanche : la banquise ! Cette plaine de glace sur laquelle l'Homme n'a quasiment jamais mis le pied s'étend à l'infini jusqu'au Pôle. Sous cette latitude, elle est encore meuble, incomplète, criblée de crevasses et traversée de nombreux chenaux. Une ligne s'y étire parfois, comme une suture sur un crâne pas tout à fait cicatrisé. C'est ce que l'on appelle une ride de pression. Nous en discutons, nous pointons d'autres caractéristiques de la glace, estimons son épaisseur. Et lorsque nous cessons de parler, une chose extraordinaire se produit : nous entendons la banquise. Un grincement, un grognement qui monte de la gorge, une toux, une sorte de haut-le-cœur, comme si quelqu'un dans la pièce voisine essayait en vain de vomir. C'est le bruit d'un très gros animal plat qui s'étire d'un bout à l'autre de l'horizon, trop faible pour se relever et trop fort pour mourir. Juillet n'est pas un bon mois pour la banquise, qui fait l'expérience de sa fragilité. Espérons qu'elle tiendra encore un peu, car nous serons peut-être obligés de marcher dessus.

Le soleil est sorti de la brume et brille à nouveau, rougeâtre, son contour un peu caoutchouteux. Il émet une faible chaleur, pas assez pour dégeler nos visages, mais suffisamment pour réchauffer le *Prinzess* et le faire monter. Nous dérivons à une altitude d'environ 400 mètres, au-dessus d'une nappe de nuages bas percée de nombreuses trouées. J'entrevois quelque chose et le montre à Theodor : une tache écarlate sur la glace, les restes du dîner d'un ours !

Mon compagnon n'est pas indifférent à ce spectacle. Le festin est déjà loin derrière nous mais Theodor se retourne encore de temps à autre, pensant peut-être en saisir un dernier aperçu. L'ours est un individu désordonné, un darwinien prospère qui se passe de bonnes manières à table puisqu'il n'a pas d'ennemis. S'il gâche un peu, qu'à cela ne tienne, ce ne sont pas les phoques qui manquent. Et personne ne risque d'interrompre son repas. De plus, la nappe est autonettoyante. Elle va bientôt fondre et tout tombera dans l'océan, l'ours avec ; il l'oublie toujours et doit nager bêtement vers le nord à la recherche de banquise solide sur laquelle s'installer.

Mais tout cela n'est que conjectures. Mon expérience des ours est très limitée, et je laisse ce sujet à Waldemer – trop occupé pour l'instant pour se pencher dessus. Il a fait descendre son réchaud et manipule les cordons ; les odeurs familières du pétrole et du café montent jusqu'à nous. Nous accompagnons le café de morceaux de pain que nous décongelons en les collant contre nos tasses. Après le petit déjeuner, une visée du soleil fixe notre latitude à 84° nord, soit à environ 240 milles marins de Danskøja. Il en reste plus de 360. Si ce vent tient – et tout indique que ce sera le cas –, nous avons une chance d'atteindre notre destination dans quarante heures, c'est-à-dire au petit matin du 16.

Après-midi, soir, matin. Nous employons ces termes par habitude même si ici tout est faussé : le soleil va de travers, la nuit est lactée, le matin et le soir sont pour ainsi dire des tendances qui convergent en un point légèrement hors champ, nimbé de mystère. Quelle absurdité ! C'est un bien étrange journal que j'écris. Mais suis-je vraiment en train de l'écrire ? Ou l'ai-je seulement pensé ? Je ne le sais pas très bien moi-même. Je me plais à imaginer une autre conscience, un peu plus loin, qui regarderait par-dessus mon épaule et pour qui tout cela aurait plus de sens. Elle ne veut pas me révéler de quoi il s'agit, alors que c'est pour elle que j'écris ! (Et je suis bien en train d'écrire, bon sang, le petit carnet en peau de porc est là, sur mes genoux ! Mais j'y ai uniquement consigné notre position du matin et quelques autres données brutes qui ne pourraient intéresser qu'un positiviste comme Waldemer.) Il se peut que le froid affecte l'intellect en engourdissant certaines connexions neuronales du cervelet – c'est sans doute inoffensif. Peut-être ai-je découvert une nouvelle forme littéraire : le journal intime congelé, ou tissu d'égarements, aussi bâclé mais incontournable que le dîner d'un ours blanc.

Je suis tiré de ces réflexions par Waldemer, très terre-à-terre.

– Major, vous savez…

– Ah. Oui, il est temps d'envoyer des nouvelles de notre avancée à un monde haletant et pétri d'espoir.

Je griffonne la position du matin sur un morceau de papier et Waldemer ajoute quelques détails descriptifs à l'intention des lecteurs du *Herald* de New York. Je ne vois pas ce qu'il écrit de sa main fine et précise, mais j'aperçois « *… vers le nord… progrès… pleins d'espoir…* ». Le papier est dûment glissé dans son tube et nous ouvrons la caisse en osier, recouverte d'une couette pour garder au chaud ces petites machines volantes – même si ce sont des pigeons norvégiens, et que le climat ici en juillet n'est pas plus rigoureux que chez eux à Trondheim en plein hiver.

Je remarque cependant qu'ils ont mangé peu ou pas du tout du maïs que nous leur avons donné la veille. Nerveux, ils cherchent à échapper à la main qui a pénétré dans leur abri. Waldemer parvient à en saisir un – évidemment l'un des moins agiles – et l'extrait de la caisse. Une fois l'oiseau équipé de son tube, Waldemer le place sur le ring et, comme la dernière fois, effleure le levier invisible au-dessus des pattes. Mais ce spécimen n'est pas très énergique. Son aile s'affaisse misérablement, son œil manque d'éclat.

– Décolle donc, bijou. Direction le sud et retour au bercail.

L'oiseau le contemple d'un regard éteint. Waldemer, très convaincu par sa conception du pigeon mécanique, le grattouille de manière encourageante à d'autres endroits. Le volatile lève chaque patte tout à tour, et la repose. Si Waldemer cessait de le déranger, peut-être pourrait-il se rendormir. L'instinct de retour semble absent ou totalement paralysé. Excédé, Waldemer finit par le prendre à deux mains et le jette dans le vide. L'oiseau se réveille alors, chancelle et bat des ailes, et parvient à décrire un cercle irrégulier pour revenir se percher sur le ring. Waldemer ne perd pas sa bonne humeur, mais une expression déterminée s'est formée sur son visage. Il jette à nouveau l'oiseau à deux mains. Mais cette fois, soit que la pauvre créature soit trop faible, soit que la nacelle ne lui plaise plus, il entame une sorte de caricature de vol, sur une seule aile plutôt que deux. Il perd vite de la hauteur et finit par ne plus être qu'une boule de plumes palpitante, animée par les convulsions de son aile unique. Waldemer déclare que le pigeon n'allait pas bien, qu'il souffrait d'une maladie quelconque.

– Un oiseau de basse extraction, renchéris-je. Pas un pigeon voyageur, mais un fainéant tiré de la place publique que le marchand nous aura refilé, à tous les coups.

Cette pauvre boule de plumes tombant dans le nuage nous a tous déprimés, Waldemer le premier. Cet échec ne me dit rien qui vaille non plus, et l'idée de réessayer avec un autre spécimen n'est même pas émise. L'incident est clos. Pourtant, en observant Waldemer à la dérobée, je vois que la question le travaille. Il n'aime pas les dysfonctionnements. Faut-il huiler la petite machine volante, resserrer une vis ? Il est bien capable de lui régler ses roulements à billes jusqu'à ce qu'elle soit en mesure d'accomplir sa mission. Pas question de se laisser arrêter par une chose roucoulante pas plus grosse qu'un gant ! Au moins, le réchaud fonctionne, lui. C'est un appareil merveilleux. Il ne cligne pas des yeux, il ne roucoule pas, et lorsque vous tirez sur le cordon, vous avez du café chaud à tous les coups. C'est parce que c'est vous qui l'avez créé, mon cher Waldemer, et non Dieu. Waldemer tape du pied pour se réchauffer et recouvre bientôt sa bonne humeur. C'est quand même idiot de se laisser contrarier par un oiseau mécanique !

Un craquement sec claque comme un coup de fusil en dessous de nous. Un morceau de glace s'est fendu sous la pression de la mer. On a peine à croire qu'un élément aussi versatile que l'eau puisse produire un son aussi métallique. La couche nuageuse qui nous sépare du sol est maintenant un peu plus fine et la banquise est visible presque en permanence, seulement cachée de temps à autre par un voile de brume arachnéen. Mais derrière nous, au sud, quelque chose de vilain se prépare. Les cumulus blancs se rassemblent à l'horizon, formant un mur qui s'assombrit à sa base. Des lambeaux s'en détachent lentement. La perturbation que j'ai entendue lundi dans mon Télégraphe des Esprits s'est transformée en tempête, comme je m'y attendais

– et c'est tout bon pour nous. Elle va produire un fort vent du sud, et si les lois de la rotation sont toujours en vigueur, ce vent virera ensuite au nord-ouest, puis au nord pour notre voyage de retour. Il ne faut qu'une petite demi-heure pour que le *Prinzess*, après s'être légèrement penché à la première bourrasque et avoir gracieusement joué le pendule pendant quelques instants, commence à accélérer son allure.

Theodor et moi sécurisons tout le matériel et installons les coupe-vent en toile contre la neige qui va sûrement arriver. Puis nous nous occupons des instruments. Par triangulation au théodolite, nous estimons notre vitesse à 18 nœuds. C'est une sensation étrange que de voir la tempête prête à s'abattre sur nous sans subir sa violence : le *Prinzess*, porté par le vent, se déplace avec lui de façon aussi souple que silencieuse. Certes, de temps à autre, une rafale un peu plus forte que les autres le déstabilise ; il frémit alors légèrement et vacille jusqu'à s'adapter à sa nouvelle vitesse. Cette oscillation pendulaire et le mouvement digne et très lent qu'elle implique sont une agréable nouveauté. Il oscille peut-être trois ou quatre secondes dans un sens, fait une pause, et repart dans l'autre sens. De temps en temps, pour une raison quelconque, le *Prinzess* pivote, aussi imperceptiblement que les aiguilles d'une horloge, de sorte qu'avec la rafale suivante le mouvement devient circulaire ou elliptique, la nacelle traçant alors dans l'air de lents motifs conoïdaux. Le mur de nimbus au sud se dirige vers nous à une vitesse surprenante. Des lambeaux de nuages nous survolent déjà, et notre vitesse a augmenté, atteignant 20 nœuds ou plus. C'est inespéré : nous ne nous attendions pas à courir vers le nord aussi rapidement. Mais cette tempête utile a un inconvénient. À mesure que les nuages obscurcissent le soleil, le gaz contenu dans l'enveloppe se refroidit et se contracte, et sa force ascensionnelle réduit. En outre, un givre exaspérant commence à se former sur le ballon et son gréement, ce qui alourdit encore la charge que l'hydrogène soulève déjà laborieusement. Theodor scrute la glace en dessous de nous pour estimer notre altitude, sachant que les guideropes mesurent une centaine de mètres.

– 120 mètres, 110, juge-t-il.

Nous progressons à une allure étonnante, et la vitesse se fait encore plus ressentir du fait de notre proximité avec la banquise. Les guideropes, quand ils effleurent la glace, font décrire au *Prinzess* de nouvelles oscillations, qui ne se calment que lorsqu'il parvient à s'élever de nouveau de quelques mètres.

Dans ces moments-là, mes compagnons m'interrogent du regard.

– Allégez !

Nous avons dû lâcher une grande partie de notre lest, à vrai dire trop. Avions-nous vraiment le choix ? Nous risquons d'être bientôt contraints de larguer par-dessus bord quelque chose de plus nécessaire que de la grenaille de plomb… Mais pour l'instant cela fait l'affaire et le *Prinzess*, revigoré, tire vers le haut. Nous remontons à 300 mètres d'altitude et fonçons vers le nord. Une consultation du Télégraphe des Esprits me confirme que nous avons affaire à une tempête vigoureuse qui va faire rage pendant un certain temps. En glissant doucement mon ressort dans un creux du cristal, j'entends des crépitements venant de toutes les directions, du sud-ouest au sud-est. Tandis que, l'écouteur collé à mon oreille, je manipule délicatement le ressort, je vois mes compagnons m'observer dans cet étrange silence un peu gêné de l'homme moderne qui a confié son destin à quelques bouts de métal et se demande ce qui l'attend.

J'éloigne l'écouteur de mon oreille.

– Les vents viennent du sud. Le pronostic est favorable.

– Voilà bien une dizaine de fois que je vous vois faire ça, major. Je me demande ce que vous entendez dans ce machin.

Je le laisse essayer. J'applique le récepteur contre son oreille et il écoute ; une expression intelligente, respectueuse mais assez confuse finit par apparaître sur son visage.

– Bizarre, commente-t-il enfin.

– C'est Mère Nature qui se gratte.

– Cessez donc avec vos métaphores, Gustavus. Elles rendent Waldemer nerveux, intervient Theodor.

– Ce n'est pas qu'elles me rendent nerveux, explique ce dernier en me rendant l'écouteur. C'est juste qu'il ne cesse de plaisanter, même quand c'est lui l'inventeur à l'origine de ces avancées techniques incroyables. Et parfois j'en viens à me demander si… Mais pourquoi diable suis-je en train de parler à Theodor comme si vous n'étiez pas là ? … Disons que parfois je me demande si vous vous rendez bien compte du euh… du potentiel immense que tout cela représente. Je veux dire, ce que nous faisons ici. Parce que, voyez-vous, si nous pouvons aller jusqu'au Pôle et en revenir, sur les ailes du vent comme sur une route nationale…

Je l'interromps :

– Vous voyez, il utilise lui-même des métaphores. Le journalisme n'est que métaphores : les gouvernements tombent, l'homme malade de l'Europe, etc.

– Des écrans de fumée, ajoute Theodor. Des marées humaines. Des tempêtes qui s'accumulent à l'horizon politique.

Mais Waldemer écarte tout badinage et continue avec le plus grand sérieux :

– … si nous pouvons aller jusqu'au Pôle et en revenir, disais-je, sur les ailes du vent comme sur une route nationale, alors cela signifie qu'on pourrait construire de gigantesques ballons dix fois plus gros que celui-ci pour transporter des marchandises d'un bout à l'autre du monde. Mais j'y pense, déjà lors de l'exposition de Paris, en 1878, on en a construit un de 40 mètres de diamètre, qui avait une capacité de 25 000 m^3 et a décollé avec 40 passagers à son bord. Imaginez un peu !

Waldemer est un bon journaliste, et il dispose de tous les faits et chiffres. Il est fort possible qu'il ait raison. Il continue quelque temps dans cette veine, imaginant des aérostats chargés de laine anglaise traversant l'Atlantique avec les alizés, puis acheminés par le train jusqu'en Nouvelle-Écosse, où ils sont chargés cette fois de 1 000 produits américains – colliers de chevaux, éplucheurs de pommes brevetés, poignées de porte émaillées ou en laiton, et pourquoi pas de noix de muscade du Connecticut – qu'ils rapportent en Europe, poussés par les vents d'ouest qui prévalent à cette latitude. Son imagination s'enflamme pendant qu'il parle ; il commence déjà à rédiger dans sa tête l'article qu'il publiera lorsque nous serons de retour dans le monde des gratte-ciel bondés et des presses à imprimer. Dans son article figurera à coup sûr l'expression « sur les ailes du vent comme sur une route nationale ».

Ses pensées sont encore toutes tournées vers la ville et l'univers urbain. Bien qu'il soit adepte de la vie au grand air et manifeste un amour viril pour les armes à feu, il représente l'homme civilisé par excellence. Il tire sa force de ces fourmilières où les humains travaillent assidûment sur leurs machines avant de rentrer chaque soir dans leur foyer pour envoyer leurs millions de panaches de fumée identiques dans l'air. Il est sincèrement convaincu du fait que la technique et la modernité vont transformer l'Humanité. Un nouveau type d'humain naîtra, à même d'utiliser les merveilles que produiront en masse laboratoires et usines du futur. Qu'était l'Angleterre il y a deux siècles ? nous demande-t-il. Beaucoup de prairies et d'ormes. À peine de quoi faire vivre 10 millions de personnes. Puis vint l'ère de la machine à vapeur et de sa consœur, la machine à filer, et le pays en fut transformé : un nouveau paysage fut créé, et avec lui une nouvelle espèce de créature, l'homme moderne en redingote. Regardez l'Angleterre d'aujourd'hui : au lieu de toutes ces prairies inutiles, il y a désormais des usines, des cheminées d'où jaillit la prospérité, de coquets pavillons. La population a triplé et quadruplé ; le pays tout entier grouille d'Anglais qui travaillent joyeusement en usine et rentrent chez eux le soir pour reconstituer la population. Et ainsi de suite. Ce bon Waldemer a trouvé comment se réchauffer, et il stimule ses poumons en faisant vigoureusement résonner sa voix. Il faut avouer qu'il est tout à fait éloquent lorsqu'il parle de la poésie des villes, même s'il n'emploierait certainement pas ce terme.

Les villes ! Je constate à ma grande surprise que même son évocation de la fumée des usines me fait ressentir un pincement au cœur qui se rapproche assez de la mélancolie. Survoler cet espace inhabité donne le mal du vide. C'est la nature, c'est-à-dire un monde dépourvu d'humains. Cette étendue blanche s'étend à l'infini, sans relief, immense, silencieuse. L'âme finit par avoir soif de voix et de pièces chauffées, et même de cheminées. La pureté même de cette plaine stérile qui s'étale d'un bout à l'autre de l'horizon vous ferait aimer la misère. Au bout d'un jour ou deux, on s'allongerait volontiers dans un caniveau de Londres, on savourerait son arôme, la puanteur rassurante qui s'échappe goutte à goutte de la vie. Ou New York au mois d'août : tramways hippomobiles, relents de friture. La fragrance légèrement putride de Paris, avec ses relents de vin et la fumée du charbon. Stockholm : hareng, cuir, goudron des bateaux, lessiveuses à linge. Peut-être parce que l'odorat n'a rien à saisir sous ces latitudes désertiques, dès qu'on ferme les yeux, il se tourne vers l'intérieur, vers les effluves piquants du souvenir qui viennent à l'esprit avec un réalisme saisissant.

Parfum du dos d'un gros cheval de fiacre qui trotte dans le Bois sous le soleil d'automne, douceur âcre et ténue du marron d'Inde, cuir chaud, cocher en sueur, le dos presque aussi large que celui de sa bête; claquement de sabots sur les pavés, rais de lumière à travers les ormes, rugosité de ma manche en tweed contre mon poignet, son visage à elle, serein et confiant, avec toutefois l'araignée rose grimpant sur sa gorge (elle n'était encore qu'une jeune fille, presque une enfant!). Elle ne me regardait pas directement mais fixait plutôt le vide à quelques centimètres de ma tête avec un léger sourire en coin.

– Et pourquoi avez-vous mis si longtemps à revenir? Six mois! Vous êtes bien cruel.

– Je le suis sans nul doute. Mais j'ai du travail, vous savez. L'existence ne peut se limiter à des sorbets et des promenades en fiacre dans le Bois.

– Vous pensez toujours que je ne suis que futilité. Comment puis je vous montrer que je prends ces choses au sérieux? (Elle parlait du magnétisme et des étincelles électriques.) J'aurais pensé qu'après la Finlande…

Encore une de ses éloquentes phrases inachevées! Refusant de me laisser entraîner dans ces subtilités féminines qui m'amusaient ou m'irritaient, je la relançai avec un brin de perversité.

– Comment ça, après la Finlande?

De quoi la faire piquer un fard pour de bon. Ce n'était pas du tout ce qu'elle voulait dire, insista-t-elle, mais sa rougeur la trahit. En réalité, elle voulait dire les deux à la fois. Sa dextérité avec l'altimètre et le théodolite, et les folies qui avaient suivi dans la chaumière. Aussi détourna-t-elle habilement la conversation

– sans cesser de s'empourprer – sur les expositions et les récitals, les compliments qu'elle avait eus sur une robe. En somme tout ce qui faisait du Faubourg, son univers, quelque chose de clinquant et snob. Comment ça, « après la Finlande » ? Après la Finlande, en vérité, il n'y avait pas eu grand-chose. À l'Institut royal, je travaillais dur à rédiger un mémoire sur la manœuvrabilité au moyen de guideropes, tout en entretenant mes contacts avec New York et Hambourg. Lorsqu'après six mois de lettres parfumées à la violette et même un télégramme, je m'étais présenté à nouveau quai d'Orléans, j'avais découvert qu'un tour de passe-passe infernal m'avait changé en une sorte de prétendant dont la loyauté et la présence continue dans la maison étaient tenues pour acquises – un prétendant censé se nourrir indéfiniment d'un avenir vague et idyllique.

Bien que je sois venu de Stockholm avec l'idée de m'enterrer dans un laboratoire poussiéreux, émergeant seulement de temps en temps de mes paperasses pour aller consulter des documents à la Bibliothèque nationale ou acheter du matériel scientifique, je me surpris à emménager dans un appartement pas vraiment élégant mais très loin d'être sordide, rue de Rennes. Un luxe que je pouvais à peine me permettre, pas plus que la jaquette rayée d'un soupirant. J'accompagnais Luisa à des essayages chez Worth & Vionnet ou chez Boissier, boulevard des Capucines, pour y trouver un certain type de bonbon qu'on ne trouvait nulle part ailleurs. Au lac du bois de Boulogne, nous glissions élégamment sur les nénuphars dans une barque, moi en redingote, elle en robe de chez Worth : une scène de Watteau.

Malédiction ! C'était très loin de ce que j'avais prévu. On aurait pu penser qu'après la Finlande (comment ça, après la Finlande ?), les choses auraient été beaucoup plus simples et naturelles, qu'un obstacle majeur dans ce que nous oserons appeler « notre amitié » aurait été surmonté. En bref, que nous ne nous retrouverions pas confrontés à ce même obstacle encore et encore, et que notre petite intimité – si nécessaire à l'homme et à la bête – pourrait être amenée à se développer. Mais non : ici, sur son propre terrain, je me trouvais face à une autre Luisa. Ou plutôt plusieurs autres, qui fusionnaient et se divisaient, glissaient hors de ma portée tout en m'aguichant, ou se dissolvaient en une myriade de formes comme les personnages d'une pièce de Herr Strindberg. (Je venais de lire un article sur ce fou et son ingéniosité diabolique.)

Elle semblait m'en vouloir, d'une obscure façon, pour l'affaire de la chaumière finlandaise. Même si Dieu m'était témoin que j'étais tombé entre ses griffes aussi innocemment qu'un enfant. Où était ce dos pâle et lunaire ombré par la lueur du feu ? À Paris elle se montrait indifférente, se moquant presque de ces moments où nos mains se retrouvaient, et de l'ardeur qui nous animait parfois entre deux portes. À croire que c'était seulement pour elle un moyen de vérifier que j'étais bien fidèle au poste, plutôt qu'un plaisir ou une fin en soi. Le miracle de la restauration de la virginité – vivement contesté par les théologiens –, Luisa l'accomplissait quotidiennement et sans effort. Le gain d'un jour était perdu dès le lendemain, de sorte que l'aspirant devait, tel Sisyphe, remettre constamment son ouvrage sur le métier. Une perspective décourageante même pour un jeune homme, ce que je n'étais plus. Dans cette improbable poursuite de la chasteté, son réticule style tapisserie de Bayeux était sa première arme.

Car pour lui faire la cour, il fallait d'abord parvenir à détourner son attention de ce musée portatif. Sinon elle était capable, à l'instant crucial, d'aller y piocher une dragée ou une épingle à cheveux, trouvant en cours de route une lettre de sa cousine polonaise Gela qu'elle tenait absolument à me lire. Mettons le réticule ici, chère Luisa, derrière le fauteuil. Ou de préférence devant la porte du salon. Et par pitié, vaquons à nos affaires. Parfois, je parvenais à détacher un bouton en haut de sa robe.

– Espèce de gitan rusé ! protestait-elle.

À l'entendre, on aurait pu croire qu'elle trouvait parfaitement immoral qu'un homme s'occupe de déshabiller une femme. Mais elle-même ne semblait pas le moins du monde disposée à défaire ne serait-ce qu'un bouton. (À Paris, bien sûr ; en Finlande, la robe s'était comme volatilisée.) Entrée du valet de pied breton. Mademoiselle voulait qu'on lui rappelle, à 15 heures, d'aller voir les Monet au Luxembourg. Vraiment ? Que tous les diables t'emportent, Luisa ! Dans le vestibule, quand ce voyou de Breton apparaissait avec le *paletot* de Mademoiselle, c'était à moi qu'elle adressait un mouvement de tête patricien. Et moi, sous-laquais aux ordres du Breton, je prenais ledit vêtement et essayais de faire entrer Luisa dans cette masse de moire doublée de soie, véritable énigme féminine. Je cherchais où glisser son bras tendu, qui attendait. Où était cette fichue ouverture ? Une fois que je l'avais trouvée, le bras trop mou échouait à négocier le passage à travers la soie, ou bien l'emmanchure n'était pas la bonne, ce qui entraînait un drame si je persistais. Le Breton restait là, trop bien dressé pour proposer des suggestions. Mais nul doute qu'il se gargarisait de la scène plus tard, à l'office. Finalement, Luisa me prenait la veste des mains et l'enfilait elle-même, avec une élégante dextérité.

– Merci, mon cher Gustav.

Inutile que le Breton courre après un fiacre, j'en étais capable. Heureusement, il me suffisait de faire un signe dans la direction souhaitée avec mon chapeau, un feutre gris perle assorti à la redingote. « Au Luxembourg ! » Luisa était placide, sibylline ; son ironie, le cas échéant, ne se manifestait qu'imperceptiblement dans les ombres pâles sous sa bouche.

Et la Finlande, quand même ! Se pouvait-il que ces soupirs ardents, ces incomparables manifestations de pyrotechnie aient été ceux d'une personne qui ne s'amusait qu'à moitié ? (Piqué par le démon du scepticisme, je me rappelai que justement, en français on parle de *feux d'artifice*.) Mais peu importe, j'avais réussi tant bien que mal à me convaincre que le simulacre du bonheur était la même chose que le bonheur. L'amour est une maladie, selon les médecins viennois. Si vous supprimez les symptômes d'une maladie, qu'en reste-t-il ? Luisa était-elle déjà guérie ? Elle semblait avoir oublié l'épisode, comme s'il ne s'était pas produit, ou qu'il s'agissait de l'impair véniel d'un ami dont elle désapprouvait la conduite mais qu'elle était prête à pardonner avec une indulgence toute cosmopolite. Nos étreintes entre les portes étaient une tâche difficile, semée d'embûches qu'elle devait délibérément mettre sur mon chemin. Si une porte était fermée, le Breton l'ouvrait. Si nous étions seuls dans un fiacre plongé dans l'obscurité, elle me demandait de gratter une allumette pendant qu'elle cherchait quelque chose dans son réticule.

Et mon travail en souffrait ! Dans mes moments les plus lucides, je me rappelais parfois être initialement venu à Paris pour examiner les travaux de Neumayer et Fritsche, dont les manuscrits se trouvaient à la Bibliothèque nationale, et les appliquer à mes propres recherches sur les phénomènes atmosphériques. Rue de Sèvres, un marchand de matériel scientifique attendait toujours de pouvoir me faire la démonstration d'un magnétomètre bifilaire. Savez-vous ce qu'est, chère Luisa, un magnétomètre bifilaire ? C'est ce à quoi vous avez juré si généreusement de vous intéresser le jour où vous vous êtes imposée dans ma vie au musée Carnavalet.

Certes, elle avait tout de même réussi à lire l'altimètre au-dessus du golfe de Botnie. Mais au diable le golfe de Botnie ! De l'autre côté se trouvaient la Finlande, et la chaumière. N'avais-je pas été heureux dans cette chaumière ? La moitié de la population mondiale est constituée de femmes, ce n'est pas une nouveauté. Alors pourquoi ne l'avais-je pas ignorée pour continuer ma vie telle qu'elle était avant de la rencontrer ? Qu'est-ce que je voulais exactement ? J'étais un idiot dominé par ses glandes.

Je trouvais parfois le temps de feuilleter un livre ou de bricoler brièvement un instrument dans mon meublé. Le matin, surtout. Car Luisa, comme j'aurais pu le deviner malgré ses récits de chevauchées aux aurores dans les allées du Bois, se levait tard, alors que mes habitudes étaient totalement diurnes. Entre la Nationale, le quai d'Orléans, le vendeur d'instruments et la chambre rue de Rennes, je courais ou me traînais, usant dans tous les cas profusément mes semelles. Or, il est impossible de bien faire deux choses à la fois. J'étais comme un joueur de timbales qui doit constamment passer de l'une à l'autre. Et un ange perfide me prenait de plus en plus souvent à part pour me murmurer : « Tu ne connaîtras plus la liberté tant que tu n'auras pas épousé cette créature impitoyable, afin de pouvoir la quitter chaque matin comme font tous les hommes pour vaquer aux affaires importantes du monde tandis qu'elle prépare ton nid douillet de la nuit. Ainsi va la vie. »

Mais je n'y étais pas vraiment disposé. J'appartenais à un certain type d'être, et à aucun autre. Dès que je sentais fleurir en moi des sentiments amoureux, je les déracinais sans pitié. Sinon je courais le risque qu'à un moment donné on me supplie, blême, les larmes aux yeux, de ne pas partir faire ce que bon me semblait, ce que mon âme et tout mon être m'enjoignaient de faire. Simplement parce que cela pouvait s'avérer dangereux.

« Pense à moi. » Non, chère Luisa, mon besoin de toi est immense, cosmique et fondamental, mais il a ses limites. C'était d'ailleurs encore plus compliqué que ça, car je doutais qu'une proposition honorable de ma part soit favorablement accueillie par les pouvoirs qui gouvernaient sa maison, même si j'étais l'objet de suggestions sans équivoque sur ce chapitre. Je pense non seulement aux questions de la tante sur mes perspectives, mais aussi au comportement de Luisa dans certaines circonstances, généralement publiques et embarrassantes pour moi. Par exemple, six semaines environ après mon arrivée, debout près du piano, elle récita du Oliver Goldsmith à un cercle d'invités en me jetant des regards explicites lors des vers les plus significatifs.

Quand une jolie femme s'abaisse à la folie
Et découvre trop tard que les hommes trahissent,
Quel charme peut apaiser sa mélancolie,
Quel art peut effacer sa culpabilité ?

Quel art, en effet ? Mais s'il en existait un, elle le maîtrisait ; elle y avait été très bien formée. Elle avait les larmes aux yeux en entamant la deuxième strophe, encore plus pathétique.

Le seul art à couvrir sa culpabilité,
Pour cacher sa honte aux yeux de tous,
Pour donner le repentir à son amant
Et lui serrer le cœur – c'est mourir.

Il y eut un tintement d'applaudissements et, tapie dans un coin du salon, la mère en sari soupira :

– Oh, la pauvre.

Mais Luisa ne tarda pas à reprendre des couleurs, et ne parla plus de suicide. Elle n'avait guère besoin de prendre des mesures aussi radicales et irréversibles pour me serrer le cœur ; elle pouvait le faire rien qu'en récitant un poème, un morceau d'oignon caché dans son mouchoir. Qui avait bien pu lui faire répéter cette saynète ?

Je comprenais enfin que pour saisir Luisa, au propre comme au figuré, il fallait d'abord saisir les principes de fonctionnement de sa maison ; une étude presque aussi redoutable que celle de l'aéromagnétisme. La tante dominait tout. Mais, comme pour tous les tyrans, certaines choses lui échappaient. Quant à moi, j'étais perdu entre deux grands mystères : ce qu'elle pensait de moi, et ce qu'elle souhaitait pour Luisa. Au tout début, lorsqu'elle m'avait interrogé, entre autres, sur mon grade militaire, je l'avais prise pour une poupée amusante quoique légèrement menaçante, dont la tête oscille pendant qu'elle énonce des hostilités à peine voilées. Mais plus je l'étudiais, moins je la comprenais. Aussi, je commençai à rassembler un corpus d'informations, tirées en majorité de conversations avec d'autres invités, dans l'espoir d'y trouver une clé de lecture.

Née à Goa, la tante avait semble-t-il été envoyée en Europe toute petite. Elle avait ensuite on ne sait trop comment hérité la fortune familiale, acquis l'hôtel particulier du XVIIe siècle sur l'Île, et rassemblé cette ménagerie d'ambassadeurs péruviens, de poètes manqués et de jeunes officiers célibataires qui tournaient autour d'elle comme un système planétaire. On pouvait avoir l'impression que des forces invisibles échappant encore à la compréhension humaine soutenaient les dynamiques de ce foyer, que la tante jouissait de la protection d'une personnalité éminente ou encore que l'économie de la maison reposait sur des pratiques aussi immorales que lucratives accessibles seulement aux initiés. Une chose était sûre : l'énergie que la tante faisait rayonner sur le monde n'était pas exempte d'une composante sexuelle. Peu importait qu'elle soit célibataire. Que cette partie de sa nature n'ait jamais pu s'accomplir était justement au centre de son pouvoir. Bref, nous avions là un personnage allégorique, une de ces déesses vierges de la mythologie qui punissent ceux qui leur manquent de respect par des tourments atroces et recherchés – faire piétiner le supplicié par des cerfs, par exemple.

– Comment se fait-il, capitaine, me demanda-t-elle un jour, qu'on ne vous voie plus chez nous ? (Je n'étais venu qu'une seule fois ce jour-là.) Sans doute êtes-vous retenu dans votre meublé par des choses autrement plus fascinantes.

Faisait elle référence à mon magnétomètre bifilaire ? C'était tout à fait impossible.

– Nous savons que les hommes restent des petits garçons grandis trop vite qui veulent conserver leurs jouets. Mais prenez garde, capitaine, à ce que l'un de ces jouets ne se brise pas dans votre main. Ils sont chers, j'en suis sûre.

Qu'essayait-elle de me dire là ? Cette matriarche à oscillations possédait-elle un télescope à rayons Roentgen ? Ou avait-elle arraché des aveux à Luisa en faisant usage de serre-pouces ? C'était peu probable, puisque Luisa elle-même semblait avoir oublié la Finlande. L'hypothèse la moins absurde était finalement peut-être celle du magnétomètre bifilaire…

Et que dire de la mère ! Encore un sujet d'étude marécageux. J'en appris un peu plus sur elle aussi, mais pas de quoi vraiment m'éclairer. Quand la tante en bas âge avait été envoyée en Europe, elle était restée à Goa. Pourquoi ? Caprice du père autoritaire ? Raison économique ? Ou d'autres considérations avaient-elles joué ? Mystère. Toujours est-il qu'il avait été décidé de séparer les sœurs. La mère de Luisa avait donc passé son enfance sur la côte indienne, dans cet amas d'églises et de monastères en ruine dont la plupart hébergeaient des prêtres bannis du Portugal pour inconduite, au cœur d'une ville qui se penchait avec une nostalgie comateuse sur sa splendeur passée. Un marigot odorant et torride, coupé de l'Inde par le fleuve Terekhol, et de toute civilisation par l'océan. C'était là, imbibée de curry et entourée de domestiques revêches, qu'elle avait passé 7 000 jours chauds et identiques entre sa naissance et l'âge adulte, à aspirer secrètement à Dieu sait quoi – une existence dont même un légume aurait eu du mal à se satisfaire. C'était sans doute grâce aux domestiques qu'elle avait plus ou moins saisi ce qu'était la vie. Était-elle vraiment un peu demeurée, ou était-ce le rôle qu'elle avait appris à jouer ? Peut-être l'abus de soleil lui avait-il mis l'esprit en compote, ou peut-être une fois la tante, plus précoce, partie pour l'Europe, la cadette avait-elle été laissée à végéter.

Pour une raison quelconque – mort du père ou déclin total de la fortune familiale à Goa –, cette créature démunie s'était vue à 20 ans subitement sommée par sa sœur de se transporter à Paris. Et c'était là, en un rien de temps, qu'elle avait rencontré le fringant et laconique Américain M. Hickman, dont le père venait de mourir et qui avait choisi, un peu bêtement, de dépenser son patrimoine dans un Grand Tour d'Europe très XVIIIe siècle alors qu'il aurait pu le consacrer à améliorer son petit élevage de bétail déjà hypothéqué jusqu'à la garde. Pourquoi ce cow-boy du Nouveau-Mexique aux hanches fines et au menton carré s'était-il amouraché de cette idiote orientale aux yeux bridés et l'avait-il épousée ? Peut-être manquait-il quelque chose à son âme, et désirait-il cette langueur – l'attraction des contraires, en somme. Quoi qu'il en soit, la tante avait reçu cette nouvelle avec une fureur orgiaque. Muette et pâle comme la mort, elle avait tourné le dos au messager et s'était retirée pour préparer sa contre-attaque. Mais il était trop tard : le cow-boy avait emporté sa belle sur son grand destrier, ou l'avait enlevée d'une manière ou d'une autre. Le mariage avait été célébré à Bougival et peu de temps après, ils avaient embarqué pour New York à bord du *Cymric*. Car qu'auraient-ils bien pu faire à Paris ?

Sur les *mesas* parsemées de cactus du Far West, au moins serait-elle un objet rare se détachant sur le paysage, une fleur exotique. C'était peut-être d'ailleurs précisément la raison pour laquelle il était venu à Paris : pour chercher et épouser une Goane d'origine portugaise qui ne parlait pas anglais et serait la seule mariée du Nouveau-Mexique à porter un sari. L'union n'avait duré que quelques semaines ou quelques mois, conjecturé-je. Pourquoi était-elle revenue à Paris ? Sans doute parce que le jeune marié l'avait laissée sans le sou après être parti au triple galop se faire tuer lors du raid contre le chef apache Victorio. C'était près de Blanco, au Nouveau-Mexique ; l'événement avait été mentionné dans les notes de bas de page des annales les plus complètes, mais éclipsé par la fin plus spectaculaire du général Custer à Little Bighorn l'année suivante – une année que, personnellement, j'avais passée comme gardien de salle au pavillon suédois de l'exposition du Centenaire de Philadelphie, économisant mon argent pour pouvoir étudier la philosophie naturelle à l'université Johns Hopkins.

En tout cas, on n'a guère de mal à imaginer le retour de la jeune veuve quai d'Orléans : la belle aux yeux bridés, contrite mais séraphique, et la tante qui la malmène à petits coups de menton accusateurs :

– Mécréante ! Traîtresse à ta fière race ! Jouet avili et esclave des pentapodes ! Mets ton sari, tamponne le vermillon du purdah sur ton front, et désormais mange mon pain dans le chagrin ! Tu ne quitteras plus cette maison qu'accompagnée de domestiques. Et malheur à toi si le pentapode a implanté un enfant dans ton ventre !

Écrasée par cette malédiction mais avec – rêvons un peu – un demi-sourire en coin comme celui de Luisa, la belle aux yeux bridés s'était retirée dans sa chambre pour passer le reste de sa vie enfermée dans sa fonction de témoin du temps passé, comme une montre ayant appartenu à un ancêtre ou un vieux serviteur de la famille, par exemple. Et lorsque son ventre s'était arrondi, la colère de la tante s'était muée en sarcasme, légèrement tempéré par la révélation finale que la cause et la conséquence de cet embonpoint étaient un enfant de sexe féminin. Je me représentais sans peine l'aînée, avec son sourire de dérision oblique et impitoyable et sa tête agitée de secousses, s'adressant aux domestiques ou peut-être à la bridée elle-même :

– Pour empêcher la conception, il suffit de prendre une vulgaire pièce de cinq francs et de la serrer entre ses genoux tout le temps qu'on est dans la même salle qu'un homme.

Il y avait pourtant ici bien des distorsions ; des mystères cachaient des mystères qui en cachaient encore d'autres. Par exemple, j'appris tout à fait par hasard qu'il y avait un frère dont je ne soupçonnais pas l'existence, un dénommé Theodor. Luisa le mentionna un jour avec désinvolture en évoquant son projet, assez vague, de passer quelques jours sur les lacs italiens, seule ou accompagnée.

– Peut-être que Teddy en sera, dit-elle distraitement.

À ce stade, je n'avais pas encore rassemblé assez d'indices pour constater que l'existence de Theodor bouleversait ma théorie – ou mon réseau de conjectures – sur le mariage de la mère avec son cow-boy. Je m'étonnai simplement qu'elle ait un frère dont il n'avait encore jamais été question.

– Pourquoi n'est-il jamais là ?

– Oh, il va et vient. Il est dans une école militaire. Il veut devenir officier.

– Comme moi ? suggérai-je, légèrement jaloux peut-être, mais aussi un peu amusé.

– Oh non, pas du tout. Lui sera un véritable officier qui combattra dans des guerres, tuera des gens et sera décoré pour sa bravoure.

Tant mieux pour lui. Il me vint après coup à l'esprit que l'existence de Theodor exigeait que le mariage entre la mère et le cow-boy ait duré deux ans minimum. Enfin c'est ce qu'il me semblait depuis mon manque de connaissances pratiques en ce domaine. Ou alors il s'était agi d'une seconde escapade – tout à fait inconcevable – de la mère (avec une autre personne ? avec le fantôme du cow-boy disparu ?). D'après le principe d'économie, ce dernier scénario était peu vraisemblable : une fugue était déjà une aventure, deux frôlaient la farce. Il se pouvait aussi que les enfants soient jumeaux. Mais Luisa n'avait-elle pas laissé entendre qu'elle était l'aînée ? Un jour que je parlais avec la tante de tout autre chose, je me surpris à laisser vagabonder mon attention ; une partie de mon esprit était encore fixée sur cette énigme. M'apercevant que j'avais perdu le fil de la conversation, je demandai tout à trac :

– Et votre neveu, est-il plus âgé ou plus jeune que Luisa ? Je vous prie de m'excuser, j'ai oublié ce détail.

– Qui ça ?

– Theodor.

Elle fronça les sourcils.

– Et qui vous a parlé de cela ?

Elle avait braqué un regard d'aigle sur moi, mais le frémissement de son menton disait *non, non, non.*

– Luisa.

– N'y prêtez pas attention. Ce ne sont que ses vapeurs. Quelle absurdité !

Et j'en restai là. Luisa était peut-être vaporeuse, j'étais prêt à l'admettre et j'aurais même eu un faisceau de preuves dont sa tante ne disposait pas, mais cela n'affectait en rien les mois qui la séparaient de son frère. À moins qu'ils ne soient jumeaux – je n'avais pas envisagé cette possibilité. La peste emporte ces sibylles et leurs dithyrambes ! Il n'empêche que ce mariage mystérieux et improbable retenait toujours mon attention et me laissait perplexe, pour de multiples raisons.

Par exemple, au cours des quelques semaines ou mois (voire années) qu'avait pu durer leur idylle, en quelle langue les jeunes mariés s'étaient-ils entretenus ? La belle aux yeux bridés avait été élevée en portugais, avec des zestes indigènes – d'ourdou, j'imagine –, et n'avait reçu aucune instruction. Le cow-boy parlait américain et nasillait sans doute un peu de français. Cela avait-il vraiment été suffisant pour arracher une beauté goane à son sérail ? La langue des signes fonctionne jusqu'à un certain point, mais parfois il faut quand même un peu plus que ça. J'imaginais la belle en train de demander timidement à son fervent époux : « Connaissez-vous mifouya ? » Et dans un éclair d'intuition, sans doute erronée, je crus voir dans cette affaire de langues la clé de son existence entourée de mystère – celle de la mère, je veux dire.

Supposons que nous ayons une personne d'intelligence normale élevée par des serviteurs antipathiques qui ne lui parlent pas, ou dans un langage bébé. Imaginons cette personne projetée à l'âge de 20 ans dans une société multilingue d'une complexité ahurissante, où la parole se substitue communément à l'action. Cette jeune personne, qui peine déjà à s'exprimer avec ses trois mots d'ourdou et son mauvais français, risque d'être unanimement considérée comme manquant d'esprit – un terme fréquemment confondu avec la capacité à s'exprimer en épigrammes bien tournées. Or, il se trouve qu'un individu pris pour un imbécile finit souvent par partager cette opinion. Ainsi la mère s'était-elle sans doute totalement retirée de cet intellectualisme de salon où les jeux d'esprit étaient rigoureusement verbaux – et où le fait de ne pas reconnaître une citation de Henri de Régnier une honte –, pour se cantonner à un domaine où le langage était superflu : le monde des sens. Elle s'y était si bien épanouie qu'elle avait réussi à prendre dans ses filets notre héros du Far West aux hanches fines – légendaire, certes, mais impécunieux. Simplement, sans doute, en gardant la bouche fermée et en jouant de ses beaux yeux bridés. Elle avait ainsi accompli ce que sa sœur était probablement incapable de faire, même si elle l'avait voulu : se reproduire. Quant au pionnier américain, je me plais à croire qu'il est mort heureux, satisfait de sa témérité et sachant sa descendance assurée – même si sa progéniture allait vivre dans une bien étrange famille. La mère s'était finalement repliée sur la seule source de sensualité à sa disposition, la gourmandise. Et qui pouvait lui en vouloir ? Elle aurait pu choisir la drogue ou de jeunes valets de pied. Nos semblables sont des créatures pour le moins complexes. Peut-être qu'avec le temps, je finirais par comprendre la tante aussi, et lui pardonnerais d'être ce que Dieu avait fait d'elle.

Que j'aie raison ou non, la mère avait épousé un mode de vie qui n'était que modérément préjudiciable pour sa santé, et n'exigeait pas de phrases complexes. La maisonnée entretenait à son sujet une sorte de mythe selon lequel elle était censée n'avoir aucune opinion, et ne devait rien entendre de choquant. Son âme était couverte d'une couche de vernis soignée et brillante, que rien ne pouvait entamer. Pourtant, parfois, une étincelle de personnalité s'affirmait de manière inattendue. Rien ne l'attirait réellement, sinon la nourriture ; ses jours de passion étaient derrière elle. Mais la faculté inverse, en revanche, ne faiblissait pas. Elle « avait ses aversions », comme disait Luisa. Parfois, un rayon de soleil qui l'éblouissait ou la remarque malheureuse d'un invité suscitaient une réaction embarrassante. Il y eut par exemple cet employé du consulat, un Anglais peu subtil, qui crut spirituel de se moquer de sa marque de caste.

– Je vois que vous avez mis votre cire à cacheter, lui dit-il avec une jovialité toute britannique. Prête à être postée.

Elle lui sourit timidement. Elle avait une tasse de thé à la main et, comme si elle voulait porter un toast, elle la leva à la hauteur maximale qu'elle pouvait atteindre dans le sari étroit dont elle était vêtue, soit à peu près au niveau de sa tête. Comme elle était petite et que l'Anglais mesurait plus d'1,80 mètre, la tasse n'atteignait même pas les épaules de l'homme. Il observa l'objet, perplexe.

– Un instant ! lui dit-elle, comme inquiète qu'il s'en aille.

Elle s'approcha alors du buffet, et y posa sa tasse de thé pour saisir un pouf. Luttant sous son poids, elle vint le poser devant l'Anglais. Puis elle retourna récupérer sa tasse et grimpa avec sur le siège – elle était à présent presque au même niveau que l'homme. Elle souleva sa tasse avec le même geste guindé qu'auparavant et en versa le contenu sur la tête de l'Anglais. Puis, descendant du pouf, elle se tourna vers l'assistance et dit tout à fait calmement :

– Je déteste les imbéciles.

Il avait fallu la faire sortir de la pièce.

– Mère est singulière, énonçait Luisa avec douceur dans de tels moments.

C'était un adjectif dickensien précis, et un observateur attentif comprenait alors ce qu'il aurait dû voir bien avant : la mère était parfaitement maîtresse de son comportement, et il lui arrivait en ce monde bien peu de choses qu'elle n'ait pas choisies. Sa vie était en effet singulière, depuis les syllabes simples qu'elle ne prononçait qu'après mûre réflexion jusqu'à la manière dont elle mangeait ses toasts, léchant ensuite ses dix doigts dans un ordre précis, avant de les essuyer sur une serviette l'un après l'autre suivant la même séquence. S'il était totalement invraisemblable qu'elle soit traversée d'émotions violentes, il était encore plus extraordinaire qu'elle les contrôle si bien. Considéré sous cet angle, son « enlèvement » par un héros du Far West avait bien évidemment été consenti par elle, et même Luisa en devenait plus plausible. Je commençais à m'apercevoir que tous les membres de cette famille partageaient certains traits, tempérés dans le cas de Luisa par l'intrépidité laconique et gracieuse du cow-boy.

– Le vent tourne. Sud-sud-ouest, maintenant. Plus d'un rhumb d'écart.

Theodor, toujours enveloppé de son écharpe, est posté près du théodolite et m'observe de ses yeux sombres de Bédouin.

Pendant une fraction de seconde, je ne parviens pas à comprendre de quoi il parle. Puis je regarde l'instrument, le compas, et constate qu'il a raison. Est-ce que je dormais ? Non, mes yeux ne sont pas restés fermés plus de cinq minutes – le temps que je me suis alloué pour les reposer brièvement de cette blancheur.

– Alors, on rêvasse, major ? Je vous croyais au pays des songes.

N'étant pas d'humeur à répliquer, je me concentre sur la question météorologique.

– Le vent doit faire du 30 nœuds. Une bourrasque venant de l'est nous arrangerait bien car nous avons déjà dévié de notre cap vers la droite. Mais le vent tournera quand le système cyclonique passera au-dessus de nous. Et puis, d'ici un jour ou deux, nous repartirons vers le nord.

Avec le froid qui m'anesthésie les lèvres, je ne peux pas me permettre de discourir plus longtemps, du moins sur des sujets techniques. La température est stable : – 10 degrés centigrades. Le vent balaie la banquise dans une sorte de vrombissement monotone, soulevant ce qui ressemble à des nuages de farine. Le son plus aigu provient du grincement de la glace qui se fendille. Il est singulier que, malgré ces rafales cinglantes, nous ne sentions aucun souffle et ayons l'impression de flotter dans le calme. Nous sommes même protégés de la neige grâce au ballon de soie au-dessus de nos têtes, qui nous couvre tel un immense parapluie. La nacelle bien équipée donne une impression de sécurité, de confort. Comme si, au milieu de cette tempête, ici, dans les confins les plus inhospitaliers du monde, nous étions à l'abri des pires outrages que la nature puisse inventer. Mais c'est une illusion. Même si nous ne pouvons pas le voir, la neige s'accumule sur le haut de l'enveloppe et une fine pellicule de givre se forme lentement, recouvrant les cordes, l'osier de la nacelle et le ballon lui-même. Ce sucre glace cristallin finira par peser des tonnes et signera notre arrêt de mort si nous ne réagissons pas. Pourtant, pour une raison quelconque, je ne me sens guère en danger. Et je suis sûr qu'il en est de même pour mes compagnons. Nous n'avons conscience que du froid, et d'un isolement immense et absolu.

Pendant que je me reposais, recroquevillé dans un coin de la nacelle, la capuche rabattue sur le visage, Waldemer s'est occupé du déjeuner. Il est 16 heures, mais nous ne regardons l'heure que pour la navigation et mangeons dès que nous en avons envie. Le parfum du ragoût de bœuf sur son réchaud monte jusqu'à nous. Dans le silence, nous pourrions entendre les gros flocons grésiller dans la poêle brûlante, mais nous avons constamment dans nos oreilles le grondement vague et étouffé qui s'élève de la banquise.

Theodor me regarde toujours pensivement, avec la même expression que j'ai notée en ouvrant les yeux quelques minutes auparavant. Rien à voir avec de l'inquiétude ; je détecte même une trace d'ironie.

– Qu'allons-nous faire si la neige s'accumule sur le ballon ?

– Ce n'est qu'un grain, une bourrasque passagère.

– Et le givre qui se forme sur le gréement ?

– Vous pouvez taper dessus avec un maillet, si vous souhaitez vous rendre utile.

Mais Theodor n'est pas tourné vers l'action, seulement vers l'observation et la réflexion, avec une petite tendance métaphysique.

– Je crois que j'ai rêvé de cet endroit quand j'étais enfant. Vous m'avez amené dans une bien étrange partie du monde, Gustav. Tout ce blanc… Ce lieu sans murs, sans horizon, comme si nous flottions dans un univers immatériel avec rien que la blancheur du vide autour de nous… Et cette sorte de tonnerre blanc dans le lointain ! Croyez-vous qu'il soit possible de rêver d'un endroit, un endroit bien réel qu'on n'a jamais vu, et de découvrir plus tard que cet endroit rêvé existe pour de bon ?

– Quand j'étais enfant, je rêvais de l'Amérique.

– Et de quoi rêviez-vous au juste ?

– De la Grande Prairie et ses bisons.

– Et quand vous êtes venu en Amérique, vous les avez trouvés ?

– Non. Je suis arrivé à Philadelphie. Tout ce que j'ai vu, c'était des tramways hippomobiles.

Waldemer lève les yeux avec curiosité lorsque je mentionne son pays natal, mais il reporte son attention sur le ragoût dès qu'il se rend compte que notre conversation est métaphysique.

– Et à quoi rêvez-vous, ici, dans la nacelle ?

– À Paris, parfois. À d'autres endroits, aussi.

– Mais vous dormez à peine !

C'est exact. Moi aussi, je trouve cela un peu curieux. Mais si cette blancheur se maintient, cet éther laiteux qui nous entoure de tous côtés, nous n'aurons bientôt plus besoin de dormir pour rêver. Car l'esprit, faute de pouvoir en capter autour de lui, se replie sur ses propres images internes. J'ouvre les yeux : la blancheur. Je les ferme : vaisseaux sanguins et étincelles, symptômes d'une légère irritation due au froid et à cette lumière éclatante. Pour que la conscience ne s'étale pas, ne se dissolve pas, ne se perde pas dans ce vide laiteux sans dimension, il est important de la fixer sur quelque chose. J'essaie de me rappeler les dimensions exactes, le plan, le mobilier de mon logement rue de Rennes. Le salon avec ses tentures de brocart poussiéreuses et sa fenêtre donnant sur une enseigne émaillée BOULANGERIE-PÂTISSERIE avec, juste à côté, VILLE DE PARIS – SERVICE MUNICIPAL DES POMPES FUNÈBRES en lettres d'or sur fond noir, le petit couloir qui menait d'un côté à la chambre et de l'autre aux W.C., le parquet devenu aussi familier que ma propre main à force de le fixer des heures durant, quand je tentais de résoudre l'énigme déroutante que me posait la construction d'un détecteur d'ondes pour émanations aéromagnétiques capable de produire un signal sonore.

Ce désert blanc de l'inconnu, plein de formules mathématiques invisibles, était aussi informe et frustrant qu'une tempête dans l'Arctique. J'avais finalement compris que le nœud du problème résidait dans la rectification, ou du moins le filtrage, des tremblements électriques de l'air, afin que ce qui en restait se déplace dans une seule direction et puisse ainsi activer un écouteur téléphonique. J'avais rejeté le « cohéreur » du *signor* Marconi, qui me paraissait trop délicat et trop facilement perturbé par les secousses pour convenir à l'usage que je comptais en faire. Au lieu de quoi mon attention fut attirée par plusieurs articles de Krobenius décrivant les propriétés de certains cristaux minéraux qui permettaient à un flux électrique de les traverser dans une direction mais pas dans une autre.

Ces articles n'étaient trouvables que sous forme manuscrite, à la bibliothèque Sainte-Geneviève. Je les étudiai avec soin, mais ils étaient moins instructifs que je l'avais espéré. Krobenius s'y montrait réticent à livrer l'identité des minéraux utilisés dans ses investigations, les décrivant uniquement comme « *certains sels cohésifs de la famille plombière* ». Je lui écrivis alors et obtins un rendez-vous dans son atelier de Neuilly. Mais cet entretien se révéla quelque peu improductif. Krobenius, octogénaire excentrique vêtu d'une longue blouse grise, nia avoir jamais travaillé avec des cristaux et fit la sourde oreille lorsque j'évoquai les manuscrits consultés à la bibliothèque. Alors qu'on me reconduisait – pas très chaleureusement –, j'aperçus fugitivement un papier sur une table : il s'agissait d'une facture d'un négociant en pierres précieuses et minéraux bien connu de la place Saint-André-des-Arts. Il n'était pas compliqué d'aller chez ce brave homme et de lui dire :

– Je sors à l'instant de chez le professeur Krobenius et j'aimerais avoir des échantillons des mêmes sels cohésifs de la famille plombière que vous lui avez vendus et dont, pardonnez-moi, le nom m'échappe.

Le cristal en question se révéla être la galène. Muni d'une douzaine de petits fragments gris et luisants de cette substance, je regagnai en hâte mon logement. J'y avais déployé l'antenne en travers de la fenêtre, à la grande désapprobation de la concierge. J'étais parvenu à construire plusieurs modèles du filtre ou « tamis à ondes » du *signor* Marconi, qui ne laissait passer que des ondes d'une longueur prédéterminée. Il s'agissait d'une bobine de fil de cuivre fin enroulé autour d'un cylindre, qui fonctionnait avec un condensateur d'étincelles composé de papier d'aluminium et de papier sulfurisé. La bobine était munie d'un contact à glissière permettant de faire varier la longueur d'onde à volonté. À l'un de ces appareils, je reliai à la hâte un cristal parmi la dizaine contenue dans l'enveloppe du négociant. Il ne restait plus qu'à connecter le convertisseur magnéto-auditif Bell à cet agencement, de manière à ce que les impulsions redressées activent son diaphragme. Je ne savais pas trop comment procéder, et de nombreux tâtonnements seraient nécessaires.

J'avais déroulé du fil à souder d'argent de haute qualité et venais de commencer à chauffer le fer sur une lampe à alcool lorsque la concierge frappa à la porte. En général, elle me laissait tranquille. Ayant compris que j'étais un individu solitaire porté à la férocité, elle ne s'aventurait jusqu'à mon antre du cinquième étage que lorsqu'elle avait quelque chose d'important à me communiquer, comme un télégramme.

La porte n'était pas verrouillée et je lui dis d'entrer, sans quitter des yeux le fer à souder.

– *Pardon.* Un *monsieur* voudrait vous voir.

– Quel genre de *monsieur* ?

– Un étranger.

– Moi aussi, je suis étranger. Rien de distinctif ?

– Un militaire, jeune, bien élevé

– Faites donc monter cette calamité.

Mon attention était ailleurs. Je testais la chaleur du fer sur mon index mouillé quand apparut sur le seuil un très jeune homme, à peine plus qu'un adolescent à en juger par ses joues lisses. Il était beau, avec un visage allongé et des yeux sombres, et vêtu de l'uniforme improbable d'une académie militaire allemande. La casquette semblait presque trop lourde pour son cou fluet, mais il ne la quitta pas.

– Monsieur Crispin ?

Je hochai la tête, me demandant si j'étais censé poser le fer ou si je pouvais continuer mon travail.

– Je me présente. Je suis le frère de Luisa.

Je posai le fer.

– Ah, vous êtes Teddy !

Il réagit froidement, avec un hochement de tête minimaliste. Il aurait sans doute préféré un ton moins familier. Je repris le fer à souder et l'examinai en essayant de déterminer si je pouvais le faire chauffer pendant que ce jeune homme me parlait.

– Et… à quoi dois-je cet honneur ?

– Comme vous le savez sans doute, chez nous il n'y a plus de chef de famille. Il semble donc que je sois appelé à le remplacer. Ce n'est pas un rôle que j'aurais choisi si j'avais eu le choix, mais mon obligation en la matière est claire. Pour faire bref, j'ai la responsabilité d'une famille avec laquelle vous entretenez une relation ambiguë.

– Pourquoi tout ce cirque ? Asseyez-vous donc, voulez-vous ?

Il me fixait, pâle, immobile et très déterminé, exactement comme Luisa.

– Dans les circonstances qui m'amènent, je ne pense pas que ce soit conseillé. Il faut que je vous précise que je ne fais que suivre mon devoir. Je n'ai aucune animosité envers vous. Mais en ma qualité de chef de famille, je me dois de vous demander de rendre compte de vos actes.

Il parlait bien, ce garçon. On l'avait peut-être formé à la rhétorique, dans son académie militaire allemande.

– De quels actes parlez-vous ?

– Je ne suis pas ici pour m'appesantir sur des faits que vous connaissez mieux que moi. Je souhaite juste savoir quelles sont vos intentions à l'égard de Luisa.

Hourra, nous y étions ! Avec sa nervosité et sa morgue maladroite, il m'évoquait irrésistiblement un élève jouant dans la pièce de fin d'année, une œuvre du XVIIIe siècle, peut-être le *Don Carlos* de Schiller. Qu'il soit planté là, sa casquette sur la tête, à prononcer pareil discours était tout à fait incongru. Nous étions à l'époque des chemins de fer et de la physique mésoscopique, que diable ! Et il voulait connaître mes intentions à l'égard de Luisa… La question était plutôt : quelles étaient les intentions de Luisa à mon égard ? De toute évidence, ce fragile jeune homme à l'expression autoritaire était bien capable de me convoquer pour un duel au pistolet parce que, par un malencontreux hasard (pour simplifier un peu), j'avais passé une nuit avec sa sœur dans une ferme finlandaise.

Il parlait d'une voix d'oiseau mais calme, bien modulée, voire légèrement menaçante. Il n'était guère plus qu'un adolescent.

– Puis-je vous demander quel âge vous avez ?

– Je ne vois pas en quoi cette question est pertinente. J'ai 18 ans.

– Vous en faites 16, si vous me permettez. Vous êtes en tout cas trop jeune pour faire irruption chez les gens et leur demander des comptes sur des choses qui vous échappent. Avez-vous une grande expérience des femmes ?

– Voilà qui est encore moins pertinent, dit-il en se raidissant. Pour des questions d'hygiène masculine, je fréquente les établissements spécialisés si nécessaire.

– Bravo ! Votre hygiène semble excellente, pour autant que je puisse en juger. Alors pourquoi diable vous mêleriez-vous des affaires de deux grandes personnes qui entretiennent une relation d'amitié ?

– Ai-je votre parole d'officier et de gentleman que vous entretenez seulement avec Luisa des « relations d'amitié » ?

– Absolument.

Je dispose pourtant d'informations selon lesquelles vos relations vont au-delà.

– Vos informations sont erronées.

– Vous savez qu'il y a un fiancé ?

– C'est ce que j'ai entendu dire.

– Vous ne vous considérez pas ainsi ?

– Certainement pas.

– Vous savez que, dans la bonne société, il est inconvenant d'offrir des attentions à une jeune dame envers laquelle vos intentions ne sont pas sérieuses ?

– Mes intentions sont très sérieuses.

– Et quelles sont-elles exactement ?

– L'instruire dans les sciences.

Il y avait là de ma part une certaine méchanceté. Il m'avait agacé.

– D'après mes informations, mardi dernier, à 15 h 15, vous avez été plus qu'amical avec elle derrière une porte.

– Et on ne m'y prendra plus ! Vous pouvez bien les garder, elle et ses baisers !

À présent j'étais aussi résolu que lui, et au bord de la colère. Je lui faisais face, le fer à souder en main, léonin jusqu'aux pointes hérissées de ma moustache. Nous nous affrontâmes du regard. Il pâlit un peu plus, si c'était possible, mais sans lâcher un pouce de terrain.

Je m'attendais à ce qu'il me dise : « Un ami viendra vous voir ce soir. Veuillez lui fournir le nom de votre témoin. » Et que ferais-je alors ? Bouclerais-je mes valises pour repartir en Suède la queue entre les jambes ? Non, par Thor, pas pour ce freluquet ! Je le retrouverais au Bois, et finirais sans doute avec une balle dans le pancréas ou quelque autre endroit désagréable. On avait dû lui apprendre à tirer, dans sa *Militärische Hochschule*… Mais je le vis soudain hésiter. Il retroussa légèrement les lèvres lorsqu'il rencontra mon regard. Et il laissa passer sa chance d'être un héros de Schiller. Il tenait peut-être à la vie, lui aussi. Et il n'ignorait sans doute pas que j'étais un authentique officier, et non un pseudo-ingénieur, un pauvre rat de bibliothèque vivant de papier. Son regard sombre demeura toutefois inflexible.

– Vous affirmez donc que vos intentions à l'égard de Luisa sont honorables ?

– Absolument, répondis-je d'une voix presque douce.

J'aurais pu répondre que Don Juan – ou même Jack l'Éventreur, pourquoi pas ? – se considérait sans doute comme un homme honorable. Mais peut-être finirait-il par découvrir lui-même que c'était le genre de question qui n'avançait pas à grand-chose.

– Alors je dois m'estimer satisfait. Je n'ai plus rien à exiger de vous. Je suis désolé de vous avoir dérangé.

– Vous ne m'avez pas du tout dérangé. Ce fut un plaisir de faire votre connaissance. Et maintenant, si vous voulez bien m'excuser, je retourne à mes cristaux.

– Vous êtes cristallographe ?

– Je suis magnétographe, et j'étudie les ondes aéroélectriques. Et là, j'étais sur le point de faire une soudure à l'argent pour fixer ces fils de cuivre sur un octaèdre de galène. Restez donc et aidez-moi à tenir les fils, et ensuite nous pourrons aller déjeuner.

– Ce n'est pas prévu, dit-il avec raideur.

Mais non sans une légère trace de regret, pensai-je.

Nous nous séparâmes aimablement. Il m'avait confronté pour un motif tout à fait fallacieux, pour finalement se contenter d'un mensonge flagrant. Quelle absurdité que de m'être emporté ainsi contre un écolier ! Mais j'avais senti qu'à un moment, quand j'étais parvenu à baisser le ton pour lui répondre assez franchement, comme d'un être humain à un autre – même si ma franchise était toute relative –, il avait malgré lui éprouvé un élan d'admiration ou de sympathie pour moi. Il était très jeune, après tout. Malgré une masculinité encore peu affirmée, ou peut-être à cause de cela justement, il m'avait donné l'impression d'aspirer à une amitié avec moi sur un pied d'égalité. Une amitié qui aurait été l'antithèse exacte de cette scène virile où nous venions de nous affronter entre militaires. Quel jeune idiot !

Je retournai à mon expérience. La soudure fut bientôt terminée, malgré la chaleur insuffisante produite par ma lampe à alcool. Je m'affairai ensuite à plier un ressort de montre pour en faire une tige avec laquelle je viendrais chatouiller la surface du cristal, comme le décrivait Krobenius dans son article. M'obligeant, malgré une excitation croissante, à ralentir pour vérifier chaque étape du processus, je connectai le convertisseur magnéto-auditif, appliquai l'écouteur à mon oreille, et grattai prudemment la surface de la galène avec le ressort. Rien. Certaines connexions devaient être insuffisamment soudées, ou peut-être fallait-il modifier l'arrangement entre le cristal et la bobine. Enfer et damnation ! Mais comment pouvais-je espérer produire un travail sérieux en me faisant interrompre constamment ? Mieux valait que je fourre mon bric-à-brac dans des caisses et que je remporte le tout avec moi à Stockholm, où je pourrais travailler dans d'excellentes conditions au laboratoire de l'Institut. Qu'est-ce qui, au nom de l'électromagnétisme, me retenait à Paris, cette ville de femmes et de marionnettes parfumées en haut-de-forme ? Des raisons d'hygiène, sans doute.

Et que voulait Luisa, au juste ? Une liste de fournitures scientifiques ? Tenir les fils pendant que je les soudais ? Non, elle voulait que je l'emmène à l'opéra. Et si une cape doublée de velours rouge ne m'aurait pas déplu, je n'avais en revanche aucune envie de me mettre à porter le gibus.

Nous nous expliquâmes dans ce qu'elle appelait son boudoir, meublé d'une coiffeuse et d'un certain nombre de fauteuils. Il communiquait avec sa chambre, où je n'avais pas encore eu le bonheur de mettre les pieds.

– *Voyez-vous, ma très chère amie*, lui rappelai-je fermement mais avec une courtoisie presque raffinée, je ne suis pas à Paris pour profiter de l'opéra ni même des cafés-concerts au Royal. Je suis ici pour accomplir un travail sérieux qui, en toute modestie, me semble avoir une certaine importance. (Par bonheur, elle ne me demanda pas pourquoi je ne pouvais pas le faire à Stockholm. J'aurais été bien incapable de lui répondre.) Mais au seuil même de ce qui me semble une percée pour le monde scientifique, je me vois constamment distrait par la nécessité de vous accompagner aux cafés-concerts et autres frivolités auxquels il semble que vous ne pouvez pas vous rendre seule sans risquer de vous faire violer dans la rue. Et comme si cela ne suffisait pas, voilà que votre jeune idiot de frère me rend désormais visite pour de sombres questions d'honneur médiévales.

Elle ne semblait en rien surprise.

– Ah, Teddy, lâcha-t-elle négligemment. C'est un enfant. Il aime jouer aux soldats de plomb et s'imagine qu'il en est un lui-même. Il est tout à fait inoffensif et nous l'aimons beaucoup.

– Je pourrais l'aimer moi-même, ma foi. Il n'empêche que toutes ces interruptions sont autant de distractions, et ce n'est pas l'ambiance qui convient pour mener une réflexion sérieuse. Worth, le Royal, la salle Meyer… Votre existence est très plaisante, sans doute, mais qu'en est-il de la mienne ? Nous sommes bien loin du musée Carnavalet ! Je suis certain qu'il serait délicieux d'être deux papillons voletant ensemble au-dessus d'une prairie ensoleillée, mais…

Elle savait ce que j'allais dire, alors je me tus.

– Ah, mon existence, soupira-t-elle. Elle est très bien, sans aucun doute. Oh, comme je vous envie, mon ami. Vous êtes un homme, vous pouvez aller et venir à votre guise. Et quand vous êtes étranger, personne ne vous connaît à Paris. Vous pouvez vous contenter d'ignorer ce que pensent les gens.

Elle raisonnait en hélice, tournant autour d'un sujet tandis que sa véhémence montait en puissance, mais sans jamais vraiment aller au but. J'aurais pu lui répondre que si je parvenais à ignorer sans mal ce que les gens pensaient, c'était parce que je passais toute la journée enfermé dans un garni avec des tas de fils et de cristaux, si bien que personne ne s'intéressait le moins du monde à ce que je faisais. Si elle me reprochait d'être « plus qu'amical », comme m'en accusait Theodor, c'était autant sa faute que la mienne. Et quelle idée d'impliquer les étrangers ! N'était-elle pas étrangère elle-même ?

– Vous aussi pouvez aller et venir à votre guise, rétorquai-je. Votre réputation a-t-elle pâti de votre petit voyage à Stockholm ?

Elle me fixa d'un regard inquisiteur et légèrement hostile. Mais il n'y avait pas d'ironie dans mes propos – du moins pas flagrante –, et elle décida qu'il était plus sage de ne pas en prendre ombrage.

– Ou en Finlande, auriez-vous pu ajouter.

– En effet.

– Vous vous êtes moqué de moi, à l'époque, quand j'ai parlé des lacs italiens, me rappela-t-elle. Pourtant, Stresa est un endroit délicieux.

– Je n'en doute pas. Mais que vient faire Stresa ici ?

– Rien. Sinon que mon oncle de Pondichéry, qui ne vient jamais en Europe, y possède une villa.

– Merci pour l'invitation mais, comme j'essayais de vous l'expliquer maladroitement, mes recherches me retiennent hélas à Paris.

– Oh, vous alors ! Vous êtes un cas… Avez-vous pris cela pour une invitation ?

– En était-ce une ?

– Le moment venu, je vous aurais invité. Mais avec votre vilaine manie de ne pas écouter et de brûler les étapes, vous avez un véritable don pour placer autrui dans les situations les plus embarrassantes, voire les plus inconvenantes.

– Je suis désolé. S'il vous plaît, recommencez depuis le début et je m'efforcerai d'être attentif.

– Vous avez tué dans l'œuf ce qui aurait pu être un magnifique séjour.

– C'est de toute façon impossible, puisque mon travail me retient ici.

– Vous pouvez emporter vos fils et vos cristaux en Italie. Personne ne vous dérangera.

– Je ne suis pas tout à fait sûr de comprendre. Vous ne me dérangerez pas ?

– Je sais bien que vous me prenez pour une femme frivole. Comment puis-je vous détromper ? Si je me complaisais dans la compagnie des jeunes gens à la mode… Je puis vous assurer qu'il n'en manque pas. (Allusion, sans doute, au mystérieux et péninsulaire fiancé.) Mais si vous me concédez un modeste effort de mémoire, alors vous vous rappellerez qu'au départ notre amitié a commencé en raison de mon profond intérêt pour votre travail scientifique. *J'ai tellement envie d'être sérieuse !*

– Dans ce cas, vous pouvez venir rue de Rennes tenir les fils pendant que je les soude.

– Vous ne viendrez pas à Stresa ?

– Que pouvons-nous faire de plus à Stresa qu'ici ?

– Et puis zut, à la fin ! s'exclama-t-elle, ulcérée. Tout cela m'agace.

Et elle se tourna vers la fenêtre.

S'il est impossible d'échapper à ce froid qui vous transperce jusqu'à la moelle des os, du moins puis-je abolir la blancheur rien qu'en fermant les yeux. Dieu merci, je contrôle au moins un de mes sens. La blancheur est une illusion. Tout comme la noirceur, ou plutôt le gris anthracite profond qui la remplace lorsqu'on clôt les paupières. Cette lumière qui filtre à travers devrait être rose : mon sang s'est-il dilué lui aussi dans cette blancheur lactée ? Suis-je exsangue ? J'aurais dû manger mon ragoût de bœuf – et peut-être l'ai-je fait, me dis-je depuis la périphérie de ma conscience, puisque l'odeur n'est plus perceptible. Ou peut-être n'y ai-je pas touché parce que mon esprit rejette involontairement la nourriture, et ce pour des motifs énigmatiques que je ne peux examiner rationnellement dans l'état second où je me trouve. Le cerveau humain est une planète vierge. Le fonctionnement de cette belle machine reste encore à expliquer. Par exemple, j'ai beau être entièrement éveillé, les paroles échangées dans le boudoir parisien résonnent dans ma tête comme si elles avaient été prononcées il y a un instant. « Et puis zut, à la fin ! Tout cela m'agace. » En effet, c'est agaçant d'avoir froid, d'avoir faim. Tout comme de laisser une pulsion imbécile vous persuader de mêler ardemment vos membres à ceux d'une personne avec qui vous n'avez peut-être pas grand-chose en commun. Tout comme de se précipiter dans des régions improbables du globe à des fins qui, à tête reposée, semblent quelque peu inutiles. « Tout le malheur des hommes, disait Pascal, vient d'une seule chose, qui est de ne pas savoir demeurer en repos dans une chambre. »

Avec la volonté de fer que je parviens désormais à convoquer grâce à une longue pratique, je me force à me rendormir. L'idée est de m'échapper en douce de ma conscience pour entrer dans un royaume personnel dont je sais qu'il contient un certain bonheur – à dormir pour *rêver vrai*. Au départ, ce qui circule dans les filaments de notre cerveau provient de l'épiderme et de la rétine, ainsi que de stations télégraphiques plus mystérieuses situées en un autre pays, où il nous est interdit d'aller quand nous sommes éveillés. Je sais où je veux me rendre, mais pour cela, je dois faire le voyage. Alors je m'abandonne à une série d'impressions vivaces et pourtant décousues, un parcours d'escalade pénible et tout à fait inutile dans les Alpes. Les images sont dans le bon ordre, mais elles penchent et ondulent. Un petit garçon a dû rayer le stéréoscope, ou le poser de guingois. Dijon. Un lac entouré de peupliers. Dôle et son clocher carré. Escarbilles et appels d'air, cliquetis mécaniques, odeur de la locomotive à charbon mêlée à celle d'un désinfectant suisse, puis les *Würstel mit Senf*, odeur teutonne humble mais nourrissante, le parfum chimique d'une savonnette (avec KROEBER gravé dessus), et ainsi de suite jusqu'à la Milano Stazione Centrale, immense toit de cristal plein de vapeur et de bruit, avec une odeur de petits pains chauds. *Libri, giornali ! Portabagagli !* Dehors, une vaste place ensoleillée. *Carrozza, signore ? Subito, subito, ecco !* Grincement de harnais et gravillons sur une route poussiéreuse, et ainsi de suite jusqu'à la villa à flanc de colline. Vue sur le lac, avec quelques vignobles tout autour, et çà et là au loin un paysan rattachant les ceps. Novembre. Le soleil est encore chaud mais l'air est frais et automnal, et les ombres s'allongent déjà.

Tout cela est banal, digne d'une brochure touristique. Mais soudain, dans un silence absolu seulement rompu par les oiseaux, un Vermeer apparaît dans l'embrasure de la porte. C'est un portrait. Une composition si particulière, dans ses contours et ses couleurs, qu'elle pourrait être examinée des mois, voire des années plus tard avec le même plaisir. L'arche en pierre grise d'une porte lui sert de cadre. Derrière, des mimosas et une balustrade en marbre. La scène est à contre-jour, la lumière tombe de côté comme dans tous les Vermeer, et éclaire le sujet en diagonale. Une longue robe de brocart rose, resserrée sous les seins, effleure le sol. Les avant-bras émergent des manches amples et se croisent discrètement sur la taille. Les mains sont finement modelées, leurs doigts distraitement entrelacés. Le corps est légèrement de biais, car elle revient juste de la cour inondée par le jour déclinant. Tandis qu'elle tourne la tête vers moi, la douce masse de ses cheveux balaie son épaule. Quel visage singulier, avec son front pâle de lama et son menton allongé, sa bouche ferme – mais pas plus que ça – encadrée de deux petites lignes. Elle me contemple avec un calme séraphique. Et tout me semble suspendu à l'apparition imminente du sac en tapisserie bayeux, encore caché et pourtant menaçant. Je ne bouge pas, elle non plus, et notre immobilité, notre incapacité à parler sont comme un présage : une entité transcendante est sur le point de se manifester, peut-être un puissant esprit païen caché dans les vertes et tièdes cavités de ces collines viticoles. Dans le silence, j'entends la note incomparable du coup d'archet crissant de la dernière cigale du jour.

Mon cigare s'était éteint. Elle glissa, hors de ma portée, jusqu'au bout du couloir avec son demi-sourire de Joconde et bientôt nous fûmes transportés comme en apesanteur dans une chambre aux murs jaunes pleine des ombres penchées du soir. Les hauts plafonds étaient peints en ocre rouge, les fenêtres à persiennes donnaient sur le lac Majeur tout proche, qu'on voyait se rider sous la brise crépusculaire. Lorsque je m'en détournai, le brocart glissait déjà d'une épaule dont l'étonnante fragilité contrastait avec la digne raideur du tissu. L'intention diabolique derrière le choix de la robe ne faisait nul doute. L'œil s'attendait à découvrir dessous un rose analogue au brocart. Mais la réalité était au-delà, mille fois plus fine et pâle, au point que l'âme accusait le choc avec un léger spasme d'incrédulité.

Cette créature était douée pour les prophéties : le regard de Vermeer avait prédit la chambre jaune, et la robe de brocart, sa peau. Alors qu'en Finlande, il avait fait froid, ici il faisait chaud. Sa démonstration pouvait donc être aussi longue et raffinée qu'elle le souhaitait. Sous pareil climat, elle semblait n'avoir besoin de guère plus que sa robe. Les pieds nus sur le sol de marbre, elle ôta un œillet blanc du bouquet qui ornait la table de chevet et se tourna vers moi, tenant la fleur contre sa gorge dans un geste d'une étrange pudeur. Puis elle la coucha sur le lit dans un mouvement théâtral. Que dire de cette fleur virginale, longue comme ses jambes américaines et d'une timidité toute symbolique ?

Quelle hypocrisie ! Ce n'était certainement pas dans les jardins fleuris qu'elle avait appris à tenir la pose, les pieds légèrement écartés, l'un tourné vers l'extérieur avec la grâce enfantine d'une ballerine (la tante lui avait peut-être fait prendre des cours de danse classique), de sorte qu'à l'endroit où ses cuisses finissaient par se rejoindre, un espace de mur jaune se révélait. Et ce geste pour dénouer le ruban dans ses cheveux, les deux bras levés au-dessus d'une épaule, ses seins à peine plus qu'adolescents, la fossette au creux des reins ? Et la franchise du bassin cambré, le triangle ombré en son cœur, rappel de la masse sombre qui cascadait sur ses épaules ? Avais-je bien là une aspirante aéronaute et magnétographe ? Il y avait comme une sérieuse disparité.

Cependant, je n'étais pas d'humeur ni en état pour les énigmes. Je reportai la réflexion à plus tard et m'abandonnai au moment. Nos membres s'ajustèrent à merveille – comme en Finlande, sans doute, même si là-haut, dans la confusion du moment, je ne l'avais pas remarqué. Ces bras, ces jambes et le reste étaient si doués pour l'imbrication qu'ils trouvaient leur chemin sans que nous y prêtions beaucoup d'attention, de sorte que ces arrangements et les extases qui en résultaient se produisaient pour ainsi dire à l'extérieur de nous-mêmes. Nos âmes étaient alors libres de monter ensemble vers des cieux encore plus élevés que nous l'avions prévu ou cru possible, chérubins ivres de lumière dans la grâce et l'harmonie. Ah, cette chambre jaune ! Son ocre était la couleur dont mes veines avaient faim. Savaient-elles ce qu'elles faisaient, ces artères battant à outrance ? Elles allaient se faire du mal. Finalement, cette pulsation de tout mon système circulatoire – et du sien aussi, pour autant que je sache – se concentra en un point unique, trembla pendant un instant infiniment prolongé, à la limite du débordement, puis jaillit en une courbe fulgurante avec une intensité totalement inédite. Ce phénomène s'atténua très progressivement, comme des vagues qui meurent sur le sable après une tempête.

Nous restâmes allongés un certain temps tels des nageurs épuisés, capables d'atteindre la plage mais pas de nous relever ni de ramper hors de l'eau qui clapotait encore à nos chevilles. Lorsqu'enfin nous libérâmes nos membres et nous séparâmes sur ce lit Empire à baldaquin, elle avait l'air contente d'elle. Repoussant d'une main la masse de cheveux qui lui tombait sur le visage, elle révéla une fois de plus la vive intelligence derrière ce haut front serein. Elle était curieuse de tout. Quelle était cette veine extraordinairement grosse qu'elle effleurait de son index ? J'expliquai qu'à certains moments un homme a besoin d'une abondante réserve de sang juste à cet endroit. Ah. Ce miracle pourrait-il, à mon avis, se répéter après un intervalle convenable ? Tout arriverait, en temps et en heure, lui assurai-je. (Si elle continuait à montrer les choses du doigt de cette façon, cela ne faisait aucun doute.) Que ce soit un miracle ou non dépendrait des circonstances. Cette probabilité eut l'heur de la réjouir.

– Vous savez, c'est mon *jour de fête* aujourd'hui, j'ai 20 ans.

– Incroyable.

– Comment ça ? Vous vous attendiez à ce que je sois plus jeune ou plus âgée ?

Je ne savais pas exactement ce que j'avais voulu dire. C'était peut-être juste incroyable qu'elle puisse avoir un âge, quel qu'il soit.

Puis ce fut mon tour d'être curieux.

– Comment se fait-il que vos aînées vous permettent, à vous qui n'êtes pas encore majeure, de circuler ainsi librement d'un bout à l'autre de l'Europe ?

– Qui m'en empêcherait ?

– Votre tante, par exemple.

– Ah, ma tante.

Elle expliqua que la tante, malgré l'inflexibilité de sa poitrine (un sein inflexible, l'autre rembourré), était indulgente envers les pérégrinations féminines, estimant que le sexe dit faible devait bénéficier de la même liberté de mouvement que celle accordée au sexe masculin. Et si l'envie prenait à un jeune homme de bonne famille de voyager en voiture-lit de Paris à Stresa, qui allait l'en dissuader ?

Qui, en effet ?

– Pourtant, j'avais cru comprendre que vous aviez certains attachements.

– Je ne comprends pas à quoi vous faites allusion. Votre façon de parler est si abstraite, parfois.

– Si je ne me trompe, vous possédez quelque part, même si vous l'avez peut-être momentanément égaré, un fiancé.

– Ah, l'artilleur !

Elle éclata de rire. C'était un garçon maladroit à qui on donnait parfois des friandises, pour s'amuser. Elle nous présenterait, un jour, et je constaterais par moi-même qu'il ne fallait pas le prendre au sérieux. Il le faisait bien assez lui-même ; il prenait tout au sérieux, au point d'en devenir ennuyeux. Et il tirait de la vanité de choses dont il pouvait pourtant difficilement s'attribuer le mérite. C'était la tante elle-même qui l'avait baptisé La Péninsule à cause de… comment Luisa l'avait-elle exprimé ? À cause du diamètre et de l'étendue de sa virilité. La mère était bien sûr au courant de cette facétie.

– Mère est singulière. Elle n'a jamais aimé Alberto, à cause de sa mâchoire.

Moi non plus, et maintenant je savais pourquoi. Et que dire de ses sourcils ! Je ne savais pas trop comment j'étais censé réagir à pareilles confidences. Quel sobriquet impitoyable et obscène ces Walkyries avaient-elles donc inventé pour moi ? Le Tuyau de pipe, peut-être, ou Le Revolver à un coup. À des époques plus avisées, on brûlait les vieilles femmes un peu trop inspirées. Et cette Campagne péninsulaire ? Où en était-elle ?

– Ne soyez pas grossier. Je vous ai déjà dit qu'il était insignifiant.

Comment ça, grossier ? C'est moi qui étais grossier ? Cette logique était trop féminine pour moi.

Pendant toute la durée de mon voyage transalpin par monts et tunnels – voyage qui avait culminé dans la villa et la chambre jaune –, j'avais éprouvé une vague appréhension, ou une réticence, que j'avais fini par identifier comme celles qui accompagnent sans doute une lune de miel. De tous les rôles qu'un destin malfaisant pouvait m'assigner, c'était pourtant celui d'époux qui me convenait le moins. Une autre pensée, ou une variation subtile mais autrement plus inquiétante de la première, me frappa alors. Peut-être étais-je en lune de miel, mais pas elle ? Se pouvait-il qu'elle ait choisi ma compagnie pour le plaisir de me raconter des anecdotes ? Il y avait ici à l'œuvre des forces invisibles et probablement malfaisantes dont il fallait se méfier. À cette mise en garde, la sève vigoureuse de la vie répondit que ce qui s'était passé m'avait ravi et contenté. Mais c'était justement le but. Tel un fauve, je bondis adroitement sur cette joie pour l'étrangler. Mon être même et ce qu'il m'enjoignait de faire étaient en péril. Car si cette situation se prolongeait, j'étais persuadé qu'un jour ou l'autre la courageuse aventurière qui m'avait accompagné dans le survol de la Finlande et avait bâclé le largage du lest finirait par me supplier, les larmes aux yeux, de ne plus risquer ma vie et de rester à ses côtés, dans la chambre jaune ou ailleurs, pour goûter au bonheur de l'intimité domestique… Et chaque fibre de mon être s'y opposerait. Il me tentait, ce bonheur, et c'était précisément pour cela que je luttais avec tant d'acharnement.

Ce n'était pas vraiment elle – je le devinais maintenant – mais plutôt les deux sorcières du quai d'Orléans qui m'avaient lancé ce sort dans leur guerre contre un ennemi qui ne savait même pas qu'on l'attaquait. Il me faudrait leur opposer toute la puissance de mon être. Or pareille défense exigeait technique et habileté, et ma compréhension de la femme (je commençais seulement à le voir) était imparfaite. Ma vanité d'homme vigoureux m'avait bercé de l'illusion qu'une dizaine d'aventures dans ma ville natale avaient suffi à me faire passer maître dans l'art de traiter avec un sexe qui (croyais-je) était soit désarmé par son innocence, soit rendu accessible par son absence même d'innocence. Mais les Ingrid et les Kristin bien élevées dont on étreignait les mains dans les orangeries de leurs pères cousus d'or, tout comme ces filles mal fardées dans les tavernes du port, recelaient en vérité des mécanismes d'une simplicité trompeuse. Avec des soupirs pour les unes et quelques sous pour les autres, on pouvait faire d'elles ce qu'on voulait. Bien entendu, on ne souhaitait pas s'adonner aux mêmes activités avec toutes. Mais cela faisait passer le temps, quand on n'était pas à la bibliothèque.

Ces dernières années, mes recherches scientifiques avaient été de plus en plus prenantes, et il s'était passé des mois sans que je visite les docks. Quant aux pures jeunes filles, déçues, elles avaient fini par épouser des étudiants en droit. J'avais atteint l'âge où on a perdu une partie de ses illusions ; ma chevelure hirsute et ma moustache drue grisonnaient déjà. Et voilà que, dans ma pleine et dérisoire virilité, j'étais tombé entre les griffes de cette meute de ménades qui, après avoir troublé mon esprit, allaient m'anéantir comme elles avaient anéanti Orphée. J'étais un sujet de satire. « Crispin amoureux » ou mieux, peut-être, « Crispino furioso », fou d'amour ardent. Et moi qui comptais divertir cette *belle sauvage* avec ma sagesse supérieure ! Ce n'était pas seulement elle – l'objet de mon délire au faciès longiligne, pâle et légèrement méprisant – qui me mettait en péril. (Comment pouvait-elle ressembler à un lama et être aussi incroyablement désirable ? Les lamas ne sont guère associés à la beauté, et les critères esthétiques conventionnels s'ordonnent selon de tout autres principes...) Le péril viendrait aussi de la tante et de la mère, des vierges mélancoliques de Stockholm, des catins du front de mer, de toute la race des tétrapodes fendues qui inspirent à l'homme ses rêves les plus puissants et les plus exaltés, avant de l'étouffer et de le mettre à terre lorsqu'il tente de les réaliser. Prends garde, Crispin ! Elles t'envient tes cinq membres, et elles ne connaîtront le repos que lorsqu'elles t'auront rendu semblable à elles.

Avec quelle ruse tout cela avait été ourdi ! Ces délicatesses, ces pâles coraux, ces ténèbres qui attiraient votre être comme un aimant étaient la création de dieux aussi puissants que malveillants auxquels il fallait sacrifier sous peine d'être anéanti. Demain, je partirai – non, tel Macbeth, demain, demain et demain. Mercredi ou jeudi. Comme l'automne était encore clément et que nous nous connaissions mieux désormais, la robe de brocart avait cédé la place à un peignoir mauve fermé sur le devant par de simples rubans. Luisa posait dans l'embrasure baroque, delphique sur fond de mimosas, devant la balustrade de marbre. Le genou qui fendit le vêtement, conduisant inévitablement le regard plus haut, vers l'ombre à peine visible, n'était probablement qu'un accident. C'était l'heure du thé, décréta la sibylle.

– *On peut le prendre dans la chambre jaune. Tu veux ?*

Je voulais. Pourquoi se raconter des mensonges stupides et peu convaincants ? Sur le mur ocre, le soleil tardif reflété par le lac chatoyait imperceptiblement. Au loin, une voix criait en italien, la dernière cigale du jour vibrait encore dans les vignes. Chère Luisa, pourquoi le peignoir glisse-t-il de ton épaule alors que tu n'as même pas versé le thé ? Douce obscurité des cheveux qui tombent ; ce lit Empire, avec ses draps parfumés au lilas, est un aimant et un tombeau. Tasses et cuillères sont éparpillées, la théière renversée, elle me chuchote à l'oreille :

– Oh, mon très cher, mon doux amour, mon cruel Viking, maintenant !

En bougeant mon pied, j'ai fait tomber une tasse et elle s'est brisée par terre avec un discret tintement.

16 juillet 1897

Si les dieux du vent sont conscients de notre existence, ils doivent bien se moquer de tous les efforts que nous avons déployés pour percer leurs secrets. Trois bébés grandis trop vite qui se balancent dans un berceau rempli de jouets : des pistolets à bouchon, des bobines de fil de cuivre, des tubes avec des pastilles de verre que nous collons à nos yeux.

Le vent fort qui commence tout juste à faiblir nous pousse devant lui depuis maintenant trente heures. Dans quelle direction ? Plus ou moins vers le nord, je pense. La neige cache presque la surface du sol, à environ 500 mètres en dessous de nous, et faute de point fixe sur la banquise à viser avec le théodolite, nous ne pouvons qu'estimer approximativement notre cap. Le Pôle, ce point magique et inexistant, ne peut plus être loin maintenant. Un soleil rouge gorgé de sang réapparaît, mais flou, à travers les nuages. Je parviens, dans la précipitation, à effectuer des relevés au sextant. Theodor a noté pour chacun l'heure exacte, je lis les hauteurs angulaires sur mon instrument et les écris. Mes doigts, même emmitouflés, restent gelés et manipulent maladroitement le crayon, traçant de gros chiffres enfantins parmi lesquels les 9 et les 0 ne se ferment pas tout à fait. Me suis-je trompé dans mes calculs ? Plusieurs fois sans doute. Ce morceau de papier que je couvre de griffures de poulet devrait être conservé pour la postérité comme témoignage de la faillibilité humaine. Très sûr de moi et convaincu que les cinq huitièmes de l'écart entre 0,100 12 et 0,100 48 correspondent à 0,100 36, je détermine que notre latitude est de 89° 54' nord. Et la longitude ? Quelle différence cela fait-il, à seulement six minutes d'arc du Pôle ?

Je vise plutôt négligemment en m'alignant sur le compas et constate que, portés par ce vent moribond, nous dérivons toujours plus ou moins vers le nord. Le ciel est plein de nuages en lambeaux, la banquise dessous n'est qu'en partie visible à travers un voile de brume blanchâtre. J'estime notre allure à 6 nœuds. Ce vent qui a fait ses prières et ne respire plus que faiblement doit tenir encore une heure. Ensuite, il faudra qu'il meure, puis se retourne et souffle dans l'autre sens. Mais à ce moment-là seulement, pas avant. Le relevé a été fait à 0108 GMT. Quelle heure est-il maintenant ? Le temps ! C'est tout ce qu'il nous reste : il n'y aura plus de relevés, le temps est notre seule mesure de distance. J'enlève d'abord mes moufles puis, sans défaire les boutons de mon manteau en peau de renne, je glisse ma main dedans et tends la main jusqu'à la poche de mon pantalon pour y prendre ma montre. J'extrais laborieusement l'instrument : 01 h 47 à Greenwich. Sur les 6 milles nautiques qui nous séparent du Pôle, je suppose qu'en gros, nous en avons couvert la moitié.

Waldemer, vite, à la soupape de manœuvre !

– Un instant, major. Êtes-vous sûr de vos chiffres ? Je n'aimerais pas me tromper.

Ne peut-on se permettre un peu d'optimisme ?

– Laissez-moi faire les calculs complexes et restez près de la soupape de manœuvre, alors !

Et si vous tirez sur la mauvaise corde, mon brave, nous sommes morts.

Nous chutons. Imperceptiblement, on voit surgir de la brume la banquise, cette plaine de glace froissée et fracturée. Malheur ! J'ai oublié de remettre mes moufles et ma main prend déjà la couleur d'une église en granit à Oslo. Mon visage aussi, sans doute, mais je parviens malgré tout à me façonner un sourire, bien que givré, et dis à Theodor :

– *Facilis descensus Averni.* Vous connaissez votre Virgile ?

– La descente vers l'Averne est facile, termine-t-il pour moi, jour et nuit la porte de Pluton reste ouverte, mais revenir sur ses pas, retourner à l'air libre, telle est la tâche et la peine.

– Vous voyez qu'une éducation classique, même dans une *Militärische Hochschule*, est d'une certaine utilité pratique en ce monde. Elle donne des indications sur la conduite des aérostats.

Et, m'adressant à Waldemer :

– Ça se rapproche vite, en bas, alors cessez de perdre du gaz et perdez plutôt un peu de lest, voulez-vous ?

Un ruisseau gris de plomb coule à flots ; la glace en contrebas n'est plus qu'à une centaine de mètres en dessous de nous. Nous descendons beaucoup trop rapidement ! Je me saisis d'un couteau de poche et éventre un sac de lest. Une poignée de secondes plus tard, nous entendons un choc sourd sur la glace. Notre dégringolade a été bien ralentie par ce largage, mais je m'inquiète à présent de notre traînage. Je me tourne vers le nord : des amas de glace inégaux foncent sur nous et nous passent dessous à une vitesse alarmante. 5 nœuds au moins ! Enfer et damnation ! Malheureusement, nous ne pouvons pas utiliser le volet de déchirure comme lors d'un atterrissage standard, car nous allons avoir besoin de réutiliser le ballon plus tard. À une dizaine de mètres d'altitude, nous galopons sur une crête d'hummocks déchiquetés. Par un phénomène extraordinaire, ce qui nous semblait n'être qu'un flottement paresseux quand nous étions plus haut ressemble maintenant à une violente charge de bisons.

Ah, si nous pouvions réfléchir tranquillement à la meilleure manière de mener à bien cette manœuvre d'atterrissage… ! Mais comme aucun être humain avant nous n'a jamais fait cela, nous ne pouvons que serrer les dents et nous fier à notre instinct. Attention ! *Achtung!* Derrière nous, les guideropes ralentissent notre course folle en frottant sur les crêtes acérées que nous venons de manquer de peu. Le bas de la nacelle entre soudain en contact avec le sol, remonte légèrement, puis heurte la glace plus violemment. La nacelle dérape alors, et vient se coucher tandis que l'énorme globe au-dessus de nos têtes continue sur sa lancée, poussé par le vent. Le *Prinzess* va-t-il nous éjecter ? Le haut du ballon oscille, se tend, traîne encore la nacelle sur 1 ou 2 mètres. Theodor, avec une grande présence d'esprit, saute soudain sur la glace, se précipite vers les guideropes et les empoigne de ses mains gantées, se penchant en arrière et enfonçant les talons dans la surface cristalline sous lui. La masse gazeuse au-dessus de nous veut continuer sa course mais semble consentir à un arrêt temporaire, ne forçant que légèrement sur les cordes.

Nous reprenons notre souffle.

Je lance l'ancre à glace à Theodor qui creuse un trou et l'arrime fermement. Mais le *Prinzess*, à présent allégé de la masse de Theodor et de l'ancre à glace, veut redécoller. Theodor plie les genoux, tire de tout son poids sur les guideropes. Il ne va pas tenir très longtemps. Le *Prinzess* est allégé de pas moins de 60 kilos. Malgré tous mes calculs, je n'avais jamais anticipé ce problème pourtant évident : nous avons peut-être atterri sans encombre sur la banquise, mais nous ne pouvons nous permettre de sortir de la nacelle car à ce stade, même une poignée de grenaille en moins suffirait à faire remonter le ballon. Si nous descendons de la nacelle, le *Prinzess* va s'envoler et nous abandonner. Et pourtant c'est précisément pour cela que nous sommes venus jusqu'ici, pour sortir ! Theodor, sa botte pesant sur l'ancre à glace, attend.

Pendant un moment, une minute ou plus, la situation semble être dans une impasse. Nous n'en discutons même pas, personne ne trouve quoi dire. Libérer encore du gaz ? Impossible. Sinon, nous ne pourrons jamais repartir d'ici. Sortir de la nacelle ? C'est évidemment exclu. Nous sommes donc à 2 mètres de notre objectif, que nous n'avons aucun moyen d'atteindre. Sauf Theodor qui est – cela me vient tout à coup à l'esprit – le premier homme à fouler ce point mathématique si longtemps recherché.

C'est finalement Waldemer qui trouve la solution. Theodor enfonce au maximum l'ancre dans la glace avant de remonter dans la nacelle avec notre aide et, à son tour, Waldemer sort, avec une scie et une hache. Il est presque aussi habile avec ces outils qu'avec un fusil ou un réchaud. Il ne lui faut que quelques minutes pour découper dans la glace un vague rectangle de 2 mètres de long, de l'épaisseur approximative d'un homme. Et qui sera encore plus lourd qu'un homme. Tandis que nous hissons cet objet dans la nacelle, maladroits avec nos mains emmitouflées, le *Prinzess* oscille très lentement, menaçant à tout moment d'arracher l'ancre. Le bloc s'écrase sur le pied de Waldemer mais nous arrivons – non sans peine – à le déposer dans la nacelle.

– Ha !

L'haleine de Waldemer se condense et enduit sa moustache de givre.

– Deux autres comme ça, et nous sommes bons, estime-t-il.

Une demi-heure plus tard, les trois hommes de glace nous ont remplacés dans la nacelle et nous pouvons enfin descendre sur la banquise. Bien que ferme, elle tangue légèrement. Waldemer exulte. Theodor halète encore après notre lutte avec les blocs de glace, et s'il a des émotions, il les garde pour lui. Le vent est étonnamment calme ; rien qu'une légère brise sur nos visages. Une fine brume givrante, curieusement opaque, flotte au-dessus de la glace. Horizontalement, notre vue ne porte pas plus loin qu'à un jet de pierre ; verticalement, nous distinguons des nuages. Le soleil apparaît sporadiquement lorsque ce plafond blanc se fracture. La température est de – 20 degrés centigrades, la pression atmosphérique est basse, mais stable. Je pourrais procéder à un nouveau relevé pour confirmer notre position, mais à quoi bon ? Maintenant que nous sommes là, impossible de bouger. Je déclare donc unilatéralement, en ma vertu de commandant de l'expédition, que ce lieu est celui où nous devions arriver.

Bien que je sois parvenu à contrôler mon émotion, elle a produit son effet physiologique habituel. Je contourne donc la nacelle et procède discrètement à la vidange tant désirée de ma vessie. Cela produit abondance de vapeur. Quelques gouttelettes dorées se solidifient avant de heurter la glace et roulent dessus telles de minuscules perles ambrées. Je constate en rejoignant mes camarades que Waldemer a installé le trépied de son appareil photographique. Theodor et moi devons poser dans des attitudes décontractées et héroïques près du ballon tandis que Waldemer insère et retire ses plaques, déclenchant l'obturateur à la main. (La poire en caoutchouc du dispositif, gelée, s'est brisée à la première pression.) Puis vient le moment de la photo de groupe : le retardateur permet à Waldemer de prendre place à nos côtés avant que l'obturateur se déclenche. Il replie l'appareil puis, le trépied sur l'épaule et le coffret en chêne serré dans ses bras comme un bébé, rapporte le tout dans la nacelle.

Et que fait maintenant notre génie ? Là-bas, avec pour seule compagnie les hommes de glace, il a pris un de ces morceaux de papier de soie que nous utilisons pour les messages confiés aux pigeons. Cela fait cinq minutes à présent qu'il le recouvre de phrases interminables, d'une écriture aussi petite et méticuleuse que de la fine dentelle. La tâche l'échauffe : son visage reprend des couleurs, le givre sur sa moustache disparaît. Quand l'encre gèle, il continue avec un crayon qu'il a taillé très pointu au moyen d'un bout de papier de verre. À cette distance, je ne peux pas lire sa dépêche – et je ne pourrais probablement pas la lire même si je l'avais sous les yeux – mais j'en imagine la teneur.

Alerte ! *Herald* et *Aftonbladet*, arrêtez les presses ! De valeureux polarnautes vous parlent depuis l'axe du monde ! Triomphe impressionnant pour l'Humanité et l'industrie de la soie caoutchoutée. Les héros sont fatigués et frigorifiés mais de bonne humeur, debout au sommet de notre planète. Ils pensent à leurs proches. Ils signalent quelques difficultés pour aller aux toilettes et garder les doigts au chaud mais sont par ailleurs en bonne santé. Nous n'aurions pas pu aller jusqu'ici sans l'aide de la Divine Providence.

Et ainsi de suite. Oh, il noircit beaucoup de papier ! Le pigeon pourra-t-il tout porter ? Je grimpe dans la nacelle pour voir si vraiment, il est passé au verso.

– Major, vous savez, j'ai…

– Oui, je sais.

– Juste quelques mots. Plus tard, bien sûr, j'ai pensé que je pourrais…

Vous écrirez un livre, vous monterez sur des podiums de Durban à Ketchikan et vous reparlerez de ce moment. Les photographies seront projetées par une lanterne magique. Voici mes deux compagnons, le major Crispin et le jeune Theodor. Et là, nous voici tous les trois ensemble. Peut-être vous demandez-vous qui actionne l'obturateur. Un ours blanc ? Ha ha ! Il se trouve que l'appareil photographique que nous avions avec nous était muni d'un…

Le bout de papier de soie entre les doigts, il se penche maintenant sur la volière en osier.

– Vous permettez, Waldemer ? Je vous ai pris de vitesse.

Avec quelques difficultés dues à mes doubles mitaines, j'ai retiré la couette, ouvert la caisse en osier et extrait un pigeon. Il est déjà perché sur mon poignet. Il a l'air un peu terne et raide, le pauvre, il ne s'attendait probablement pas à ce qu'il fasse aussi froid à 90° de latitude. En outre, pour une raison ou une autre, nos pigeons ne s'alimentent plus : c'est à peine s'ils ont touché leur maïs. Waldemer roule serré le petit carré de papier et me le passe. Je l'insère dans le tube en aluminium fixé à la patte du pigeon, mais pas tout au fond. Puis je l'extrais subrepticement avec l'ongle et, dans le même geste vif, le glisse dans ma bouche. Le papier de soie se dissout comme une hostie, je n'ai même pas à l'avaler. Le pigeon voltige de manière indécise, se ressaisit et commence à battre des ailes plus efficacement après avoir manqué effleurer la glace. Il fait le tour du *Prinzess* une ou deux fois, puis s'envole dans la mauvaise direction. Waldemer ne s'en rend pas compte, le pigeon non plus.

Mais ce n'est pas grave. Je suis le seul à savoir qu'il n'y a pas de dépêche dans le tube en aluminium. Encore une petite malhonnêteté, un de mes délits typiques. Je cache le miroir de Waldemer, j'extrais sa prose du tube et la mange, etc. Pourquoi est-ce que je me comporte ainsi ? Peut-être à cause de cette impulsion perverse – bizarrerie totalement indéfendable de ma personnalité – qui me fait cacher ce que je sais au lieu de mettre mes connaissances à la disposition de la communauté et donc du vulgaire ; c'est ma passion du secret, digne d'un alchimiste médiéval. Et peut-être aussi parce que je tiens à ce que le monde d'en bas ne s'entiche pas trop du progrès. Notre arrivée en cet endroit a été, au moins en partie, un accident, un caprice du vent. Mais l'Humanité voudra croire à un triomphe de ses machines, et en tirera encore plus d'orgueil. Le secret n'est-il de toute façon pas voué à être ébruité ? Mes compagnons ne parleront-ils pas à leur retour dans le Monde des Villes ? Peut-être que oui, peut-être que non. Peut-être que nous ne reviendrons pas.

Quoi qu'il en soit, le pigeon est parti dans la mauvaise direction. Pourquoi parler de direction, d'ailleurs, puisqu'en ce lieu mathématiquement unique où nous nous trouvons, il n'y en a qu'une possible ? Loin du Pôle. Impossible d'aller plus au nord. Il n'y a ni est ni ouest, tout est au sud. Je m'éloigne un peu pour contempler la scène. Mes deux compagnons travaillent efficacement. Ils ont sorti la bâche de la nacelle et l'ont tendue sur des perches de bambou pour nous protéger de la brume givrante. Waldemer allume le Primus tandis que Theodor extrait de son papier la belle pièce de bœuf que nous avons emportée pour fêter l'occasion. C'est que nous avons faim ! Grand Dieu, dans notre excitation, nous n'avons pas mangé depuis vingt-quatre heures ! À quelques mètres d'eux, la nacelle est en partie imbriquée dans une ride de pression. De là, l'écheveau du gréement s'élève jusqu'à embrasser la masse gigantesque de l'enveloppe, dont le haut commence à disparaître dans la brume. Il y a ici une curieuse symétrie : je suis debout au sommet du globe, marbré de continents et d'océans, et au-dessus, à la verticale, se dresse ce ballon – cette planète molle avec ses propres marques, les rayures rouge et blanc qui correspondent aux méridiens de la grande sphère. L'Homme a, sans le vouloir, inventé une métaphore de la planète dans l'espace de laquelle il tournoie. Et je sens puissamment que, tout comme je suis passager de ce ballon, je le suis également de la Terre, ce minuscule point bleu dans l'immensité de l'espace. Et la Grande Entité anonyme qui la guide n'est pas très sûre de sa navigation.

Encore un de mes vices : la pensée abstraite. Vingt pas de plus en arrière, d'ailleurs, et je serais définitivement perdu dans le brouillard blanc. Mes ruminations n'en seraient que plus métaphysiques. Le transcendantaliste en moi risque en permanence d'atteindre son objectif : s'unir à la nature, cesser d'exister. Je retourne vers le Pôle, vers mes compagnons.

Waldemer gère la cuisson avec une grande efficacité. Une flamme bleue monte en sifflant depuis le brûleur, la chaleur est perceptible sur nos visages, même à distance. Theodor produit cérémonieusement l'épais morceau de viande norvégienne tiré de la partie la plus tendre du bœuf. Il crépite dans la poêle mais comme il est congelé, il lui faudra un certain temps avant d'être mangeable. Je m'imaginais, après nos longues heures de jeûne, qu'un arôme délectable se dégagerait de cette cuisson, mais le steak n'émet presque aucune odeur.

– Ce pigeon, conjecture Waldemer en se penchant pour augmenter encore la puissance de la flamme, est probablement en route pour Trondheim, maintenant. À quel stade du parcours, à votre avis, major ?

– Oh, pas encore à mi-parcours peut-être, mais sur la bonne voie quand même.

En retournant la viande avec un couteau de poche, sans même lever les yeux, Theodor dit simplement :

– Ce pigeon est mort.

– Ah, Theodor, vous êtes aussi pessimiste que le major ! Nous voilà arrivés au but, non ? Là où personne avant nous n'avait jamais mis les pieds. Le major, en proie à des idées noires, a peut-être évoqué la dérive de la banquise, des difficultés de navigation, et j'en passe. Mais regardons le bon côté des choses et imaginons le pigeon en route pour Trondheim.

Waldemer imagine non seulement le pigeon voler vers Trondheim, mais aussi toutes ces presses à imprimer, monstres gigantesques n'attendant que son petit bout de papier de soie pour commencer à cracher un Niagara d'éditions spéciales.

– Gustav, je pense que ce morceau de viande est cuit.

Theodor le retire de la poêle et le coupe en trois morceaux. Le chateaubriand est tout juste carbonisé à l'extérieur et rose pâle à l'intérieur, un parfait steak à l'américaine.

– Il porte le nom d'un poète. Vous le saviez, Waldemer ?

– Non, avoue-t-il, jovial. Je pensais que ça voulait dire « Ton chapeau brûle ».

– C'est bien ça, *chapeau brûlant*, confirme Theodor.

Theodor et Waldemer ont au moins une chose en commun : ils aiment les plaisanteries douteuses.

– Figurez-vous que François-René de Chateaubriand est allé en Amérique, où il a vu les Peaux-rouges calciner leur viande de bison sur des feux de camp.

– C'est vrai ? Hmm.

Pour Waldemer, toutes les informations sont précieuses, même si elles ne le concernent pas.

– Vous avez vu ça dans la Grande Prairie, Gustav ?

– Je vous l'ai dit, je ne suis jamais allé plus à l'ouest que Philadelphie.

Waldemer arrête de mâcher et pose son canif.

– Ah.

– Ah quoi ?

– Le mousseux !

Il le dit avec un sourire. Malgré sa conviction d'être un homme pratique, c'est un sentimental incurable. Il se lève avec enthousiasme, les bras serrés contre les côtes à cause du froid, et se dirige vers la nacelle pour y chercher le champagne. Il a bien raison, puisque ce champagne a été emporté précisément pour cette occasion. Il est sous le plancher de la nacelle, bien emballé dans son panier rembourré de paille. Waldemer revient, tenant par le goulot la bouteille chapeautée de fil de fer, avec sur le visage une expression de satisfaction mal réprimée.

– J'ai failli l'oublier.

Il s'agit de Veuve Clicquot de la meilleure qualité.

– Et bien chambré aussi, vous pouvez en être sûrs.

Waldemer pose le champagne sur la neige. Nous nous regardons. Waldemer nous regarde.

– Les verres, zut !

Et il repart les chercher.

– Je parie que nous les avons oubliés, dit Theodor.

– Alvarez a tout vérifié. Il y avait une liste longue comme le bras. Les verres sont à bord.

Waldemer les trouve dans la caisse à provisions, soigneusement emballés, et revient avec un verre dans une main et deux dans l'autre – une prouesse, quand on a deux couches de gants. Il les cale en rang d'oignon dans la neige et tord adroitement le bouchon comme un homme habitué à servir le champagne, l'expression figée par l'effort dans son souci de précision, et exhalant un gros nuage de vapeur.

– Il faut faire attention – ha ha ! –, un bouchon récalcitrant a vite fait de vous sauter dans l'œil. Ce truc est capricieux, vous savez.

– Si vous perdez un œil à cause d'un bouchon de champagne, mon vieux, n'ayez pas peur, nous vous ramènerons à New York.

– Ha ! C'est juste un coup de main à prendre.

Le bouchon sort dans un silence parfait ; un silence inquiétant, même.

Avec un geste cérémonieux, Waldemer incline le goulot de la bouteille au-dessus du premier verre. Rien. Il augmente l'inclinaison, puis secoue légèrement la bouteille et finit par la retourner carrément. Rien n'en sort.

– Eh bien ! Si je m'attendais à ça ! Ce champagne doit avoir un défaut. Qu'est-ce que vous en dites ?

Theodor lui prend la bouteille des mains et l'examine un instant. Puis, brusquement, il la fracasse contre l'ancre à glace. La bouteille se fractionne assez facilement ; le milieu se brise en mille morceaux tandis que le bas et le haut se détachent comme des chapeaux de la substance moulée à l'intérieur. Theodor prend le temps d'ôter consciencieusement les éclats de verre.

– Ah ! Eh bien, il y a comme un problème. Vous avez déjà entendu parler d'un truc pareil ? Qu'allons-nous en faire ?

– Le manger, j'imagine.

Le steak est succulent même si les morceaux refroidissent avant que nous ayons le temps de les porter à la bouche, et gèlent si nous ne sommes pas assez rapides. Quant au champagne, nous le partageons lui aussi avec nos couteaux de poche et le dégustons en le saisissant avec nos doigts emmitouflés. Ce n'est plus qu'un amas de cristaux pointus en forme d'aiguilles, blanc pâle, au goût de sorbet à la pomme. Lorsqu'il fond sur la langue, un léger picotement descend dans le palais. C'est vraiment pas mal.

Après avoir réchauffé l'alcool dans notre métabolisme et commencé à digérer le steak, nous rassemblons notre attirail de pique-nique et remontons dans la nacelle. Nous avons tendu la bâche sur le ring pour empêcher la lumière et autant que possible la brume givrante d'entrer et nous sommes douillettement installés dans notre habitation miniature, la nature impitoyable retenue à l'extérieur par l'osier et la toile. Avant de jeter les hommes de glace dehors et de reprendre nos places, je sors une dernière fois pour m'assurer que le *Prinzess* n'est pas abîmé. Le vent est complètement tombé. Dans le calme absolu, le ballon s'étire vers le haut ; le givre commence à blanchir la soie rouge de ses rayures. Juste devant mon visage, des particules de brume gelée sont suspendues dans l'air comme de minuscules pointes d'aiguille. Dans le silence, j'entends la plainte étouffée et le grincement de la banquise sous mes pieds : elle pousse, se déforme lentement, ses bords frottent et s'effritent.

– Qu'est-ce que ça signifie ?

Theodor est sorti de la nacelle et se tient derrière moi ; l'écharpe nouée par-dessus sa casquette à visière enferme presque tout son visage.

– Ce calme ? Cela signifie qu'il n'y a pas de vent.

– Il va revenir ?

– Peut-être demain. Peut-être dans un mois.

Il m'examine et sourit faiblement.

– Vous le saviez ?

– Qu'il n'y aurait peut-être pas de vent ? Bien sûr.

Il ne dit rien de plus. Ses mains gantées enfouies dans les poches de sa capote, il contemple l'endroit où serait l'horizon s'il n'était pas noyé dans cette atmosphère blanche. Le soleil peut à peine la percer de ses rayons. Rasant lentement le sol, il a tourné mais sans se lever, contrairement à ce qu'il fait au sud dans les Cités des Hommes. Il ressemble plus à une lune qu'à un soleil, une lune de métal rouge et liquide, mais glacé. Nous n'avons conscience que du froid et d'un isolement immense et absolu. La nacelle, à 50 mètres de là, est à peine visible. Nous sommes tous les deux, seuls dans l'univers. En de telles circonstances, on peut faire l'économie des conventions. Je suis donc libre d'admettre, au moins dans mon journal mental, que ce que je ressens pour Theodor est de l'amour. J'admire l'obstination de sa chair et son beau profil, légèrement hautain, enfoui dans l'écharpe, sa peau souple – presque une peau de bébé – tachetée d'engelures; il se suffit à lui-même et ne se plaint pas. L'expression française « *Il sait se défendre* » me vient à l'esprit. Nous sommes peut-être à 1,50 mètre l'un de l'autre et nous le restons. Aucun de nous ne parle. Ce qui nous sépare, ce sont surtout les 10 000 ans de complications durant lesquels nous avons désespérément perdu notre naturel et notre simplicité au profit de tout ce que l'Humanité appelle civilisation. Est-il encore possible, après tout ce temps, de ressentir quelque chose de naturel ? Et comment savoir si ce que l'on ressent est pervers, ou seulement naturel ? Je dois admettre que même à moitié gelé, je me sens capable de plonger comme un guerrier dans cet abîme que Dieu a creusé de Ses mains pour séparer l'Homme de l'animal. Peut-être s'agit-il là d'un accès de délire, d'une pensée trompeuse et absurde qui joue sur mes fibres cérébrales comme ces fausses images qui s'impriment parfois sur la rétine ? Trompeuse et absurde ? Trompeuse car absurde. Nous sommes tous les deux fatigués; nous sommes tous les trois fatigués. Nous remontons dans la nacelle et les hommes de glace sont poliment expulsés; sans protester, ils s'allongent côte à côte sur la neige. Puis nous déroulons nos sacs de couchage en peau de renne et je me couche chastement entre mes deux compagnons.

Il fait froid et plus tout à fait sombre. Je m'enfonce, je n'ai plus conscience de mon corps, puis je remonte vers la surface. Je me sens bien, en paix avec moi-même, avec le monde, avec tout. Un rayon de soleil me réchauffe, un soleil intérieur, sans doute, puisque le vrai soleil aurait bien du mal à traverser les volets. Et il tarde à faire son apparition le matin, car la villa est sur un versant orienté au nord, vers le lac. Même à 7 heures, la lumière est du bleu grisâtre de la clarté qui précède l'aube. Luisa dort profondément, la tête sous un oreiller et une partie de son épaule blanche découverte. Moi, la tête contre le matelas, un genou relevé, je plane quelque part dans une région où le corps est endormi et l'âme juste assez alerte pour en être conscient. Cette semi-conscience se questionne sur la dynamique mystérieuse qui lie mon corps à cet autre que je devine à 30 centimètres de moi dans le lit à baldaquin Empire, mais seulement à certains moments et de certaines manières.

C'est elle qui choisit non seulement les manières mais aussi les moments. D'habitude, c'est au coucher du soleil, quand les reflets rougeâtres du lac traversent les persiennes. De même que notre époque est qualifiée de fin de siècle, nos ébats amoureux appartiennent à la fin du jour, c'est leur côté crépusculaire. Dans la nuit? Jamais: la nuit, elle parle. Le jour aussi, elle parle. À d'autres instants, quand elle ne parle pas, elle est assez distante. Devant la coiffeuse, en train de se brosser les cheveux, ou debout près de la balustrade de marbre, le dos tourné, en train d'ajuster négligemment une fleur sur son épaule. La force d'attraction, toujours présente en elle, est alors dirigée ailleurs, ou pas du tout alimentée. Dans ces moments-là, même si elle se retournait pour que nos regards se croisent, l'intensité de sa présence, la vivacité aiguisée de son intelligence, le flot de paroles qui jaillit d'elle à la moindre stimulation glaceraient l'ardeur, à supposer qu'elle existe.

D'autres fois – c'est le coucher du soleil, le lac rouge sang scintille –, tandis qu'elle se retourne pour parler avec désinvolture de sujets quelconques, ou ne prononce pas un mot, soudain plane comme une hésitation. Ses yeux ou sa voix s'attardent un peu trop longtemps, une force qu'elle peut concentrer à volonté rayonne vers moi et imprègne instantanément jusqu'à mes moindres nerfs et vaisseaux capillaires. Son regard calme fixé sur ma personne et toute la puissance de son corps disent simplement : toi. Et, docile, mon désir répond avec une urgence muette et animale ; je n'ai aucun pouvoir sur ce que je pourrais faire ou dire, la tension douloureuse en moi est attirée vers cette obscurité insaisissable comme par un aimant. C'est comme si (pensé-je, toujours endormi bien que conscient de l'aube qui essaie d'entrer par les volets) la puissance de sa féminité rayonnait des aspects frontaux de son corps. Et lorsqu'elle fait pivoter ce mécanisme d'un quart de tour et m'évite, l'effet cesse ou se perd sur un mur vide. Je fantasme qu'elle pourrait m'appeler depuis une pièce lointaine, simplement en dirigeant vers moi cette mystérieuse émanation électrique qu'elle peut concentrer à sa guise sur n'importe quoi. Ce pouvoir est directionnel ; il importe (si l'on ne veut pas devenir impuissant et stupide) de ne pas se mettre en travers de son chemin…

Je me réveillai en sursaut avec des picotements sur tout l'épiderme, culminant dans mon cuir chevelu. Je me glissai hors du lit et me rendis dans le salon, mais n'y trouvai rien sur quoi écrire. Je dus retourner dans la chambre jaune, avec mille précautions et en ayant un œil sur le lit, pour dérober sur le bureau quelques feuilles du papier à lettres mauve et parfumé de Luisa. Et aussi son stylo, d'un modèle frivole et féminin, prolongé d'une longue plume d'autruche, le seul en vue. À la grande table du salon, je dessinai sur le papier mauve divers losanges et spirales en essayant de me rappeler les expériences de Stone sur l'émanation directive de l'aéromagnétisme. Ces deux forces insaisissables et invisibles – la puissance du corps de Luisa et le chatoiement des ondes hertziennes – s'étaient croisées quelque part dans mon esprit à moitié endormi pour former une sorte de métaphore. J'avais alors compris, ou plutôt deviné, qu'il pourrait exister un appareil sensible aux ondes le frappant de front, mais pas latéralement. L'antenne filaire de Stone, comme la forme que j'avais laissée sous les draps, émettait de l'énergie. C'est pour mon dispositif de réception déjà construit – la bobine, le condensateur et le cristal abandonnés dans mon meublé parisien – que je réfléchissais aussi fébrilement à la conception d'une antenne filaire directionnelle. Agacé par les chatouilles de la plume d'autruche, je couvris de croquis plusieurs feuilles. Si mes théories sur la conversion de l'aéromagnétisme étaient correctes, une simple paire de fils horizontaux suffirait. Mais pour intercepter une quantité d'énergie suffisante, il fallait qu'ils mesurent plusieurs centaines de mètres de long. Inenvisageable à bord d'un aéronef. Toutefois, cette longueur de fil ne pourrait-elle pas être enroulée sur elle-même comme un ressort de sommier ? Montée sur un pivot, pareille antenne pourrait être facilement orientée à la main. Mais si elle pivotait, comment les fils pourraient-ils lui être raccordés ? Bah ! Il ne s'agissait plus là que d'un simple problème mécanique, niveau première année d'ingénierie. Je dessinai des ressorts, des batteurs de tapis et des tape-mouches, pour m'arrêter sur une boucle en forme de losange plat avec deux fils sortant de sa base, là où il pivotait.

Cette oreille – l'antenne – ne serait sensible aux ondes que lorsqu'elle leur ferait face ; de profil, elle n'entendrait rien. Ça ne pouvait que marcher !

Mais l'idée m'était venue dans ce coin bucolique du Piémont, sans le moindre matériel à ma disposition et, comble de malchance, sans possibilité de m'en procurer à moins de 100 lieues à la ronde. Quelle heure était-il ? Impossible à déterminer, car j'étais encore en tenue de nuit. Je rentrai sur la pointe des pieds dans la chambre jaune (la forme sous les draps remua très légèrement, puis s'étira et retrouva son immobilité), fis un paquet de mes vêtements posés sur la chaise et les emportai, manches de chemise et jambes de pantalon pendantes, dans le salon. La montre, extraite du pantalon, indiquait 9 heures. Cela faisait deux heures que je gribouillais avec ce ridicule stylo emplumé. La domestique, Garofana, avait laissé de l'eau à chauffer sur le feu. Je la transformai à la hâte en café et la bus. Puis je m'habillai et m'enfuis dans la lumière perçante du matin.

Dans la bourgade de Stresa – guère plus qu'un village, en réalité –, il n'y avait bien sûr pas de revendeur de fournitures électromagnétiques du type un peu particulier dont j'avais besoin, ni même de quincaillerie. Ni de fil de cuivre, surtout. Du fil de cuivre que je pourrais à la rigueur enrouler autour d'un cadre à broder ou de deux vulgaires bouts de bois. Au Caffè Garibaldi, où un garçon paresseux balayait la sciure de la veille, on m'indiqua un forgeron dans la localité voisine de Pallanza. J'eus du mal à me procurer une voiture dans cette ville endormie au bord du lac, surtout à 9 heures du matin, mais grâce à un peu d'argent et quelques menaces proférées en haussant le ton, j'y parvins.

Par une agréable route pavée, nous longeâmes le lac Majeur, décor réputé le plus beau du monde – mais dans mon état j'aurais bien précipité les îles Borromées au fond de l'Atlantique. Le cocher me montra l'Isola Bella, l'idiot. *Presto, presto ! A Pallanza !* Ne me dérange pas avec ta stupide *bellezza* ! Il grogna quelque chose comme « *Pazzo* », à son canasson ou à lui-même. Oui, sans doute suis-je fou, mais il y en a de toutes sortes, et moi je suis le genre de fou qui cherche du fil de cuivre.

Nous arrivâmes à Pallanza, mais le forgeron n'était pas à Pallanza même. Finalement nous le trouvâmes. Il était déjà au travail, Dieu merci, à taper sur un fer à cheval chauffé au rouge. *Filo, filo !* J'eus du mal à le persuader de laisser refroidir son morceau de métal pour m'écouter. *Che tipo di filo, dunque ?* Un fil costaud, pour une antenne, et s'il avait un fil de cuivre très fin, comme des cheveux, je le prendrais aussi. Du cuivre, non, mais il avait un fil de fer costaud qu'il allait me montrer. Il explora avec une lenteur exaspérante un tas de ferraille qu'il gardait derrière sa cabane, et en sortit un enchevêtrement de filaments rouillés, de la taille d'une petite botte de foin. C'était américain, dit-il, et de la meilleure qualité. Un type de fil nouveau, inventé pour fabriquer des clôtures, muni à intervalles réguliers de minuscules poignards en fil de fer aiguisé destinés à empêcher les vaches de le défoncer. Bah ! C'était des ondes hertziennes que je voulais attraper, imbécile, pas des vaches ! Un modèle tout ce qu'il y avait de plus récent – c'était son seul argument –, et il ne me facturerait pas de supplément pour ces barbillons. Dégoûté, je fis demi-tour. Le cocher était descendu au bord du lac, peut-être pour satisfaire un besoin naturel, et il fallut que je le récupère pour pouvoir retourner à la villa.

Du fil de cuivre ? Eh bien, il n'y en avait pas à Stresa ni dans les environs. À la villa, Luisa était levée et se mettait des épingles dans les cheveux, vêtue d'un peignoir qui lui tombait jusqu'aux pieds, avec une dignité de matrone romaine. C'est à peine si elle me regarda.

– On s'est bien promené ? dit-elle distraitement. Soyez gentil et apportez-moi du café, voulez-vous ?

– Vous ne sauriez pas par hasard où on pourrait se procurer du fil de cuivre, du gros ou du fin, dans ce désert campagnard ?

– S'il vous plaît, ne me posez pas de questions difficiles. Je n'ai pas encore pris mon petit déjeuner.

Il était presque 11 heures. Après avoir arrangé sa coiffure (elle s'incurvait d'un côté et retombait le long de sa gorge avec un effet charmant), elle entra gracieusement dans le salon et trouva le sol jonché de mes notes.

– Si vous vouliez utiliser mon papier à lettres, vous auriez pu m'en parler, mon cœur. Il vient de chez Laurrison et est assez cher. Qu'est-ce qui a bien pu mener à tant de gribouillis et griffonnages, d'ailleurs ?

Je n'étais pas d'humeur à lui expliquer.

– Il me faut du fil de cuivre car il m'est venu une idée qui ne peut être concrétisée et validée que si du fil de cuivre est enroulé autour. Il me faut aussi du papier d'aluminium et du papier sulfurisé pour le condensateur. Enfin et surtout, du cristal de galène.

On ne trouverait probablement pas le moindre morceau de galène, même à Milan. Et le fer à souder ? Et la lampe à alcool pour le chauffer ?

– Quelle est cette idée ?

– Il s'agit d'ondes hertziennes, de redresseurs aéromagnétiques, d'antennes et de directivité.

Mais il était trop tôt pour qu'elle puisse assumer ou même simuler avec un minimum d'enthousiasme son rôle de femme savante.

– Ça ne peut pas attendre ?

– Non.

– Pourquoi ?

– Parce que mon cerveau ne peut pas attendre. C'est comme ça. Je ne vais pas m'en excuser.

– J'aurais aimé que vous m'apportiez mon café. L'absence de café sème la discorde entre nous. Ce n'est pas vraiment pour nous occuper d'antennes aéro-hertziennes que nous sommes venus ici, vous savez.

– Ce pour quoi nous sommes ici ne prend tout au plus qu'une demi-heure par jour.

– Ne soyez pas grossier.

– Le reste, semble-t-il, vous le consacrez à vos cheveux. Et à vos robes, qui sont charmantes.

– Et voilà que maintenant nous nous disputons ! Pourquoi ne pas vous faire expédier votre matériel de Paris ?

– Cela prendrait des mois.

Son attitude changea brusquement. Elle devait avoir manœuvré les fils qui modifiaient l'expression de son visage : elle était tout à coup placide, l'air entendu et une lueur de regret dans les yeux malgré son sourire plein de promesses.

– Ce n'est pas vrai que je passe toute la journée à m'occuper de mes cheveux et de mes robes. Nous pouvons prendre un bon petit déjeuner à l'anglaise, puis faire une promenade en calèche le long du lac. (Je venais de la faire.) Vous pouvez télégraphier à Paris pour votre matériel, ou vous pouvez aller à Milan pour ce fil de cuivre et le reste. Vous serez revenu pour le dîner.

Elle ajusta la mèche soyeuse qui lui tombait sur la gorge puis se tourna vers moi avec un sourire prometteur et éloquent. La robe de chambre qu'elle avait enfilée négligemment était à peine fermée sur le devant.

– Vous voulez bien ? Mais il faudra vous dépêcher, parce que vous allez me manquer.

– Primo, il n'y a pas de galène à Milan. Secundo, il n'y a probablement même pas les fournitures pour le condensateur. Et tertio, les conditions ne sont pas réunies ici pour pouvoir réfléchir sérieusement pendant plus de cinq minutes. Et ne braquez pas ce corps sur moi ! Ce n'est pas le coucher du soleil, bon sang ! Il n'est que 11 heures du matin !

– Vous, alors !

Furieuse, elle serra sa robe de chambre jusqu'au cou.

– Vous prenez tout mal ! Je m'épuise à être agréable et charmante, j'essaie d'apporter douceur et lumière dans notre existence, et vous gâchez tout en le réduisant à... à... ça. Une pulsion animale.

Elle se précipita rageusement dans la cuisine pour prendre son café et je la suivis. Ensuite – chacun son tour –, j'essayai de composer mon expression faciale. Aucune chance que je parvienne à la rendre affectueuse, encore moins séduisante, mais je pouvais au moins me comporter de manière civilisée et lui faire comprendre que j'appréciais ses efforts, même si apparemment ils ne parvenaient qu'à éveiller l'animal en moi. Un animal vraiment inoffensif, qui aimait de temps en temps un morceau de sucre et appréciait qu'on le caresse.

– Il n'y a aucune chance que je trouve ce que je veux à Milan. Vous pouvez rentrer à Paris avec moi. Je pourrai y poursuivre mes recherches, et vous pourrez venir rue de Rennes tenir les fils pendant que je les soude. Vous savez, ajoutai-je imprudemment, le soleil se couche aussi à Paris.

Allusion que je regrettai très vite, car si jamais le soleil se couchait rue de Rennes, je ne pourrais plus jamais y produire quoi que ce soit : le parfum de Luisa et son invisible nécromancie féminine imprégneraient les lieux et je ne pourrais plus penser à autre chose.

– Mais nous ne sommes ici que depuis cinq jours.

– Combien de temps comptiez-vous rester ?

– Cinq semaines. Ou cinq mois.

Je grognai.

– Vous n'avez pas trouvé ce séjour agréable ?

Ah ! Stresa était déjà au passé.

– Je le trouve agréable au possible. C'est seulement que, pour être parfaitement honnête, à un moment, il est nécessaire de revenir aux affaires sérieuses de la vie.

– Merci pour votre exquise sincérité. Et ce serait quoi, les affaires sérieuses de la vie ?

J'étais un peu perdu. J'avais bien conscience que lui parler d'un fil enroulé autour de deux bouts de bois n'était pas très convaincant.

– Puis-je vous rappeler que c'est vous qui, à l'origine, avez initié notre relation ? Et pour quelle raison ? Parce que vous souhaitiez enrichir votre esprit en vous consacrant à des sujets ardus et intellectuels. Vous pouviez à peine contrôler votre enthousiasme pour l'aéromagnétisme, à l'époque, et vouliez à tout prix que je vous donne une liste de livres à étudier. Mais une fois que vous avez réussi à m'attirer dans ce repaire de serpents du quai d'Orléans…

Je me tus. Au bout d'un moment, elle dit sans presque hausser le ton :

– Quoi ?

– C'est vous qui avez essayé de me transformer, et non sans succès, en un personnage qui n'est pas ce que je suis réellement ni ce que je devrais être. Ce qui a perturbé et finalement rendu impossible mon travail et, précisément, les activités intellectuelles qui avaient suscité chez vous cette fervente admiration pour moi. Vous m'avez changé en un lovelace, un dandy parisien, un accompagnateur pour le café-concert et un porteur de redingotes…

– Continuez, ne vous gênez pas.

– J'ai terminé.

– Alors partez ! s'écria-t-elle en tapant du pied. Je remarque que vous avez toujours des préoccupations très intellectuelles juste après que vos affections ont été satisfaites. Plus tard, peut-être me reviendrez-vous avec ce regard rêveur et aurez-vous envie d'un autre *bonbon* avant de vous satisfaire et de retourner tranquillement à votre fer à souder. Et moi je perds toujours au change !

La domestique apparut sur le seuil.

– Garofana, sors ! *Vai ! Vai ! Vai all'inferno !* Vous parlez de mon comportement. Mais quel genre de spectacle pensez-vous avoir donné le jour de notre rencontre ? Dès que vous avez posé les yeux sur moi, vous avez été saisi par la lubricité. Je la sentais à dix rangées de distance. (Un peu exagéré, non ?) Et oser dire que vous n'aviez à cœur que l'enrichissement de mon esprit ! « Venez à mon hôtel, *mademoiselle*, et je pourrai vous donner une belle… euh… liste de livres. » (Je n'avais rien dit de tel.) Bel enrichissement que voilà ! Je commence à en avoir assez de toute cette histoire ! *J'en ai marre !* Allez-vous-en, si ça vous chante. Prenez votre grande intelligence, votre érotomanie hyperboréenne et vos chaussettes – qui puent, d'ailleurs – et retournez jouer avec vos fils de cuivre. Si vous vous dépêchez, vous pourrez prendre le train de l'après-midi pour Paris. S'il y en avait un pour Stockholm, ce serait encore mieux.

Elle me suivit d'une pièce à l'autre, soulignant mes défauts tandis que je faisais ma valise. Par exemple, elle me reprocha de l'avoir quittée.

– Vous êtes comme tous les hommes ! Dès que vous obtenez ce que vous voulez, c'est adieu sans même un dernier regard ! Pourquoi ne me laissez-vous pas d'argent ? Vous pouvez le mettre sur la cheminée. Cinq francs, je crois, c'est la somme habituelle. Et n'oubliez pas de raconter tous les détails à vos amis. (Je n'avais pas d'amis, à l'exception de Waldemer, qui était terriblement collet monté et refusait d'écouter quoi que ce soit de ce genre.) Vous ne savez même pas faire votre valise ! Vous froissez tout. Vous êtes un polichinelle, un guignol ridicule et stupide en plus, qui mérite de se faire battre par le gendarme.

La valise et moi étions enfin dans la voiture, qui descendait la colline. La journée était fraîche, le ciel clair, et je me sentais mieux, presque bien. C'était probablement fini. Il y a certaines choses qui, une fois dites, ne peuvent être retirées. Par exemple « Je ne t'aime pas » peut être oublié, mais pas « Tes chaussettes puent ». Tant mieux ! Il me tardait de retrouver mon appartement rue de Rennes, ma solitude, l'ivresse propre et chaste de la pensée. Milan était plutôt morose, assiégé par la brume grise de novembre, mais cela n'avait pas d'importance car je n'y restais pas. *Vetturino, alla Stazione Central!* Le toit de cristal au-dessus de la gare était noir de suie – je le remarquai. On est bien meilleur observateur quand on est seul et que nos pensées sont claires. Je chassai un porteur qui voulait ma valise en menaçant de le démembrer.

– Un billet pour Paris, deuxième classe.

– Via Domodossola ?

– Je m'en fiche ! *Parigi ! Parigi !*

La première chose que je fis après avoir posé ma valise fut de me rendre chez Pertuis & Fils, avenue du Maine, acheter un rouleau de fil de cuivre recuit numéro 36, que j'isolai moi-même en le trempant dans de la gomme-laque avec un dévideur-enrouleur de ma conception. Ensuite, je me mis au travail pour fabriquer le cadre de l'antenne, ce qui me prit plusieurs jours parce que je tenais à respecter les cotes exactes, et parce que j'étais plus philosophe que menuisier. Je devais donc compenser mon manque d'habileté par d'infinies précautions. Ce devait être non seulement un modèle de laboratoire mais aussi, espérais-je, un instrument suffisamment robuste pour être utilisé sur le terrain et même emporté à bord d'un aéronef.

Le montant était constitué d'un solide goujon en chêne, et la barre transversale constituée d'une latte du même bois était fixée au montant par une mortaise. Je perçai de minuscules trous dans ces deux pièces (le fil n'avait que 12 centièmes de millimètre de diamètre) et les 180 mètres de fil – de quoi aller de là où j'étais jusqu'au jardin du Luxembourg – furent passés à travers les trous de façon à former un losange plat. La partie du montant cylindrique s'étendant au-dessous du cadre de l'antenne, maintenue dans deux roulements en chêne, fut munie d'une couronne d'azimutage et d'une poignée pour pouvoir la tourner facilement. Vint ensuite le problème du transfert des ondes de cette antenne pivotante vers le redresseur Marconi. Comme je me l'étais dit à Stresa, il s'agissait d'un simple problème d'ingénierie. Je dus encore aller chercher des fournitures chez Pertuis : deux bagues collectrices en laiton du type de celles utilisées dans les appareils électrostatiques, et une paire de fins barreaux de graphite pour faire le contact avec elles. La base théorique de cette partie du travail était simple, mais la partie mécanique était exigeante. Il me fallut fabriquer deux petits boîtiers de mica pour loger les barreaux de graphite, avec à l'intérieur de minuscules ressorts pour appliquer une pression sur les bagues collectrices. Cette tâche, ainsi que le montage des supports de barreaux sur l'instrument et leur alignement précis, me prit plusieurs jours.

Je venais de commencer à connecter les fils conducteurs aux ressorts à l'intérieur des boîtiers en mica lorsque la concierge frappa à la porte. C'était la première fois qu'elle semblait se rappeler mon existence depuis la petite visite d'honneur de Theodor, quelques semaines auparavant. Sans me retourner, je lui criai d'entrer.

– *Pardon.* Une *dame* voudrait vous voir.

– Quel genre de *dame* ?

– Une étrangère.

– Moi aussi, je suis étranger. Rien de distinctif ?

– Bien habillée. *Enfin, c'est une dame.*

– Eh bien, faites donc monter cette calamité.

Elle disparut et Luisa apparut. Toujours aussi bien habillée, mais dans un style nouveau : jupe et veste en laine à la mode anglaise, avec une simple robe-chemisier et une cravate masculine. Elle s'était fait couper les cheveux. Ils se terminaient toutefois comme avant par une boucle souple retombant sur un côté, mais désormais ils lui arrivaient juste sous l'oreille. Elle était encore plus pâle que d'habitude et semblait avoir maigri.

– Je vous dérange ?

– Oui, mais entrez.

Son attitude était différente aussi, ni celle de la jeune dame à la mode de l'île Saint-Louis ni celle de l'enchanteresse sibylline de la chambre jaune. C'était une troisième Luisa. Lisse, froide, intelligente, polie et même un peu distante. Ce qui était à l'intérieur des vêtements leur correspondait exactement. Elle se mit à l'aise, retirant ses gants jaunes et déposant elle-même son parapluie dans l'ustensile *ad hoc* pour m'économiser ce geste.

Sa voix était contrôlée et plus basse qu'avant. Nous discutâmes amicalement pendant un quart d'heure tandis que je continuais à travailler.

– Cela fait si longtemps que nous ne nous sommes pas vus. (Environ une semaine.) Vous savez, je crains de m'être comportée de manière épouvantable à Stresa. Bien sûr, votre travail est important. C'était une sottise que de m'opposer à votre retour à Paris. Vous aviez tout à fait raison : au départ, c'était pour vous aider dans votre travail que je suis devenue votre amie, et non pour vous gêner. Et j'ai bien peur que, dans le feu de la discussion, j'aie dit des choses plutôt... désagréables à propos de votre caractère.

C'était généreux de sa part. Elle s'attendait sans doute à ce que je lui rende la pareille en revenant sur certaines choses que j'avais pu proférer à son sujet. Mais je n'avais pas l'impression que le fait de l'avoir traitée de cruche pouvait rivaliser avec sa remarque sur mes chaussettes. Cependant, tout cela était désormais derrière moi, derrière nous. Cette intimité faisait partie du passé, et peut-être était-ce pour le mieux car maintenant elle portait un costume anglais et déployait une personnalité nouvelle et plus intelligente. Je ne m'excusai pas, mais me retins de souffler sur les braises de nos incendies passés, me limitant à des banalités polies tout en continuant de brancher mes fils. Je posai même des questions convenues.

– Et votre tante ? Et votre mère ?

– Elles vont bien, merci.

– Et votre oncle de Pondichéry ?

– Tout le monde va bien.

Elle regarda autour d'elle, lissa ses cheveux et dit vivement :

– Puis-je vous faire du thé ?

– Je vous en prie.

– Eh bien non, réflexion faite, reprit-elle. Ces rôles sont si conventionnels. Vous pourrez peut-être me faire du thé plus tard, quand vous aurez fini de travailler. Puis-je vous demander ce que vous êtes en train de faire ? Je pourrais peut-être vous aider d'une manière ou d'une autre.

– Je viens de finir de souder les fils conducteurs sur ces ressorts, qui à leur tour entrent en contact avec ces deux barreaux de graphite qui, comme vous le voyez, glissent d'avant en arrière dans leurs supports.

– Des barreaux de graphite ?

– Oui.

Avec précaution, je fixai les boîtiers de maintien en mica devant les bagues collectrices.

– Pour que le redresseur Marconi reçoive des impulsions, il faut que les ondes lui parviennent du cadre de l'antenne – via le condensateur et la bobine – par ici. Ils ne peuvent pas être directement connectés, car ce cadre doit pouvoir pivoter. Je suis donc en train de monter ce système de barreaux de graphite et de bagues collectrices afin de capter les ondes depuis l'antenne pour les diriger vers le dispositif récepteur.

– Pourquoi le cadre de l'antenne doit-il pivoter ?

– Afin de déterminer la direction d'où proviennent les ondes hertziennes.

– Mais qu'est-ce qui émet ces ondes hertziennes ?

– Les nuages ! En s'entrechoquant et en frottant les uns contre les autres, les nuages produisent de l'électricité. Exactement comme les générateurs statiques que vous connaissez sans doute grâce à votre excellente instruction.

– Et pourquoi voulez-vous déterminer leur direction ?

– Primo, si on veut pouvoir étudier des phénomènes aérostatiques se produisant dans l'atmosphère, il faut d'abord savoir où ils se trouvent. Secundo, la construction d'un dispositif récepteur directionnel m'intéresse pour son utilisation éventuelle dans la prévision météorologique. Tertio, toute connaissance scientifique est une fin en soi.

Dans un mouvement fluide, elle se tourna vers le cadre de l'antenne puis l'examina attentivement. Malgré l'aspect évidemment inédit de mon invention, elle l'observait comme si c'était une chose qui n'avait rien d'intimidant pour elle et que son intellect était parfaitement capable de maîtriser.

– Et les ondes hertziennes frappent de quel côté ?

– De chaque côté.

Elle réfléchit, puis dit :

– Alors il me semble que l'appareil sera incapable de différencier les directions. Parce qu'une onde venant du nord, par exemple, produira sur l'antenne exactement le même effet qu'une onde venant du sud.

Brava, Luisa. Ce problème de réciprocité me préoccupait encore, même si j'envisageais un certain nombre de solutions. Luisa s'était approchée de l'objet, l'avait regardé, et sans même le toucher elle avait immédiatement perçu son principal écueil. Au lieu de trouver cette intuition féminine un peu agaçante, je choisis de l'admirer.

– Avec une seule observation, cela pourrait être un handicap. Toutefois, avec plusieurs observations depuis une plate-forme mobile, on pourrait établir un vecteur qui permettra de déterminer la source unilatérale de ces ondes.

– Ah… Parce que la déviation induite par le mouvement de la plate-forme elle-même serait unilatérale – vers la gauche, par exemple, si le mouvement était vers la droite –, et que cela serait incompatible avec une onde réciproque venant de l'arrière de l'observateur ?

– Exactement.

Tonnerre ! Il y avait là un intellect, en plus d'une intuition.

Mais elle ne montrait aucun signe d'autosatisfaction ; elle était toujours froide, sèche et détachée. Ayant perçu par clairvoyance le principal défaut de mon cadre d'antenne, elle s'autorisa à le toucher ; elle y posa légèrement ses doigts manucurés, prenant soin de ne pas plier les fils ni d'endommager la gomme-laque isolante.

– J'ai du mal à croire que les nuages émettent des ondes que l'on pourrait entendre avec un montage pareil.

– Avec un peu de patience, vous pourrez les entendre. J'espère avoir terminé dans une demi-heure. Et un orage se prépare du côté de Rambouillet.

– J'adorerais entendre ces ondes. Mais une demi-heure à ne rien faire, c'est long. Je dois bien pouvoir vous aider en quelque chose.

Elle était si vive et intelligente, si pragmatique dans sa robe-chemise en batiste, qu'à la fin je la laissai faire. Je lui expliquai le problème : il fallait adapter les extrémités des barreaux de graphite à la courbure des bagues collectrices, tâche pour laquelle trois, voire quatre mains seraient utiles.

– Les barreaux doivent être bien ajustés sur les bagues, sinon l'électricité des ondes sera perdue. Les barreaux sont plats à leurs extrémités et les bagues sont incurvées. Je vais enrouler du papier émeri fin autour des bagues – comme ceci – et le tiendrai du bout des doigts. Ensuite, pendant que je ferai tourner l'axe vertical du cadre d'antenne, vous devrez appuyer fermement les barreaux de graphite contre les bagues. La tension des ressorts n'est pas suffisante. Le papier émeri meulera les extrémités des barreaux à la forme exacte des bagues. Vous voyez ?

– Tout à fait.

Saisissant les barreaux de ses doigts effilés, elle les appuya vers l'intérieur. Une manche de sa robe-chemise tomba alors sur son poignet, et elle fit une tache noire sur la batiste quand elle la retroussa.

– Pourquoi cette substance salissante est-elle nécessaire ?

– Le graphite est autolubrifiant et constitue un excellent conducteur de l'électricité.

Elle examina brièvement ses doigts et reprit sa tâche. Je fis tourner l'axe d'une main en tenant le papier émeri de l'autre tandis qu'elle appuyait sur les barreaux. Le graphite était dur et le travail avançait lentement.

– Avez-vous remarqué que nous avons tous les deux de longs doigts ? Je ne supporte pas les gens qui ont les doigts courtauds. Il y a une femme qui vient quai d'Orléans, Lucienne de Porto-Riche de son vrai nom, mais moi je l'appelle Madame Gecko. Elle est vraiment impossible. Elle se précipite sur vous avec de petits sursauts de la tête, comme si elle avait une langue d'un mètre de long et voulait attraper des insectes.

Ne connaissant pas Madame Gecko, je n'ai pas fait de commentaire.

– Avez-vous déjà remarqué que chaque personne que vous rencontrez, si vous y regardez de plus près, ressemble à un animal ?

– À quel animal ?

– Justement, chaque personne ressemble à un animal différent : un chameau, un hérisson, une *chauve-souris*… En français, c'est un drôle de mot. Je le préfère en italien, c'est *pipistrello* et masculin.

Ce bavardage, ou cette démonstration en linguistique comparée, n'était pas vraiment nécessaire. Mais Luisa était si douce et efficace que je décidai de ne pas la contrarier. Rester silencieux face à un effort de conversation aussi élégant lui aurait fait penser que j'étais bougon.

– Et moi ?

– Un lynx.

Elle faillit sourire, se reprit et retrouva son expression grave et intense, la bouche un peu pincée par la concentration. Je m'examinai dans mon miroir mental : le front plutôt haut et les oreilles légèrement saillantes, les cheveux un peu hérissés sur les tempes, la moustache drue. Plus jeune et moins expérimenté, j'aurais peut-être rougi. Je décidai de ne pas lui dire à quel animal elle me faisait penser – elle n'aimerait sans doute pas la comparaison. Mais en quoi être comparé à un maraudeur sournois de la forêt était censé me plaire ? À ce stade, quelque peu impatient face à la tâche (ma main gauche, déjà fatiguée, était dans un angle inconfortable), je fis tourner l'axe plus rapidement. Juste à ce moment-là, elle bougea ses doigts pour raffermir sa prise sur le barreau de graphite, qui se brisa.

– Mais c'est fragile !

– Bien sûr.

– Vous ne me l'avez pas précisé.

– Je n'estimais pas nécessaire de vous faire un cours magistral sur les propriétés physiques des minéraux pour que vous puissiez m'aider dans une tâche aussi simple.

Elle serra les lèvres, mais ne me demanda pas si je comptais relancer le vieux débat. Au lieu de quoi, sans s'énerver, elle dit :

– Que faisons-nous maintenant ?

– Rien.

– Rien ?

– Pertuis est fermé. J'irai demain matin, à 10 heures, pour acheter un autre barreau de graphite. S'il lui en reste.

– C'est vous qui avez brusquement accéléré, vous savez.

Ah ah ! D'abord, je ne l'avais pas accusée d'une quelconque incompétence, même si cette possibilité planait peut-être dans l'air. Ensuite, elle était censée tenir fermement les barreaux, un dans chaque main, et même si j'avais fait tourner l'axe un peu plus vite, ce n'était pas une raison pour briser le graphite comme une branche de céleri.

– Je n'ai eu aucun mouvement brusque.

– C'est donc moi qui suis coupable d'avoir interrompu vos précieuses recherches scientifiques jusqu'à 10 heures demain parce que je suis une idiote qui ignore que le graphite est fragile.

– Je n'ai rien exprimé de tel.

– Mais vous ne niez pas non plus, n'est-ce pas ? Vous ne niez pas que, dans votre esprit, je suis une créature maladroite, bavarde, inconstante, frivole, illogique, superficielle, vaporeuse, complaisante, sentimentale et dépourvue de sens pratique, simplement à cause de mon sexe.

– Pourquoi devrais-je le nier ? Je n'ai jamais rien dit de tel.

Mais elle continua sur sa lancée sans m'écouter.

– Alors que vous appartenez bien sûr à la magnifique race des pentapodes, identiques au reste d'entre nous, à l'exception d'un certain accessoire dont vous êtes terriblement fiers alors qu'il ne sert pas à grand-chose dans ce monde, à ce que je sache.

C'était vraiment injuste. Et – comment dire ? – frivole, illogique et superficiel. J'aurais pu lui citer des preuves, mais cela n'aurait fait qu'attiser sa fureur. Même si, bizarrement, elle ne montrait aucun symptôme de rage. Elle était encore froide et réservée, la bouche serrée comme un petit étau souple. Elle n'ajouta pas un mot de plus : ceux qu'elle avait prononcés étaient assez éloquents. Seule une humidité frémissante qui semblait sur le point de tomber sur les cils mais ne s'écoulait jamais indiquait que quelque chose se passait à l'intérieur. Elle chercha autour d'elle un moyen de nettoyer ses doigts noircis. Il y avait un pichet et une bassine sur la commode de l'autre côté de la pièce, et même ce qui pouvait passer pour un pain de savon, mais les utiliser aurait été un geste trop domestique et un partage trop intime pour son abnégation cornélienne du moment. Elle frotta donc ses mains sur l'intérieur de sa veste et enfila ses gants. Puis, prenant son parapluie, elle sortit. Ni en fanfare ni en fureur, mais avec une dignité parfaite.

Qu'avais-je donc fait ? Je n'avais qu'énoncé des constats. Oui, le graphite est fragile, et Pertuis fermé jusqu'à 10 heures du matin. Je l'avais même laissée me traiter de lynx. Je n'étais pas responsable de ce qui se passait dans les tréfonds de son âme. Mais avec quelle clairvoyance elle avait saisi le problème de la réciprocité ! Si elle avait insisté pour que je lui dise franchement ce que je pensais d'elle – ici, à ce moment précis, dans son costume anglais et sa batiste –, j'aurais dit que je la trouvais admirable mais pas désirable. Sauf peut-être tout à la fin, lorsque les deux qualités s'étaient un peu équilibrées. N'était-ce pas ce qu'elle voulait ? J'étais blanc comme neige, songeai-je face à ma soirée gâchée.

C'est peu de temps après que commença une nouvelle époque, celle de sa carrière musicale.

Elle est fixée là, dans l'appareil photographique du rêve, derrière les rétines, et c'est souvent sous cette forme – penchée sur cette étrange harpe de chêne et de fil de cuivre, le regard fixé non pas sur moi mais sur l'invisibilité des courants électriques qui circulent dans ces minces filaments – que je la vois. Pour les affaires sérieuses de la vie (« Et ce serait quoi ? »), on a besoin de compagnons. J'ai beau avoir des prédilections pour l'une ou l'autre Luisa, il reste qu'elle m'est plus utile sous la forme de son frère. Une transformation dans laquelle son corps ne rayonne plus d'énergies dissipatrices et où ses yeux sombres, un temps exotiques et sibyllins, sont complices d'une façon plus masculine : observateurs, réfléchis, stoïques. Theodor se détourne de l'appareil posé sur la caisse à provisions et me regarde.

– Mais on ne peut pas dire si les ondes pourraient provenir de la réciprocité.

– Exact.

– Il n'empêche que si une déflexion pouvait être déterminée par l'intermédiaire de vecteurs…

– Pour cela, il faudrait que la plate-forme bouge. Et, pour le moment, nous sommes coincés au même endroit.

Les yeux à moitié dissimulés par le châle bédouin retournent vers le cadre d'antenne qui cherche lentement. Dans le silence, les barreaux de graphite grincent discrètement contre les bagues collectrices. L'antenne tourne d'abord dans un sens puis dans l'autre, hésite et s'oriente vers la gauche. Je sors le carnet et j'écris *« 1320 GMT. Perturbations le long du 95° est »* car, dans notre situation actuelle, où toutes les directions sont vers le sud, nous sommes obligés d'utiliser les méridiens de longitude.

– Pourtant, vous avez opté pour une approche unilatérale.

– Je risque une hypothèse, dis-je.

– Laquelle ?

– Que la tempête qui nous a amenés ici a laissé une zone de haute pression derrière elle. Et qu'un autre système cyclonique se forme à gauche, en Sibérie.

– Il y aura du vent, alors ?

– Peut-être. Peut-être pas. Pas beaucoup, en tout cas.

– Et s'il n'y en avait pas, major ?

– Alors… nous resterons ici.

Theodor et Waldemer échangent un regard. Waldemer est… sérieux. C'est le seul mot qui me vienne à l'esprit. Un petit pli s'est formé sur son front, exactement entre les deux sourcils. C'est la première fois qu'il perçoit que son optimisme – quant à l'expédition, la vie et le reste – n'est peut-être pas entièrement justifié. Que je ne pourrai peut-être pas l'aider à s'en sortir, contrairement à ce qu'il a toujours cru, envers et contre tout. Bref, qu'il pourrait être mortel lui aussi. Cela ne dure qu'un instant. Theodor, lui, n'affiche aucune expression.

– Que devons-nous faire ?

– Persuader le vent de souffler.

– Vous voulez dire qu'il faut prier ?

– Bah ! Il va falloir, par la force de notre volonté, le chasser de ses collines sibériennes. Ne lui accordez aucun repos, tirez-le de son sommeil léthargique.

Et, craignant de l'avoir un peu inquiété avec mes divagations nécromantiques, j'ajoute, sur un plan plus pratique :

– En attendant, nous pouvons réfléchir à la meilleure manière d'alléger le *Prinzess*.

Avec ce froid, l'hydrogène s'est contracté, le gréement s'affaisse, passif, et la nacelle repose sur la glace. Même si le vent venait maintenant, et rien n'est moins sûr, il nous serait impossible de nous élever. Dans le calme plat, le brouillard s'est un peu dissipé. Il ressemble à un drap laiteux suspendu à quelques centaines de mètres au-dessus de nos têtes. Si nous pouvions le traverser, le soleil réchaufferait l'enveloppe et lui redonnerait sa portance. Mais pour arriver là, il faut jeter quelque chose de très lourd. Nous pouvons commencer par le givre sur la nacelle.

Waldemer est prêt à s'attaquer au gréement gelé avec un maillet. Mais avant cela, il doit satisfaire un besoin naturel. Il descend de la nacelle, retire ses mitaines, déboutonne sa veste de chasse et s'efforce d'atteindre les ouvertures de son pantalon et du sous-vêtement fonctionnel en dessous. Un cylindre étonnamment robuste, comme une saucisse de petit déjeuner pennsylvanien, apparaît et émet un vigoureux jet doré.

– Faut faire vite. Ça peut geler, ce truc-là. Vous avez déjà eu des gelures de ce côté ? Ça n'est pas très joyeux, je peux vous le dire.

Theodor le regarde fixement, calmement, sans faire de commentaire. Lui-même n'a jamais été vu en train de se soulager. Par pudeur ou fierté. Peut-être préfère-t-il le faire lorsque Waldemer et moi dormons, ce qui implique un inconfort prolongé. Mais peu importe, chacun de nous a bien le droit d'être bizarre à sa manière, et Waldemer et moi ne sommes pas en reste. L'Américain, qui s'est rajusté, remonte. Saisissant résolument le maillet, il grimpe sur le haut de la nacelle et commence à taper sur l'écheveau de cordes gelées. Des éclats de glace qui ressemblent à des tubes de verre blanchâtres nous tombent sur la tête. Theodor et moi les rassemblons et les jetons par-dessus bord, puis il trouve dans le panier à provisions une casserole qui sera plus efficace. Je prends la hachette et dégage la nacelle elle-même de la glace qui la couvre, très soigneusement pour ne pas endommager la canne d'Espagne magnifiquement travaillée.

En une heure, nous avons à nous trois enlevé 30 ou 40 kilos de glace. Theodor, le plus léger d'entre nous, finit par grimper dans le gréement pour déloger la fine croûte de givre accrochée au ballon, sous le filet, tandis que Waldemer et moi descendons récupérer le campement miniature que nous avons installé à quelques mètres de la nacelle. Nous prenons le réchaud, la marmite, un bidon de pétrole, quelques cuillères et ustensiles, les perches en bambou, mais abandonnons la bâche, trop lourde.

– Ce type. C'est vraiment un tyran, vous savez.

Comme je ne réponds rien, il continue.

– Dès le début, j'ai été sceptique. Je me disais qu'il y avait mille autres personnes qui auraient mieux fait l'affaire que lui pour cette expédition. Je vous l'ai d'ailleurs dit très franchement, comme vous devez vous en souvenir. Mais…

Le visage neutre, je l'interromps en lui montrant l'enveloppe ronde, au-dessus de nos têtes. Dans l'air glacé, le moindre bruit porte. 10 mètres plus haut, Theodor, les bottes enfoncées dans le filet et s'y cramponnant d'une main, frappe régulièrement, patiemment, la croûte de givre. Des flocons blancs et cassants tombent. Et c'est cela, finalement, qui semble réveiller le vent. À chaque coup de maillet, une molécule d'air semble s'agiter, là-bas, vers le grand fauve russe endormi. Nous ne le sentons pas sur nos visages pratiquement gelés, mais dans le mouvement de la grande sphère molle suspendue dans l'air. Les haubans grincent très discrètement. Le vent ! Enfin pas tout à fait mais en tout cas un souffle, un zéphyr réticent et préliminaire qui, nous l'espérons, présage un vent plus fort. La direction n'est pas idéale pour nos objectifs, mais elle fera peut-être l'affaire ; nous voulons simplement plus de vent.

Theodor descend du filet et retombe avec légèreté dans la nacelle. Il semble fatigué mais ravi ; ses dents sont serrées, à cause du froid ou peut-être pour réfréner un sourire juvénile. Nous nous préparons en toute hâte à partir avant que le vent ne tombe. Les hommes de glace, qui ont repris place dans la nacelle pendant que nous levions le camp, sont jetés par-dessus bord ; ils habitent ici, cela ne les dérange pas. De toute façon ils ne dureraient pas longtemps dans le Monde des Villes. Theodor, plein d'énergie, descend avec une hache pour libérer l'ancre. Mais l'outil ricoche maladroitement sur la glace dure. Waldemer va pour l'aider.

– Aucune importance. Laissez l'ancre là où elle est, leur dis-je.

– Vous ne pensez pas que nous allons en avoir encore besoin ?

– C'est pour le poids.

Et de fait, même avec l'ancre et la hache abandonnées, les trois blocs jetés par-dessus bord, un sac de lest sacrifié, le *Prinzess* hésite encore à quitter les lieux. Il s'élève d'environ un demi-mètre, dérive lentement en direction de la terre François-Joseph, et cogne de nouveau sur la glace. Je m'accroche au côté de la nacelle, tends la jambe et pousse. Il est surprenant que cette immense machine qui s'étend au-dessus de nos têtes, haute comme un clocher d'église, puisse être ainsi déplacée d'un petit coup de pied. Pourtant, très lentement, avec une sorte de grâce mécanique, le *Prinzess* s'élève. Mais très peu, comme si quelque chose le poussait vers le bas. Bientôt, il se pose de nouveau.

– Un autre sac de lest ?

– Pas encore. Qu'avons-nous de superflu ?

Je suis favorable à la suppression des pigeons qui, avec leur caisse en osier, doivent peser 8 ou 10 kilos, et mes compagnons acquiescent. Nous gardons les deux carabines. Les dernières bières de la Prinzessin Brauerei passent par-dessus bord dans leur panier, ainsi que le matériel photographique. Je pensais que Waldemer s'y opposerait mais, de toute évidence, la discussion franche sur notre situation difficile a fait son effet. Le petit sillon creuse encore son front, il ne dit rien. Enfin la pelle, les planches du fond de la nacelle, un bidon de pétrole et un roman de Barbey d'Aurevilly que Theodor a emporté sont débarqués. Cela semble faire l'affaire : le *Prinzess*, bien que toujours à contrecœur, grimpe vers le plafond bas de nuages blanchâtres. Mes estimations : vélocité horizontale 4 nœuds, montée de 10 mètres par minute. Bientôt nous ne distinguons plus, de notre point mathématique tant recherché et finalement atteint, qu'une petite diagonale dans la glace. Le manche de la hache abandonnée.

Waldemer a retrouvé le moral.

– Bon sang, dire que je voulais apporter un drapeau. La hache fera l'affaire. Une petite surprise pour les prochains types qui arriveront ici !

Theodor a de nouveau noué l'écharpe sous son menton et la presse à deux mains contre ses oreilles.

– Ce sera probablement Peary et ses Esquimaux. Imaginez leur déception. C'est quoi, ça ? Ah, une hache fabriquée dans le Connecticut. Quelqu'un est passé avant nous, les gars.

– Vous oubliez une chose : d'après de Long, la banquise dérive à la vitesse de 50 mètres par heure, soit 1 200 mètres par jour. De sorte que, dans un an, la hache sera à 438 kilomètres d'ici.

– Ça alors, major ! Vous et vos paradoxes !

Cette bonne humeur potache a le mérite de nous réchauffer un peu. Mais j'ai noté dans la plaisanterie de Theodor un sous-entendu qui a échappé à Waldemer : en sous-texte, sa certitude que le pigeon que nous avons envoyé du Pôle est mort, mais aussi que ceux du Monde des Villes n'apprendront jamais ce que nous avons fait. Je le pense aussi mais ne dis rien. Seul Waldemer croit encore à l'heureuse issue que nous avons si allègrement prédite à nous-mêmes et aux autres. À moins qu'au tréfonds de lui le doute se soit déjà immiscé. Peut-être Theodor est-il conscient que j'ai remarqué ce qu'il a dit, peut-être pas. Je me tais et les laisse discuter tous les deux.

Avant que le manche de la hache ne disparaisse définitivement, nous installons le théodolite et effectuons un relevé pour établir notre cap. Nous courons beaucoup plus à l'est que je ne l'aurais espéré. Oui, à l'est, je peux le dire à présent que nous ne sommes plus au Pôle, et donc de retour dans le monde des directions. Ce vent ne nous amènera jamais au Spitzberg. Qu'à cela ne tienne, il existe nombre d'îles disséminées le long du 80e parallèle entre le Groenland et la Sibérie. Le vent tient, nous montons toujours, et maintenant nous sommes même dans le banc de nuages. Il est mince et nous avons vite fait de le traverser. Le soleil ! Il est un peu derrière nous et à droite, rose pâle comme un melon, ondulant légèrement sur les bords à sa manière arctique ; il émet une légère chaleur, à peine perceptible, que nous sentons à travers nos vêtements mais pas sur nos visages gelés. Le *Prinzess* la capte aussi ; au bout d'une demi-heure, le gaz s'est suffisamment dilaté pour que nous soyons à 800 mètres. Un peu trop haut, même. J'espère que nous n'aurons pas besoin de recourir à la soupape de manœuvre. L'hydrogène fuit constamment, en quantités minuscules, par les coutures et les points de suture, et aussi à travers le fin tissu caoutchouté de la soie elle-même. Ce qui nous reste est précieux.

Notre cap actuel nous mènerait quelque part près de la terre François-Joseph, mais nous ne pouvons pas escompter que le vent tienne dans cette direction. Le système cyclonique qui l'aspire vers le continent l'infléchira progressivement vers la gauche, nous entraînant dans cette brèche inhospitalière du 80e parallèle où il n'y a pas d'îles. Et je ne m'attends pas à ce que nous puissions aller jusqu'en Sibérie, vu que le *Prinzess* est plus flasque de jour en jour, à mesure que son gaz s'échappe.

Le parcours théorique comprend d'abord le Spitzberg, puis vers la gauche en longeant la terre François-Joseph, qui lui est parallèle, ensuite un long espace sans rien dedans, puis les îles de l'archipel sibérien.

– Le Spitzberg n'est qu'un peu à droite. Si nous mettons les voiles pour naviguer face au vent…

– Il faudrait descendre suffisamment bas pour que les guide-ropes traînent sur le sol. Et pour y arriver…

– … il faudrait lâcher du gaz.

Theodor, que le soleil blême a dû réchauffer un peu, ne se couvre plus les oreilles avec les mains. Sans doute exalté par son élimination exemplaire du givre, il est de bonne humeur et ses yeux sombres sont attentifs et intéressés par tout. Tel un oiseau vif et confiant, fragile à certains égards et fort à d'autres, il ne semble pas mécontent de regarder le monde depuis la cage de la nacelle. Waldemer est en train de nettoyer sa grosse carabine Martini ; il a tiré la culasse et l'oint à présent d'huile de baleine, qui ne durcit pas à basse température. Theodor profite de l'occasion pour se rapprocher de moi et faire une chose étrange : tout en observant ou en feignant d'observer le soleil ou l'horizon inexistant, il effleure mon coude matelassé avec le sien, et je sens ma main prise dans un contact doux, mais ferme et enveloppant. Cela ne dure que quelques secondes et reste assez formel, l'interdigitation étant impossible à cause des mitaines. Quand je le regarde, il me scrute avec un sourire placide qui a quelque chose de – comment dire ? – rassurant, d'encourageant.

Je me permets moi aussi de lui sourire. Et silencieusement, je forme une prière sur mes lèvres : « *Va-t'en. Tu es fou.* »

Waldemer ne s'aperçoit de rien. Et en effet, pourquoi devrait-il remarquer quoi que ce soit quand moi-même, depuis tant de mois, je n'ai rien remarqué ? Ce visage couvert de sa casquette militaire, émergeant de cette capote, évoque un dahlia blanc dans la bouche d'un fusil et présente un contraste assez étrange pour que personne ne trouve à redire au comportement qui va avec. Vêtu autrement, il y a quelque chose de ferme et résolu dans le visage, viril malgré la douce pâleur du menton. Mais l'uniforme rend impossible à ignorer la délicatesse même du modelé, la grâce du marbre antique. Un hermaphrodite cyprien. Même lors de sa deuxième visite rue de Rennes – il était venu pour bavarder, et sa visite n'aurait pu être plus différente que celle de sa sévère mise en garde de l'automne précédent –, j'avais été frappé moins par son jeune âge que par sa maîtrise de cette jeunesse, le contrôle constant exercé sur ce qui, pour d'autres de son âge, n'aurait été que des gestes parfaitement spontanés. La deuxième fois, il avait juste toqué et était entré sans se faire annoncer. Peut-être parce qu'il préférait me rendre visite de manière informelle et sans façon, ou parce que la concierge m'avait jugé irrécupérable et ne voulait plus avoir affaire à moi. Je venais juste de terminer mon travail et me sentais plus sociable que jamais.

– Pourquoi ne retirez-vous pas votre casquette ? avais-je demandé.

– Nous n'avons pas le droit de le faire. C'est dans le règlement de l'école.

– Et pourquoi n'êtes-vous pas à l'école aujourd'hui ?

– C'est les vacances. Je suis à la maison pour quelques jours.

– Et d'ailleurs, où se trouve exactement cette célèbre école ?

– Oh. Là-bas. Quelque part au-delà du Rhin.

Je ne pus en apprendre davantage sur sa mystérieuse éducation prussienne. Il me questionna sur mes recherches – de sa voix un peu haut perchée mais maîtrisée – et je lui montrai le cadre de l'antenne directionnelle, qui était alors terminée et m'avait déjà permis de détecter le parcours de plusieurs perturbations hivernales se déplaçant sur l'Île-de-France. Je ne sais pas ce qu'on lui enseignait par ailleurs dans sa *Militärische Hochschule*, mais il avait une connaissance solide, même si modeste, de la théorie électrique. Je déduisis d'une allusion qu'il avait faite qu'il avait étudié Vogelweide, auteur d'un manuel excellent, du moins pour une introduction au sujet.

– Et qu'en est-il du problème de la réciprocité du système d'antennes ? L'avez-vous déjà résolu ?

Je lui montrai un graphique que j'avais dessiné la veille pour une perturbation venant de Pontoise et se dirigeant sur Versailles.

– Le vent venant du nord, ici à Paris, je suppose qu'il en serait quasiment de même quelques kilomètres plus loin. Étant donné que les positions relevées se déplacent dans le sens des aiguilles d'une montre, comme vous pouvez le voir sur le graphique, la perturbation se trouvait forcément à l'ouest.

Les yeux vigilants enregistraient le tout avec une apparente facilité.

– Dans des observations effectuées depuis une plate-forme mobile, bien sûr…

– Sur une plate-forme mobile, le problème serait différent. Le déplacement du centre géométrique…

Et ainsi de suite. Jusqu'à ce que je réalise, au bout d'une demi-heure, que nous nous entendions à merveille. Je fis ce que je fais rarement pour les visiteurs, je connectai l'appareil de Marconi et lui permis d'écouter le crépitement lointain d'une perturbation quelque part au-dessus du Morvan. De lui-même, s'emparant des séparateurs et des règles parallèles, il en calcula la position sur une carte de France à grande échelle que je gardais étalée sur la table.

Il finit par être 17 heures.

– Je prends habituellement une tasse de thé à cette heure-là. Voulez-vous...

– Je veux bien. Merci.

Il ne me proposa pas son aide ; peut-être n'étions-nous pas encore assez intimes. Il m'observa préparer le thé, affalé dans le fauteuil, les genoux ouverts. Je tirai des biscuits anglais d'une vieille boîte en fer blanc et nous restâmes pendant une heure environ à parler de diverses choses, dont Luisa. Il ne me menaçait plus d'un duel au pistolet et ne me reprochait plus d'avoir été affectueux entre les portes.

– Vous savez qu'elle étudie le chant maintenant ?

– Non, je l'ignorais.

– Bien sûr, elle a suivi des cours de chant enfant. Mais maintenant, c'est sérieux. Elle travaille sa voix plusieurs heures par jour et prend des cours chez un excellent professeur à Passy. Elle a une tessiture de trois octaves. C'est difficile, à son âge, de se remettre au chant. Si elle avait des ambitions professionnelles, elle aurait dû continuer dans cette voie et non l'abandonner.

– Elle a donc des ambitions professionnelles ?

– Je l'imagine.

– Pensez-vous qu'elle a du talent ?

– Elle a sans aucun doute du talent. Mais pour quoi ?

Il m'adressa un petit sourire, non pas pour plaisanter mais pour indiquer que le sujet était à la fois sérieux et léger.

– C'est, je pense, ce qu'elle veut découvrir. Elle est déterminée à être quelqu'un et pas seulement un ornement. À faire quelque chose de son existence. Et puis, voyez-vous, ajouta-t-il doucement, tout cela est en rapport avec vous.

– Avec moi ?

Franchement, je fus surpris, ou du moins je dus faire semblant de l'être. Après l'incident du barreau de graphite cassé, j'avais imaginé – pour la deuxième fois, après Stresa – qu'elle m'avait totalement banni de sa vie et de ses pensées et que nos relations avaient pris fin.

– Oui. Vous ne vous en rendez peut-être pas compte, mais vous avez eu une grande influence sur elle. Vous l'avez incitée à vouloir faire quelque chose d'elle-même, à s'améliorer. Et, voyez-vous, dans le domaine de la science, même si elle s'y intéresse beaucoup et ne manque pas, j'en suis sûr, d'une certaine facilité de compréhension, elle est obligée de vous laisser la position dominante, elle ne peut espérer rivaliser avec vous.

Tout cela était plutôt rigide et formel ; il fronçait les sourcils et soutenait mon regard pendant ce discours.

– Ce n'est que récemment, je pense, qu'elle l'a compris. C'est pourquoi elle s'est désormais tournée vers la musique, domaine dans lequel elle possède un certain talent, du moins c'est ce qu'elle croit. Et un talent que vous ne partagez pas, si je ne me trompe.

– Vous ne vous trompez pas. Je ne connais rien à la musique et j'ai une oreille en fer blanc massif.

– Si c'est une question de détermination, elle réussira. C'est une personne remarquable, ne trouvez-vous pas ?

Cette conversation commençait à m'apparaître sous un autre jour. Était-il venu en émissaire ? De la tante… ou de Luisa ?

– Vous semblez très bien connaître ses désirs et ses projets.

– Nous sommes très proches à certains égards. À d'autres, très différents.

– Et que pense la tante de tout ça ?

– Ah, *ma tante*. Elle est favorable à ce que chacun ou chacune s'épanouisse de la manière qui lui convient le mieux, quelles que soient les conventions de la société.

– Moi non plus, je ne m'intéresse guère aux conventions de la société. Le problème, bien sûr, c'est qu'il est parfois difficile de dire ce pour quoi une personne a des dispositions avant qu'il ou elle ait essayé beaucoup de choses.

– Exactement.

Il se leva pour partir, assez brusquement, mais toujours courtois.

– À propos, pourquoi ne vous voit-on plus quai d'Orléans ?

J'aurais pu lui dire que je ne l'y avais jamais vu de ma vie et que je pouvais à peine croire qu'il y soit jamais allé. Au lieu de quoi je n'entrai pas dans le vif de la bizarrerie de sa vie (à vrai dire, je commençais à me demander s'il fréquentait vraiment une *Militärische Hochschule*) et lui fis simplement remarquer que j'avais été très occupé.

– Nous sommes à la maison tous les après-midi pour les amis. (Je le savais, bien sûr.) *Ma tante* a demandé de vos nouvelles. Et Luisa aussi.

Il sourit, me serra brièvement la main et partit. Il était 18 heures et j'étais déstabilisé, avec le sentiment que m'attendait une soirée bien vide, après cette visite. Le fait est que cette allusion au quai d'Orléans m'avait rendu ennuyeuse ma vie dans cette pièce, parmi des bobines de fil et des feuilles couvertes de gribouillages. Tonnerre ! Et qu'avait demandé *ma tante* à mon sujet ? Si elle voulait savoir quoi que ce soit sur moi, elle pouvait le demander à Luisa.

18 juillet 1897

Une brume blanche et givrante occupe chaque recoin et chaque crevasse de cette atmosphère dans laquelle le soleil ne pénètre que faiblement. Ce phénomène s'étend très haut dans les airs, et il est impossible de nous élever assez pour passer au-delà. Dans ces circonstances, notre altitude est tout ce que nous pouvons défendre, et ce n'est pas grand-chose. Bien que la banquise soit invisible, la courbure des guideropes nous indique qu'ils frottent sur la glace. Le Télégraphe des Esprits signale encore des perturbations au sud-est, et c'est cette poche d'air raréfié qui nous aspire et nous ramène, certes lentement, vers le Monde des Villes. Aucune visibilité pendant quarante-huit heures. Nous n'avons qu'une idée approximative de l'endroit où nous sommes. Le *Prinzess* est à nouveau plombé par le givre. Partout où la brume blanche le touche s'accumule une sorte de sucre fin qui durcit et se change en glace. Et pour chaque particule de cette substance qui se forme, une particule équivalente doit être éjectée de la nacelle. Tout le lest a disparu depuis longtemps. Hier, nous avons dû jeter une marmite et un bidon de pétrole vide, des vêtements de rechange, nos livres restants, une de nos deux paires de jumelles, la caisse à provisions vidée de son contenu et la carabine Martini – la plus lourde. Et pourtant, nous continuons inexorablement de descendre, comme je le vérifie par les relevés périodiques de l'altimètre. Waldemer saisit le gréement en chanvre, le secoue, et quelques morceaux de croûte blanche nous tombent sur la tête. Un demi-kilo peut-être. Mais rassembler minutieusement ces fragments dans ses mains emmitouflées et les jeter dans l'abîme de blancheur le console. En outre, cet exercice le réchauffe.

Je décide d'essayer de dormir un peu, mais cette blancheur dans laquelle nous sommes suspendus se glisse même au travers des paupières fermées. Je ressens confusément l'immense hostilité, éclatante, froide et figée d'un univers déterminé à nous anéantir non par des coups mais par le silence absolu de sa colère. Enfoui dans le sac de couchage, la capuche rabattue sur la tête, j'arrive à créer une manière d'obscurité. J'ai raisonnablement chaud et finis par somnoler, même si je doute qu'un véritable sommeil soit possible dans ces conditions. Dans le silence, j'entends mes compagnons remuer dans la nacelle et, parfois, un crépitement ou un grognement lointain venant de la glace.

– Oh, j'ai trouvé un sac de haricots blancs ! J'avais oublié que nous les avions emportés. Ils vont bouillir à merveille avec un peu de lard.

– Ça va prendre beaucoup de combustible.

– Exact ! Il faut pas mal de pétrole et aussi de l'eau pour faire bouillir des haricots. Et il faut des haricots, aussi. C'est ça, ou nous n'allons pas tarder à les jeter par-dessus bord.

À 10 mètres sous la nacelle, j'entends le menu déclic du briquet. Waldemer tente d'allumer le réchaud ; il n'y arrive pas, le brûleur est probablement obstrué par le givre. Ici, dans la pénombre, sous la capuche, le corps calé contre la courbe de la nacelle, je sens l'imperceptible plongée du *Prinzess*. Quelque chose dans le sang qui circule en moi est conscient, avec une grande précision, de chaque centimètre que nous perdons dans notre lente descente, comme si une règle ou une échelle graduée, silencieuse et indolore, me traversait le corps. Pas de doute, j'ai une sorte d'altimètre dans mon système veineux. Des voix parlent encore des haricots. *Clic, clic !* Enfer et damnation ! Waldemer se demande s'il doit prendre le risque de remonter le réchaud pour essayer de l'allumer dans la nacelle. S'il le fait, il nous fera sûrement tous sauter, mais pour une raison quelconque, je n'arrive pas à prendre ce danger au sérieux.

En allumant le réchaud par je ne sais quelle technique (peut-être me suis-je assoupi quelques instants), mes compagnons se mettent à débattre de l'éthique macabre du largage. En effet, quand nous aurons tout jeté hors de la nacelle, que restera-t-il à jeter sinon nous-mêmes ? On tirera à la courte paille, ha ha ! Eh bien non, pas question ! C'est une plaisanterie éculée, comme les loups qui poursuivent le traîneau nuptial russe ou le canot de sauvetage à court d'eau. Qui est l'Individu le moins utile à l'Humanité ? Longue discussion à ce sujet, dans une veine plaisante, durant laquelle je m'endors plusieurs fois.

Quand je reprends conscience, ils ont décidé qu'il serait préférable que chacun de nous se coupe une partie d'un membre afin que nous puissions retourner à la civilisation comme trois hommes unijambistes plutôt que comme deux hommes entiers, mais écrasés par la culpabilité de ce qu'ils ont fait à leur compagnon. Les haricots bouillonnent maintenant ; ou peut-être que ce murmure lointain est la glace qui grince des dents. Et la règle graduée dans mon sang me dit que nous sommes bas, toujours plus bas.

Je retourne à ce jour où je parviens, en me penchant légèrement et en l'encourageant à pivoter pour neutraliser le mouvement, à tendre la main jusqu'à la cheville, mécanisme complexe et soyeux de convexités si souple qu'il semble en quelque sorte autonome – ou veux-je dire anatonome ? Au-dessus de cette merveille, le cylindre de soie s'affine jusqu'à son point le plus étroit, puis s'arrondit gracieusement. J'arrive à une deuxième articulation aussi fonctionnelle et esthétique que la cheville. *« Attendez un moment, du calme ! »* disait Alvarez. Il n'est pas nécessaire de précipiter les choses. L'ascension peut bien attendre le moment où le vent sera juste comme il faut. Mais entre-temps, il est bon de vérifier le dispositif, particulièrement la manière dont ces deux tendons si ingénieusement conçus grimpent, grâce au mécanisme articulaire, jusque dans des régions encore inexplorées. En attendant de monter plus haut, ils forment une douce cavité où l'on peut rester bien au chaud, le creux poplité. Et ça, c'est la veine joculaire, qui court le long du fémur. Vous pouvez y sentir le pouls, qui bat plus vite quand le sang s'active dans le cœur – un raccourci pratique pour désigner le centre de la sensation.

Je quitte malgré moi ce havre. C'est peut-être imprudent, car où trouverai-je une concavité plus lisse, plus ronde et plus plaisante ? Ah, quel dommage que notre objectif se situe plus au nord. L'inconnu m'appelle. *Coupez ! Coupez tout !* Nous grimpons. Ce voyage n'est possible que par des conditions atmosphériques optimales. Mais un temps aussi idyllique ne pouvait pas durer, la chance a duré trop longtemps, et voilà que la douceur soyeuse prend fin ; au 80e parallèle, nous atteignons une zone élastique, tavelée de rides de pression. Alors nous descendons un peu, traversons la zone et remontons une courbe douce de l'autre côté. Le terrain blanc, à mesure que nous nous y aventurons, montre son mépris à notre égard avec une immobilité glaciale.

Au nord de la frontière, ô surprise, la soie s'arrête, mais la gaieté de cette découverte n'est que temporaire. Car si le taffetas et un jupon de mousseline ne suffisaient pas, il faut désormais compter avec les dessous ! Du lin cannelé, enrubanné, serré à la cuisse et ingénieux comme la citadelle de Carcassonne ; qui pourrait résister même à un siège prolongé. *Ô tempora, ô xixe siècle*, dire que le but semblait à portée de main ! Avec de tels obstacles il ne faut rien forcer, mais plutôt les envisager furtivement, de manière oblique. Une bizarrerie de cette progression est que mon épaule repose maintenant là où ma main était autrefois si ravie d'être, et mon coude dans la concavité du genou. En raisonnant ainsi il est facile de comprendre à quel point ma main est désormais proche des félicités du Jardin élyséen. Mais une fois sous le tissu, elle s'élance trop précipitamment et, passant devant le beau ravin où la jambe se joint au torse, elle se retrouve, confuse, sur un tertre herbu. Peu importe, car il suffit de rebrousser chemin en descendant la pente de cet agréable vallon où... Par l'enfer, qu'est-ce là ? Que fait cette obscène colonne Vendôme là où la main s'attend à une concavité ? Encore une plaisanterie du Malin ! N'y a-t-il plus de respect pour rien ? Pouah ! Horreur ! Et cette stupide paire de pruneaux flétris qui pend dessous... Hors d'ici, et le plus vite possible !

– Vous êtes tellement suffisants à ce sujet. Oui, tous. Vous me faites penser à des petits garçons avec leur joujou. Comme s'il avait la moindre utilité. Est-ce qu'il peut améliorer le sort de l'Humanité ou découvrir des vérités profondes ?

Qui était en colère, ici ? Je croyais l'être, jusqu'au moment où elle se figea dans sa blancheur, les petits plis habituels se formant aux coins de sa bouche, les yeux encore plus sombres que de coutume dans son visage blême. C'était pourtant elle qui avait acheté, pour dix francs sans doute, cette plaisanterie en caoutchouc dans quelque vulgaire bazar. Elle se fit impérieuse (dans pareille humeur, elle était superbe), tapa du pied, donna des ordres, mais noblement, sans la moindre trace d'irritation.

– Pentapode ! Croise mon regard, ne te détourne pas ! Les fugaces millénaires de votre domination, je les ignore ! M'entends-tu ? Je réside dans les éons, je n'ai rien oublié. Ma force vient de la Terre ; la tienne n'est que paroles. Sais-tu qui je suis ?

– Je pense que oui.

– Tu te trompes. J'antidate les poètes arithmétiques et grinçants. Je nie les cités. La Terre est ronde et nous enferme, nous vivons en son cœur et non dessus. Tu l'as oublié, mais pas moi.

– C'est votre drôle de tante qui vous a inculqué tout cela, je suppose.

– Il n'y a pas de tante ! Je suis elle ! Il n'y en a qu'une ! Et je te propose un défi : te débarrasser de ta chemise empesée et de ton électricité, de ta *Stetigkeit und irrationale Zahlen*… Tu n'y arrives pas, n'est-ce pas ? Tu as peur !

Une touche de mépris apparut sur son visage.

– Il existe d'autres magnétismes, plus anciens. Tu en connais l'existence mais tu feins de l'avoir oublié. Aux échecs, d'une partie à l'autre, les joueurs changent de camp, des Noirs aux Blancs. Chiche ?

– Si l'on considère cela comme un jeu et rien de plus, pourquoi pas ?

– Ah ! Et tous tes fils de cuivre, tes aérostats, tes honneurs, tes sociétés savantes, ne sont-ils qu'un jeu ? Je te défie ! C'est vous, les pentapodes, qui êtes censés avoir le courage !

Dans son blanc mépris, elle était magnifique : tyrannique, autoritaire, le visage vibrant légèrement comme celui de la tante. Elle était impitoyable :

– Joueurs, changez de camp ! Je te condamne à la tétrapodicité !

Avec une force surprenante, elle me poussa dans son armoire-penderie ouverte. Je perdis l'équilibre et faillis tomber. Dans ces nuages de taffetas, de lin, de satin, de laine, de brocart, de mousseline, de soie, de velours, de dentelle, de batiste, de popeline, d'alpaga, de gaze, j'étouffais presque. Mais quel luxe étrange que de se plonger dans cette masse parfumée et pastel, tiède comme un bain ! Les tubes de serge noire qui enserraient mes jambes avaient comme par magie disparu : par une adroite prestidigitation de sa part, ou seulement par le frottement généré par ma chute dans ce lieu de mollesse ? Plus au toucher qu'avec la vue, aveuglé que j'étais par ces volants et rubans qui me pressaient de toutes parts, je repérai des dessous particulièrement élégants et les enfilai. Je m'attendais à quelques difficultés, mais ils s'adaptèrent parfaitement à mon anatomie, recouvrant la région de ma bifurcation sans une aspérité. La malédiction avait porté : je n'avais déjà plus que quatre membres. Le dispositif en fanons de baleine et en lin rigide que je dus mettre ensuite me pinçait la taille avec rigueur, mais pas de manière désagréable. Quant aux serpents de soie qui s'enroulèrent autour de mes jambes, c'était une sensation inédite et un vrai raffinement après les grossiers cylindres noirs qui les couvraient auparavant. Une robe en satin de style Empire plutôt sévère et une paire de mules à talons achevèrent la transformation.

– Alors ?

– Alors quoi ?

– Vous sortez ? Ou vous comptez rester caché là-dedans toute la journée ?

– Vous savez bien que nous prenons toujours notre temps pour ces choses-là. Notre retard est une tradition.

– Une tradition stupide.

C'est à peine si elle me regarda, et d'ailleurs mon apparence n'avait rien de remarquable. Je brossai mes cheveux ébouriffés de haut en bas, vers mes épaules nues, dans un geste que je connaissais si bien pour l'avoir observé chez elle que je l'exécutai presque machinalement. Pour autant que je puisse m'en rendre compte sans me palper, rien qu'à partir de la sensation, mon impériale – la modeste touffe que je cultivais sous ma lèvre inférieure – semblait avoir suivi le même chemin que mon cinquième membre, de même que ma courte moustache aux pointes raides. En me tournant d'un mouvement vif, je sentis le satin accrocher légèrement sur la partie inférieure de ma personne. Sur le devant, l'étoffe était rassemblée en une sorte de nœud ou de protubérance retombant en plis, et bien que cet artifice soit discret, sa présence m'était constamment rappelée par son contact ainsi que par la légère pression que cela exerçait sur ma propre saillie (que ce rembourrage, dans sa fade hypocrisie, prétendait cacher, mais sur laquelle il ne parvenait qu'à attirer l'attention, la mienne comme celle du spectateur). J'admirai la minceur de mes doigts, l'élégance de mes pieds gainés de soie dans les chaussons. Je me sentais suave, lisse et sans entraves. Le corset faisait remonter les parties les plus molles de mon torse et les pressait l'une contre l'autre en deux renflements de forme caractéristique, et protégeait les parties les plus sensibles du contact avec mes autres vêtements – encore une sensation bizarre.

– Et si nous prenions quelque chose ? Un thé ?

– Pourquoi pas ?

Elle tira sur le cordon de la sonnette, et je la regardai. Pantalon moulant bien coupé, veste de smoking, cravate de style byronien ; des chaussures vernies à élastiques complétaient cette mascarade. Portant les mains à ses cheveux, elle repoussa leur masse en arrière. Puis elle forma comme une couronne, qu'elle épingla en une sorte de turban qui s'accordait parfaitement avec ses yeux sombres et la blancheur de papier de son visage. Elle ressemblait à un prince persan, fragile et blasé, qui visite Paris et en adopte négligemment la mode. Quant aux vêtements qu'elle avait retirés, elle avait dû les glisser sous la penderie d'un coup de pied. Du moins les avait-elle soustraits à la vue. On frappa discrètement à la porte.

– *Entrez.*

C'était le valet de pied breton, court sur pattes, basané et maussade, le service à thé sur un plateau et la serviette sur l'épaule. Il posa le plateau sur le guéridon dans un coin de la pièce.

– Vous pouvez nous servir, Yves. Deux sucres pour moi et seulement une tranche de citron pour Madame. Puis laissez-nous seuls.

La brute ne dit rien et aucune expression ne se forma sur son visage : comme les autres bovins, il en était probablement incapable. Il versa le thé avec un minimum de maladresse, laissant tomber dans ma tasse un pépin de citron qu'il faillit cueillir avec ses doigts – il se retint de justesse. Puis il s'éclipsa. Je compris alors que la cérémonie de la sonnette et du thé avait pour seul but qu'Yves soit témoin de notre petite mascarade. Et pourquoi pas ? Il était probablement habitué à ce genre de choses.

Je bus mon thé puis, poussé par une prescience toute féminine, retournai à la penderie pour en examiner le contenu. C'était une vaste structure en acajou ciré, presque une pièce à elle seule, qui devait contenir 300 vêtements. Tout au bout, à un endroit logique, se trouvaient le manteau militaire allemand à boutons métalliques, et la casquette accrochée juste à côté. L'étiquette à l'intérieur de la casquette était authentique : *Lindevarius Hutmacher, Wiesbaden.* Il y avait aussi plusieurs pantalons, sans compter celui porté par le prince persan. Il flottait même une odeur de tabac dans ce coin du meuble. Je revins m'asseoir à la petite table ronde.

– Et si vous m'aviez provoqué en duel ? J'aurais pu vous tuer, sacrebleu !

– J'ai pris des leçons de tir au pistolet. Ce n'est pas très difficile.

Je me tournai vers la fenêtre. L'heure du thé était passée ; le prince persan se leva impulsivement, contourna le guéridon, vint se placer derrière moi et enserra ma poitrine de ses bras de velours.

– *Tu es charmante, ce soir.*

Cela fut naturellement prononcé par une voix de ténor léger, quoique légèrement restreinte en timbre.

Plus encore qu'avant, elle était charmante et ingénieuse, polyvalente, protéiforme, et m'entraînait à sa suite comme un feu follet moqueur et – à Paris, en tout cas – *insaisissable* ; je préfère le mot français à notre *svårfångad*, car ses consonnes sifflantes suggèrent quelque chose de sinueux et souple qui échappe à la prise. J'étais occupé aux préparatifs de l'expédition polaire tant attendue qui devait avoir lieu l'été suivant ; dans quelques semaines, je me rendrais à New York pour discuter des détails pratiques avec Waldemer. Entre-temps, je me défendais avec une certaine adresse virile : par exemple en refusant de la voir pendant la journée. Je réussissais même à travailler un peu. Mais après 18 heures, comme aimanté, je me rendais quai d'Orléans. Je n'étais plus un fiancé (et ne l'avais en fait jamais été, puisque c'était réservé à La Péninsule) mais une sorte d'ami de la famille, à qui personne dans la famille n'avait grand-chose à dire, excepté Luisa. Et elle pas grand-chose non plus, en fait, car elle était très occupée. Les leçons de chant à Passy se poursuivaient, chaque matin de 9 à 11 heures. Et elle devait certainement apprendre le suédois, car l'une des règles de ce jeu dément dans lequel elle m'avait piégé était qu'il lui fallait maîtriser – ou tenter de maîtriser – tout ce que je savais. Tandis qu'il y avait des choses (par essence féminines) qu'elle savait et que je n'étais pas autorisé à savoir, ou auxquelles je n'avais accès que par paliers minuscules.

Ses tentatives pour tester son suédois sur moi ou me faire communiquer avec elle dans cette langue (car je ne lui répondais jamais en suédois) étaient tout à fait curieuses. Il s'agissait de remarques assez dénuées de sens qui auraient pu passer pour celles d'une folle. Elles n'étaient pas le moins du monde véhémentes, mais semblaient émaner d'une logique interne totalement détachée du monde extérieur. Ou, plus précisément, elles semblaient émaner d'un esprit qui reste patiemment tapi dans son antre jusqu'à ce que se présente l'événement précis qui va lui permettre de placer une certaine remarque, et qui alors se jette dessus. Par exemple, un soir au Maxim's (où, précisait le Baedeker à l'attention des touristes anglais, *Ladies are not admitted*), le menu entre ses deux mains gantées, elle réfléchissait avec un dédain souverain :

– *Vad dricker du för vin ?* finit-elle par demander.

Je suis désolé, Luisa, je ne bois du vin qu'en français. Et au bout d'un moment, comme je ne répondais pas :

– *Hör du mig, Gustav ?*

Oui, je t'entends, mais je choisis de ne pas te répondre. Je lui adressai un long regard d'une froideur objective, et me remis à étudier le menu. Mais elle persista, nullement déconcertée par mon silence, le menton relevé à sa manière légèrement impérieuse.

– *Jäg försöker lära mig svensk.*

Je voyais bien qu'elle essayait d'apprendre cette langue, mais je restais sourd à ses avances. Par impolitesse peut-être, ou par folie – une folie très personnelle –, mais aussi pour lui signifier que tout effort de sa part pour me transformer en son répétiteur était condamné à mort *in utero*. Je ne désirais nullement que le suédois ni un quelconque langage, y compris celui des mathématiques, devienne un jouet qu'elle utiliserait ensuite à ses fins pour m'embobiner encore plus dans ses liens de laine à tricoter et de soie à broder. L'idée étant évidemment d'aboutir à ma domestication complète. Les tentatives pour parler aux bêtes de la jungle dans leur propre langage, cherchais-je à suggérer par là, sont non seulement futiles mais aussi potentiellement dangereuses.

Elle avait appris un grand nombre de ces phrases toutes faites (sans aucun doute mémorisées à partir d'un guide de conversation ou apprises par cœur de la bouche d'un professeur de suédois dont l'identité et l'existence m'étaient parfaitement dissimulées), et son accent était passable. Presque bon, pourrait-on dire. Il s'écoula plusieurs jours avant que se présente l'occasion pour elle d'en employer une nouvelle :

– *Jag skulla vilja ha en kopp kaffee. Garçon, en kopp kaffee for Mademoiselle !*

Avec le temps, il se pouvait même qu'elle parvienne à apprendre ce maudit jargon et invente des phrases toute seule.

– *Var är saxen ?*

Bonne question, où étaient les ciseaux, justement ? Il lui avait fallu attendre pas moins d'une semaine pour pouvoir le dire en viking : nous étions quai d'Orléans, et elle venait de découvrir dans la manche de ma veste un fil décousu qu'il fallait couper. (Je déteste que les gens fassent cela, surtout les femmes.) Peut-être avait-elle tiré sur le fil quand je ne regardais pas afin de pouvoir utiliser la phrase numéro 86 du guide de conversation.

– *O, det var synd !*

Elle venait de laisser tomber les ciseaux ; ce n'était pas non plus une honte.

Le même soir, près du piano, tout en me servant un minuscule verre de cognac, elle énonça le plus long et le plus complexe de ses monstres de Frankenstein langagiers. Il y avait des pronoms relatifs, des propositions subordonnées et même une virgule au milieu. Mais peut-être cette phrase-ci avait-elle au moins le bon goût d'avoir un peu de sens :

– *Vem som helst som har besökt Stockholm vet, att man dricker mycket akvavit i Sverige.*

Même l'intonation était correcte, notre insolite façon hyperboréenne de monter un peu sur chaque syllabe, et l'ironie qui est l'une de nos caractéristiques nationales même chez les plus abrutis des paysans. Elle se souvenait donc encore de cet akvavit de Stockholm ! Comme si elle me reprochait, à moi et à l'akvavit, ce qui s'était passé – près de vingt-quatre heures plus tard ! – dans la chaumière en Finlande et, par extension, tout ce qui avait suivi, y compris à Stresa. Mais pas à Paris, puisqu'il ne s'y était toujours rien passé. Et pourquoi cela ne s'était-il pas produit à Paris ? Parce qu'elle était adroite et *insaisissable*, glissant chaque fois allègrement hors de ma portée avec un non-sourire grave, et ce pour parler places de théâtre ou explorer les profondeurs de son réticule pour y pêcher un chocolat qu'elle me mettait dans la bouche afin de me tenir momentanément à distance. *Ah, Luisa, det var synd !*

Elle trouva enfin les places, et nous quittâmes la maison de l'Île, traversâmes le Pont-Marie à pied jusqu'à la rue Saint-Antoine et prîmes le fiacre jusqu'au théâtre de l'Œuvre, rue Blanche, non loin de la place Pigalle. Ce n'était pas un quartier très respectable, mais Luisa était attirée comme par un vice secret vers tout événement curieux et extravagant qui se produisait autour de Montmartre. Elle avait pour l'occasion encore une nouvelle tenue, sa cinquième ou sixième, je ne les comptais plus : jupe cintrée, veste masculine et bottes en cuir montant jusqu'aux genoux. Et même une cravache tenue discrètement dans la main gauche comme un bâton de maréchal. Par miracle, cette fois, elle avait abandonné son réticule. Peut-être le petit fouet suffisait-il…

Dans l'obscurité du fiacre, elle me tendit les billets. À la brève lueur d'un réverbère, je lus *Ubu Roi* – une pièce signée par un de ces vauriens qui traînaient boulevard Saint-Germain, non ? (Je lui avais pourtant expliqué lors de notre première rencontre que je n'allais jamais au théâtre.) Il y avait foule rue Blanche, devant le bâtiment, et à l'intérieur. Elle savait aussi que je n'aimais pas les foules.

Nous trouvâmes tant bien que mal une place assise – la nôtre ou pas, cela ne semblait pas avoir d'importance ici. Il n'y avait vraiment pas besoin de spectacle sur scène : il était dans la salle. Des hommes en longues capes traînantes ou en manteaux de velours à fermoir d'argent, des jeunes filles en costumes du *Printemps* de Botticelli, avec la coiffure assortie. Une femme en grossiers collants de laine censés être de couleur chair mais en réalité orange pâle, tunique violette ouverte sur le devant, chaussons de danse sales, cape de bohémienne autour des épaules. Devant nous, un individu musclé, sorte de coureur cycliste : pull moulant, veste courte et vieux pantalon rentré dans les chaussettes. Plus loin, dans la même rangée, un poète irlandais à tête de cheval, et un individu arborant une coiffe de plumes indiennes qu'il refusait d'enlever, à la grande indignation des spectateurs derrière lui.

– Connaissez-vous ces gens ?

– Certains d'entre eux.

– Ils sont de vos amis ?

– Mais non, imbécile.

– Alors pourquoi sommes-nous ici ?

– Vous vous souvenez de M. Lugné-Poe, le jeune homme qui vient quelquefois quai d'Orléans ?

Je supposai que oui.

– Eh bien, c'est son théâtre.

– Ah.

Luisa était contente d'elle. Si M. Lugné-Poe, qui appartenait presque à la meilleure société de l'île Saint-Louis, venait chez elle, alors cela garantissait non seulement la respectabilité mais aussi l'importance de son théâtre. (Laissons de côté la respectabilité, l'importance compensera.) Et pour me prouver que nous assistions à un événement important, elle me montra du doigt l'éminent Francisque Sarcey, le critique de théâtre du *Temps*, un monsieur massif et impeccablement vêtu, un peu trop grand pour le fauteuil où il était assis. M. Sarcey semblait déjà malheureux : il sortait sa montre fréquemment, lisait le journal en attendant le début de la représentation.

Avec un certain retard, on apporta devant le rideau une table en bois grossier, une chaise, puis une carafe et un verre d'eau.

Enfin l'auteur lui-même, M. Jarry, vint s'installer à la table. Il commença à lire d'une voix monotone un papier posé devant lui. C'était un petit homme vêtu d'un costume noir trop grand pour lui, avec le visage sans expression et grimé de blanc d'un clown. Il buvait nerveusement gorgée sur gorgée. Impossible de dire de quoi il parlait. La tradition de Guignol, les masques, la plausibilité de coups de feu en l'an 1000 ? Il laissait entendre que sa pièce se déroulait « en Pologne… c'est-à-dire nulle part ». À la fin, il salua en se pliant comme une poupée brisée et disparut. Ensuite, un jeune homme et sa femme vinrent jouer l'ouverture au piano, à quatre mains. Ils faisaient un sacré vacarme mais n'étant pas musicien, je n'avais aucune opinion sur ce sujet.

Finalement le rideau se leva : quelques paysages peints de manière plutôt enfantine, des arbres, un lit, une cheminée avec un squelette accroché à côté, une fenêtre dans le ciel. Ubu Roi arriva, vêtu d'un costume en forme de poire. Il regarda autour de lui et finit par découvrir le public. Il beugla une obscénité monosyllabique, plutôt amusante à mon avis, ne serait-ce que par la façon dont il l'estropiait. Je jetai un coup d'œil à Luisa. Raide sur son siège, elle regardait droit vers la scène, le menton relevé – réceptive mais impériale, comme si elle écoutait du Chopin.

Une seconde de silence, puis le chaos. Il fallut au moins quinze minutes avant que la pièce reprenne. Il y eut des sifflets, des quolibets, des cris. Plusieurs spectateurs se levèrent et partirent, y compris un monsieur qui nous marcha sur les pieds au passage. Quelques projectiles jaillirent du parterre et atterrirent sur la scène – sans doute de simples boules de papier. Le public restant se divisait en deux camps : les siffleurs et les applaudisseurs. Plusieurs bagarres éclatèrent dans l'orchestre. Je commençai à chercher la sortie, mais Luisa regardait tout cela, placide ; elle ne souriait pas vraiment mais affichait une certaine satisfaction, la cravache posée sur ses genoux. Le poète irlandais n'avait pas compris le mot obscène et son ami le lui expliquait, criant pour se faire entendre. Dans la rangée devant nous, le coureur cycliste, monté sur son fauteuil, apostrophait les contestataires :

– Vous ne comprendriez même pas Shakespeare !

– C'est Lugné-Pot-d'Chambre ! Lugné-Pot-d'Chambre ! scandait derrière nous une autre voix avec la monotonie d'une machine.

Certains, ne sachant pas à quel camp se joindre, applaudissaient et sifflaient en alternance ; le cycliste faisait les deux en même temps.

L'éclairage de la salle se ralluma brusquement, surprenant une bonne demi-douzaine de personnes debout sur leur siège, le poing levé. Les comédiens – ils étaient deux à présent, Ubu en forme de poire et une dame un peu potelée au balcon imposant montée sur scène pour voir ce qui se passait – attendaient patiemment en observant ce chaos. Les rôles avaient été inversés, désormais ils étaient les spectateurs.

Au bout d'un quart d'heure environ, le Père Ubu improvisa une gigue, trébucha sur le trou du souffleur et s'étala sur la scène. Cette chute parvint à suffisamment distraire le public pour permettre l'extinction des lumières et la reprise du spectacle. L'armée polonaise, représentée par un individu maigre portant des casseroles et des poêles, arriva. Le Père Ubu orchestra son putsch, fit jeter tous les nobles à la trappe et ne jura que par sa Chandelle verte. En guise de sceptre, il brandissait une balayette de W.C. À la fin de chaque scène, un vieux monsieur en tenue de soirée passait en chancelant sur la pointe des pieds, décrochait la pancarte portant le nom de la scène et la remplaçait par la suivante. Lorsqu'il fallait que de nouveaux personnages entrent, ils entraient et sortaient en troupe par la cheminée. Le mot inacceptable – «*Mer-drrrrre!*» avec un *r* surnuméraire qui durait plusieurs secondes – était prononcé à intervalles régulier, et chaque fois cela engendrait une nouvelle épidémie de cris et de sifflets, et la représentation s'arrêtait. M. Sarcey finit par arracher de son fauteuil son imposante stature et partit indigné.

Après avoir massacré tout le monde, le Père Ubu se retourna contre la Mère Ubu, menaçant de lui enfoncer un petit bout de bois dans les *oneilles*, de lui lacérer le postérieur, de lui extraire la cervelle par les talons, de lui supprimer la moelle épinière et d'ouvrir sa vessie natatoire. Le coureur cycliste, se relevant, cria «*Vive l'anarchie!*». Les spectateurs derrière lui se mirent debout pour mieux voir, provoquant un soulèvement sporadique mais général dans toute la salle. Luisa et moi commençâmes à nous lever aussi. Quelqu'un derrière nous cria «Assis!» et j'obéis. Luisa resta debout et, après plusieurs injonctions, l'individu derrière elle, costaud, lui posa les deux mains sur les épaules et tenta de la rasseoir de force. Je gémis, me voyant déjà au Bois par un matin glacial (nous étions en décembre), attendant de me faire trouer le pancréas. Je me levai, mais trop tard: Luisa s'était déjà retournée et avait asséné au costaud un coup sec avec sa cravache. La lanière cingla le cou rougeaud, y imprimant une marque encore plus rouge. L'homme se rassit sans un mot, Luisa et moi nous rassîmes, et la pièce se poursuivit cahin-caha. Ubu était maintenant sur un bateau en pleine mer; il donnait des ordres contradictoires aux marins, leur criant d'amener le grand foc et d'attoucher leurs amygdales. Le tout culmina dans une sorte de chœur, accompagné par le piano à deux mains et un orchestre de casseroles, gongs et cymbales.

Personne ne semblait impatient de partir. La plupart des spectateurs étaient encore dans la salle à gesticuler et se disputer. Nous nous frayâmes un chemin dans la cohue, aidés une ou deux fois par la cravache de Luisa. « *Canaille* », commenta-t-elle sans rancœur. Peut-être voulait-elle parler de l'homme au faciès bovin qui avait porté la main sur elle, ou peut-être, au pluriel, de toute la meute – à l'exception bien sûr de M. Lugné-Poe, qui avait été reçu quai d'Orléans.

Un peu plus loin dans la rue Blanche, je réussis à dénicher un fiacre et nous nous dirigeâmes, *clip-clop, clip-clop*, vers un cabaret que Luisa connaissait sur la butte, « un endroit amusant avec des gens drôles ». Encore de la racaille, sans doute. Était-ce là la jeune créature vulnérable que j'avais été obligé d'escorter jusqu'au Café Royal de peur qu'un voyou ne l'aborde ? Certes, elle n'avait pas encore sa cravache, à l'époque. Le fiacre s'arrêta rue des Abbesses, devant une sorte de music-hall. Une fois à l'intérieur, je vis au premier coup d'œil que la clientèle était tout ce qu'il y avait de plus louche. Il y avait là trois fois plus de femmes que d'hommes, mais elles n'étaient pas là pour offrir leurs charmes : la plupart s'intéressaient surtout aux autres femmes. Il flottait une odeur de talc, de transpiration et de vin bon marché. Luisa fut immédiatement reconnue et des mains se levèrent pour la saluer depuis une table au milieu de la salle. Un véritable petit zoo y était installé. Je vis une jeune femme vêtue de collants noirs moulants et d'un maillot, les cheveux courts, le visage fardé en blanc avec une sorte de quadrillage noir tracé dessus. Peut-être faisait-elle partie du spectacle, et allait-elle bientôt se lever pour exécuter un numéro de mime ? À côté d'elle se trouvait un oiseau rare, une sorte de créature tropicale : chemisier à pois avec bordures fuchsia, perruque rouge dépassant d'un béret jaune canari, rouge à lèvres noir, cils arachnéens, ombres vertes sous les yeux. C'était Elka. Les coudes posés sur la table comme si l'endroit lui appartenait, c'est à peine si elle daigna lever les yeux lorsque nous prîmes place. Elle parlait un français rapide et argotique.

– Tu as dîné, chérie ? lui demande Luisa.

– Non, je ne me gave plus que rarement. C'est une habitude de ploucs. Alors, on est allée au théâtre de l'Œuvre ?

– Oui ! Pour le truc de Jarry.

– Et c'était bien ?

– Rudement bien.

Luisa n'avait guère plus à dire. Elle scrutait la salle pour voir qui d'autre était là. En fait Luisa et Elka semblaient s'ignorer, comme le feraient deux drôles de matous. Elka finit par la présenter aux autres :

– Mademoiselle Hickman, chanteuse.

Cette présentation me parut doublement curieuse. D'abord, j'avais depuis longtemps oublié que Luisa avait un père et donc un patronyme. Elle était à mes yeux la créature de ces deux sorcières du quai d'Orléans, comme si elles l'avaient fabriquée et lui avaient donné vie par une opération de nécromancie. Et voilà tout à coup qu'elle était ressuscitée sous une autre forme : l'enfant du cow-boy martyr qui s'était lancé, intrépide, dans la foule des Apaches hurlants. Peut-être qu'à la lumière des théories héréditaires de M. Zola, cette disparité expliquait au moins quelques-unes de ses faiblesses et incohérences. Mais qui avait frappé le costaud avec sa cravache, était-ce Luisa la cow-girl ou Luisa la fille de sa mère ? Il y avait là matière à réflexion. Deuxièmement, le qualificatif employé m'obligeait désormais à la considérer comme une professionnelle du chant. Or quelque chose en moi refusait cette perspective, quelque chose dans le bas-ventre, imperméable à la raison tout autant qu'essentiel. La jalousie ? Absurde.

Personne ne daigna me présenter, mais j'entendis quelqu'un souffler tout haut sans se gêner : « *son Suédois.* » Son Suédois à elle ? Curieuse neutralité du possessif. Le seul autre homme de cette tablée était un Péruvien, employé d'une mission diplomatique, crus-je comprendre : cheveux oléagineux avec la raie exactement au milieu, et un faciès solaire ; lui aussi avait les coudes sur la table. Il se fendit d'un sourire inca.

– Vous vous produisez quelque part, *mademoiselle* ? Je serais enchanté de venir vous entendre.

– Il y aura un récital en février.

– Ooh… on ne peut qu'attendre, alors. Entre-temps…

Qu'il se taise, lui et ses insinuations précolombiennes ! Toutefois, c'est à peine si Luisa lui prêta attention. L'ambiance était décidément féminine et saphique : nous étions chez les ménades. Ne dansaient sur la piste que des couples de femmes, et deux jeunes filles assises à une table de l'autre côté de la salle (modestement vêtues, de fait, de chemisiers et de longues jupes noires) s'étaient franchement enlacées.

La bouteille de champagne arriva. Elka l'ouvrit avec panache – le bouchon vola à l'autre bout de la salle – et remplit nos deux verres. Luisa et moi trinquâmes ; la bouche figée, elle affichait encore son petit sourire bien élevé et distant.

– Gavotte ! cria une voix quelque part au fond de la salle.

Nous fûmes interrompus par une de ces attractions qui égayaient périodiquement de tels établissements. Sur un air d'Offenbach interprété par un trio piano-violon-percussions, deux créatures se mirent à danser dans l'espace dégagé au centre de la salle (il n'y avait pas de scène). Elles étaient musclées et avaient la mâchoire carrée ; une légère ombre bleuâtre ornait la lèvre supérieure de celle de gauche. Saisissant leur jupe à deux mains, elles levèrent plusieurs fois la jambe tandis que le tambour marquait la cadence, puis elles exécutèrent leur présentez-armes habituel : un pied tenu dans la main aussi haut que possible, au-dessus de la tête, elles sautillaient sur l'autre au rythme de la musique comme des lapins concupiscents. Les bas étaient noirs, le reste du costume blanc. Au milieu de jupons d'une propreté douteuse, des tranches de peau nue apparaissaient brièvement entre les bas et la culotte. Cela ne semblait pas plus perturber Luisa que les monosyllabes d'Ubu. Le Péruvien m'adressa un clin d'œil narquois.

Roulement de tambour ! Les deux créatures, arborant des sourires en bois sculpté, s'élancèrent dans les airs et retombèrent toutes jambes dehors en faisant le grand écart. Applaudissements, nuages de fumée et encore du champagne. Les artistes disparurent et quelques couples de dames occupèrent la piste. Quelqu'un, probablement le Péruvien, avait donné à Luisa un long cigare fin, et voilà qu'elle lui permettait de le lui allumer.

Qu'avais-je ? Je ne m'amusais donc pas ?

C'était bien ça le pire. Car pour mon malheur, je prenais réellement plaisir à être là, et cela m'échappait. J'avais beau trouver ces artistes dégoûtantes, une sorte d'élastique imaginaire reliait désormais à mon insu les zones blanches au-dessus de leurs bas noirs à Luisa, à côté de moi, dans son tweed anglais. Cet élastique était de plus en plus court, et le moment menaçait où ces deux images se fondraient en une, me rappelant l'existence de ce que je savais très bien être sous le tweed – une pensée qui jusqu'alors n'avait été que déplacée, voire inopportune, en raison précisément de la brusquerie très tweed des manières de Luisa. Ce tracassin vermiforme me chatouillait intimement jusqu'à l'exaspération. Que le diable emporte cet Offenbach ! Je repoussai ma chaise et annonçai d'une voix ferme que j'avais du travail le lendemain.

Incurvant ses lèvres goudronneuses, Elka me regarda moi, puis Luisa.

– *Mais tu restes, n'est-ce-pas, chérie ?*

Luisa hésita un moment, ou du moins ne dit mot, conformément à sa méthode personnelle de gestion de ses relations. Puis, avec un sourire aussi figé et conventionnel que celui d'Elka, elle répondit :

– Non, il faut que j'y aille.

Nous nous levâmes. Le Péruvien amorça un mouvement puis se ravisa et se rassit, posant de nouveau les coudes sur la table. Tandis que nous partions, la Fille Quadrillée nous salua à sa manière : elle nous présenta sa paume et plia chaque doigt l'un après l'autre. Cette main, comme son visage, était d'un blanc de plâtre et couverte d'un réseau de ridules.

Je poussai Luisa dans le fiacre et montai derrière elle. Audacieux jusqu'à l'imprudence, ignorant la cravache sur ses genoux, je l'enlaçai et l'attirai vers moi sur la banquette en cuir.

– Au 16 quai d'Orléans !

Elle n'émit aucune objection et accepta même de caler son épaule dans la niche entre mon bras et ma poitrine. Elle soupira une fois, tourna vers moi l'ovale pâle de son visage dans la pénombre de la voiture puis, changeant d'avis, regarda de nouveau à l'extérieur, où les réverbères des Grands Boulevards défilaient comme dans un rêve. Lorsque nous passâmes le pont Louis-Philippe pour entrer dans l'Île, elle s'ébroua et retrouva son sérieux habituel. Nous arrivâmes devant la demeure sur le quai, avec ses frontons baroques en marbre.

Yves le gorille était encore debout. Il nous ouvrit la porte, puis disparut.

Dans l'obscurité, Luisa me précéda dans le grand escalier de cérémonie et jusqu'au bout du couloir. Arrivée devant la porte de son dressing, elle me dit de patienter.

– Il faut que je me change, voyez-vous, mon cœur.

J'attendis en tripotant distraitement l'orteil d'un chérubin qui soutenait le plafond avec l'aide de son homologue sur le mur d'en face. Dans le noir, mon esprit générait en toute liberté des images presque assez concrètes pour être touchées : la chambre jaune de Stresa, le brocart comme une pêche pâle teintée de rouge et d'or. Je pris une profonde inspiration et retrouvai mon calme. Par la fenêtre, je contemplai la cour sombre, où seule une lampe à huile vacillante éclairait la réticulation humide des pierres. La porte du dressing s'ouvrit et Theodor apparut : bottes, casquette militaire et capote qu'il finissait de boutonner.

– Qu'est-ce que ça signifie ?

– C'est obligatoire, voyez-vous. Seuls les hommes sont admis là où nous allons.

– C'est-à-dire ?

– Au Château Rouge, dans le Marais. Je vous l'ai expliqué… vous ne vous en souvenez pas ? C'est drôlatique, plein de *voyous* et de personnages sinistres.

Il était 2 heures passées. La grande horloge du vestibule venait de sonner.

– Vous vous trompez. Je ne vais nulle part.

– Comme vous voudrez. Ç'aurait été plus amusant avec un ami. Mais…

– Vous ne comptez pas y aller seule ?

– Pourquoi pas ?

J'avais l'habitude de ce genre de comédie. Ce n'était qu'une version subtile et plus complexe de la tactique qui m'avait auparavant entraîné, un peu contre mon gré, de récitals au Café

Royal en essayages chez Worth : la menace d'un péril vague et innommable si je n'étais pas là pour offrir ma protection. Cette fois, encore exaspéré par ce stupide tracassin qui gigotait en moi, je refusai le chantage.

– Dans ce cas… comme il est tard… je vais dormir, j'en ai bien besoin.

– Ah oui, votre travail… dit-elle distraitement.

J'avais perdu le gambit, ou je m'étais trompé : elle comptait vraiment y aller. Elle me précéda même dans l'escalier, comme si elle était pressée, ne se retournant qu'une seule fois. Nous nous séparâmes sur le quai ; la silhouette militaire s'éloigna sous les réverbères en direction du Pont-Marie. Traversant la Seine de l'autre côté de l'Île, je trouvai un fiacre boulevard Saint-Germain. De retour dans cette capsule de cuir sombre qui sentait le camphre (c'était peut-être la même), j'enfonçai mes poings dans les poches de mon manteau et serrai les dents. Plus vertébré que jamais, le tracassin vermiforme n'avait cure de mon agacement vis-à-vis des tactiques de Luisa et de mon désir de la voir au fond de la Seine. Peut-être devrais-je, quelque part sur le trajet, visiter l'un des établissements mis à disposition pour raisons d'hygiène. Le cocher pourrait me renseigner. Sinon, j'aurais pu demander à Theodor.

Mais ce sont là déceptions puériles qui n'inquiètent plus un homme mûr, un homme de caractère dont les deux mains contrôlent fermement son destin. C'est moi qui commande l'expédition, je suis l'Invaincu, le capitaine de mon âme (Luisa adore réciter ce poème de William Henley) et je peux aller dans n'importe quelle direction au sein de cette fine soupe blanchâtre… tant que c'est vers le bas. Depuis deux heures, le

Prinzess, avec la dignité impériale qui lui sied, descend une sorte d'escalier aux marches larges mais peu profondes : il perd un demi-mètre d'altitude, nous jetons quelque chose, il plane un moment à l'horizontale, puis un courant d'air froid ou un accès d'indolence le frappe et il redescend. Les guideropes, comme l'a noté Alvarez dans son registre du matériel, pèsent 24 kilos. Nous les détachons –grâce à un habile dispositif de libération rapide inventé par Waldemer au cas où ils se seraient accrochés à une ride de pression ou un hummock –, et nous les regardons tomber sur les plaques de glace brisées en contrebas. La banquise ressemble désormais à une sorte de gros gâteau qu'on aurait malencontreusement lâché, d'où les nombreux trous et fissures d'eau noire. Dans certaines zones, les formes blanches irrégulières se touchent à peine. Dans ce jeu de dames infernal, nous ne pouvons qu'espérer avoir la chance de tomber sur le blanc, et non sur le noir.

– Jetons encore autre chose !

– Le Télégraphe des Esprits ?

– Non.

Réaction irrationnelle de ma part, puisqu'il est lourd et que nous n'en avons plus l'utilité. Nous devons par ailleurs conserver la seconde carabine de Waldemer, la plus légère, ainsi que le réchaud et un bidon de pétrole. Tout le reste peut partir, à l'exception des vieilles cisailles avec des traces de peinture rouge sur les poignées – nous les gardons pour une tâche bien précise. Sont aussi débarqués la pharmacie de bord, 5 kilos au moins, et la caisse qui nous sert de tabouret et de table de navigation. Nous plongeons toujours, mais moins vite. Le danger en est réduit d'autant. Nous ne sommes plus qu'à 50 mètres du sol.

– Paré à ouvrir la soupape de manœuvre ?

Theodor a déjà la main sur le cordon de commande, Waldemer se prépare à sauter à terre pour empêcher la nacelle de glisser jusque dans les eaux noires. Le fond effleure la glace puis s'élève de nouveau dans les airs, très lentement, de 1 mètre environ. Theodor tire sur le cordon, la soupape siffle au-dessus de nos têtes. La nacelle touche la glace pour de bon, dérape et verse sur le flanc en répandant tout son contenu – le peu qui nous reste. Bien que Waldemer et moi soyons hors du ballon, nous n'avons guère de mal à retenir la nacelle. Le vent est faible et le ballon n'a plus de portance. L'énorme globe rouge et blanc, autrefois majestueux, ressemble maintenant à une figue séchée ; il est légèrement affaissé, comme s'il avait sommeil et ne rêvait que de s'allonger sur la banquise pour dormir.

Le *Prinzess* ne nous amènera plus jamais où que ce soit. Il va rester ici. Notre ami se meurt mais, bizarrement, je n'ai plus d'affection pour lui à présent qu'il est inutile. Ingrate humanité ! Nous nous occuperons des obsèques plus tard. Nous prenons d'abord un repas, le plus consistant possible : autant de poids en moins. Du potage fourre-tout (une de nos spécialités, au nom explicite), de la viande, un mélange de poudre de cacao et de thé, et des biscuits de mer nappés de sirop de framboise. Bref, un dîner satisfaisant et roboratif. Puis, abandonnant poêles et casseroles, nous nous mettons au travail pour assembler le véhicule qui, remplaçant le *Prinzess* moribond, va nous emmener vers le sud.

Le *Faltboot*, astucieuse invention allemande gracieusement offerte par son fabricant, est rangé dans une sorte de valise. Il faut d'abord déployer une structure compliquée d'entretoises, qu'on recouvre ensuite d'une bâche en toile huilée. Une fois monté, il mesure 5 mètres de long et ne pèse pas beaucoup plus qu'un enfant de 12 ans. Nous pouvons tous le soulever d'une seule main. Nous vissons sur le fond des patins de traîneau en chêne ; avec trois cordes attachées à la proue, nous pourrons ainsi nous déployer comme les chiens du commandant Peary et tirer notre nouveau véhicule sur la glace.

Tout cela nous prend une heure, puis nous passons au *Prinzess*. Remontant dans la nacelle, je saisis le cordon du panneau de déchirure. Je tire de toutes mes forces et en déchire 3 bons mètres. Les points de suture sautent, le panneau s'arrache en crissant, puis j'entends une sorte de gigantesque soupir. Vite ! Il n'y a presque pas de vent et la masse de soie rouge et blanche s'affale instantanément. Je parviens à m'enfuir avant qu'elle ne recouvre la nacelle et m'étouffe doucement.

L'hydrogène est inodore ; les relents de soufre proviennent des traces de l'acide sulfurique à partir duquel le gaz a été fabriqué. Empoignant les vieilles cisailles peintes en rouge, j'attaque cette masse confuse de soie où flottent et suintent çà et là des bulles de gaz géantes. En un quart d'heure, j'en ai découpé un grand rectangle qui nous servira de tente. Le tissu est léger, étanche, et prend très peu de place. Nous le posons sur la glace, près du *Faltboot*, et commençons à sélectionner et à empiler tout ce que nous allons emporter.

réchaud Primus
pétrole
petite casserole
sextant et cartes
boussole
Faltboot
pagaies
pemmican
extrait de bœuf Bovril
diverses boîtes de conserve (½ douzaine)

sucre
lard
cacao
viande en poudre Rousseau
trois sacs de couchage
allumettes en récipient étanche
jumelles grossissement 12 fois
carabine Mannlicher calibre .256 avec munitions
perches en bambou pour soutenir la tente
1 jeu de vêtements de rechange en peau de renne

La fragile structure de toile et d'entretoises va-t-elle contenir tout ça ? C'est peu probable. Nous testons différentes configurations de rangement. Les sacs de couchage, volumineux, constituent le plus gros problème.

Tout finit par rentrer dans le *Faltboot*, comme par miracle, et une demi-heure plus tard nous sommes prêts à partir. À midi GMT, la brume se dissipant un peu, j'arrive à apercevoir le soleil. Ce qui nous situe à 82° 50' nord, à 150 milles du Pôle et à environ 180 de l'île la plus proche, Kvitøya, dans le détroit entre le cap Leigh Smith et la terre François-Joseph. Un après-midi de flânerie suivi d'une agréable promenade en bateau sur le lac, en somme. Luisa et moi nous y sommes entraînés au bois de Boulogne. Il nous faut garder le règlement à l'esprit : « Messieurs les clients sont priés de ne pas abandonner leur bateau sauf aux endroits prévus par la direction. » Sinon la caution est confisquée par le Grand Anonyme.

Nous voilà partis. Le visage gelé, nous nous enveloppons de tout ce que nous pouvons. C'est à peine si nous regardons l'épave du *Prinzess* que nous laissons derrière nous. Tout le rebut, espoirs rassis et casseroles sales, a été abandonné. Quelle gloire de ne posséder que ce qui rentre dans la mince barque de Charon ! Nous pouvons vagabonder où bon nous semble dans cette plaine encombrée de blocs de glace, le vent n'a plus aucune prise sur nous. Nous tirons sur nos cordes, et le *Faltboot* suit. Après avoir consulté la boussole, je dirige l'équipage en observant le soleil du coin de l'œil.

Je constate que le moral est bon. Waldemer avance tant bien que mal comme une joyeuse machine, courbé sur la corde, et Luisa bavarde.

– Tu sais, c'est une curieuse sensation. Nous sommes au sommet du monde, qui tourne sous nos pieds tandis que nous marchons. Comme un ours de cirque qui marche sur un gros ballon. Mais cela signifie que nous n'arriverons jamais nulle part. Si la balle tourne au fur et à mesure que nous marchons, nous serons toujours au sommet. *Hör du mig, Gustav ?*

– *Ja, det är intressant.*

C'est seulement après cet échange que je remarque que nous parlons en suédois. Nous sommes seuls ; à quelques mètres sur notre droite, Waldemer est un gros chien de traîneau haletant. J'ai depuis quelque temps la bizarre impression qu'il y a dans le groupe une personne de plus que ce que mes sens et ma raison perçoivent : un fantôme qui se volatilise chaque fois que je me retourne pour le voir. Mais c'est logique. Il y a une Luisa pour moi et un Theodor pour Waldemer. Dans la mince silhouette noire à l'écharpe nouée sur sa casquette, chacun de nous voit ou imagine quelque chose de différent. Ce qui est sans doute vrai dans toutes les relations triangulaires. Mais mon cas est unique car je vois non seulement ma Luisa, mais aussi le Theodor de Waldemer. Avec un modeste effort de volonté, je peux faire fusionner puis séparer ces deux images à loisir, comme avec des jumelles mal réglées.

Waldemer n'a pas le moindre soupçon. Il faut dire qu'il est dense ! Je n'avais encore jamais sondé la profondeur de sa densité. C'est l'exquise densité de l'intelligence. Comme la densité d'un gaz, elle augmente avec la pression qui lui est appliquée. Il n'est pas sujet à des intuitions inquiétantes comme les nôtres, il n'a pas l'impression que le monde tourne sous ses pieds. Être imperméable à de telles nuances est une qualité fort enviable. Et il peut garder le moral, l'heureux élu. Lui ne sait pas que nous sommes condamnés à rester au pôle Nord.

– Nous allons rester ici pour toujours, n'est-ce pas, Gustav ? Nous continuerons à marcher sur cette blancheur et nous mangerons des ours blancs. Ce sera une longue nuit et nous rêverons en blanc. Rien que de la blancheur et du froid. Et ce sera pur, nous serons purs, nous serons le monde entier.

– Oui, mais tant que dureront nos munitions. Nous avons cinquante cartouches.

Luisa parle lentement et forme chaque mot avec douleur, non seulement à cause de la langue inconnue, mais aussi à cause du froid qui engourdit nos muscles faciaux.

– Nous aiguiserons les os des ours blancs et nous en servirons pour tuer les autres. À force de manger tous ces ours, nous deviendrons blancs nous aussi. Nous nous fondrons dans le décor et deviendrons invisibles. Ne serait-ce pas agréable, Gustav ? N'as-tu jamais rêvé d'être invisible ?

– Tu oublies que les ours blancs sont rouges à l'intérieur.

– Pas ceux que nous tuerons. Ce ne seront que des ours de rêve. Crois-tu que nous allons arriver quelque part, Gustav, en trébuchant sur ces blocs de glace ? Comment sais-tu que nous allons dans la bonne direction ?

– Je me guide grâce au soleil.

– Mais il n'y a pas de soleil. Et en supposant que nous allons dans la bonne direction, Gustav, que se passera-t-il alors ?

– Nous arriverons peut-être en terre François-Joseph. Les chasseurs de phoques de Tromsö y font parfois escale l'été.

– C'est ce que je veux dire, Gustav. Supposons que les chasseurs de phoques de Tromsö nous trouvent et nous ramènent à Paris. Que se passera-t-il alors ? Je pense qu'il vaudrait mieux rester au pôle Nord et continuer à marcher en laissant le ballon tourner sous nos pieds. Parce que, Gustav, il y a toutes sortes de cercles, et si tu reviens et que tu te retrouves au même endroit, tu n'as plus le droit d'en changer.

Ce style métaphysico-enfantin est sans doute dû à la pauvreté de son vocabulaire en suédois. Mais le sens, bien qu'énigmatique, est assez clair. Du moins pour moi. Peut-être parce que je suis assez doué en cryptologie, ou peut-être parce que j'ai moi-même pensé ce qu'elle essaie d'exprimer.

– Le savais-tu quand tu es venue ?

– Que certains cercles sont interdits ? Bien sûr. C'est pour briser le cercle que je suis venue.

Elle se tourne légèrement et change sa prise sur la corde. Ses mains commencent à fatiguer.

– Le monde, là-bas, dit-elle en le désignant du menton, est un enfer de cercles, et chacun de nous est piégé dans un cercle différent. Des millions de cercles, des millions d'âmes damnées.

– Il y a neuf cercles en Enfer. Sais-tu quel est le deuxième ?

– La luxure. Paolo et Francesca n'étaient pas si mal lotis, je pense. Mais il en existe d'autres bien pires. La connaissance en fait partie. Et la trahison est tout en bas.

C'est sans doute pour me rappeler quel juste châtiment m'attend. Je l'aide en citant sardoniquement Goldsmith :

– « Quand une jolie femme s'abaisse à la folie, et découvre trop tard que les hommes trahissent... »

– Ce n'est pas ce que je voulais dire. Nous ne faisons que nous trahir. Personne n'est trahi, sauf par lui-même.

Son imprécision syntaxique semble ne pas réussir à traduire sa pensée. Elle tente un nouvel essai.

– Si nous sommes trahis, ce n'est que par nous-mêmes.

Elle glisse et tombe sur un genou sur la glace vernissée, se relève sans aucune expression sur son visage gris de froid et se penche de nouveau sur la corde.

– Une façon de se trahir est d'essayer d'être trop de personnes différentes à la fois.

– Combien de personnes un même individu devrait-il essayer d'être, à ton avis ?

– Une, tout au plus. La plupart des gens n'y arrivent même pas.

– Alors que toi et moi...

Elle me jette un regard vif.

– Toi, Gustav, tu n'es qu'une seule chose. Et moi, je suis la pécheresse. Si nous devions retourner dans le monde... Quand nous reviendrons, tu seras dans le deuxième cercle, moi dans le dernier.

– Hé, vous deux. Regardez un peu où vous allez. Même moi je le vois : le soleil est par là-bas. Là où la brume est plus légère.

Waldemer a fait tout le travail avec sa corde, du côté droit, tandis que notre conversation détourne l'expédition vers la gauche, vers la Sibérie.

– Ça fait une heure que vous causez viking. Vous ne vous fatiguez donc jamais ?

Rappelés au devoir par son aimable franc-parler, nous faisons notre part. Le *Faltboot* glisse sur des hummocks de la taille d'un piano à queue et se fraye un chemin à travers les interstices des rides de pression. En plaçant une botte devant l'autre, au rythme de 1 mille à l'heure peut-être, nous progressons dans cette décharge, ce hangar de vieux blocs de glace. Waldemer grogne et émet une quantité extraordinaire de vapeur.

– De toute façon, je ne sais pas de quoi vous pouvez bien parler. Vous vous remémorez probablement vos heureux souvenirs de Paris.

– Ah, vous ne comprenez pas le suédois ?

Theodor fait l'hypocrite.

– Dieu merci ! Je peux à peine ânonner deux mots.

– Nous nous citons de la poésie pour passer le temps.

– De la poésie ?

– Dante, Goldsmith.

– Oh, tyran, gardez donc votre souffle pour refroidir votre bouillie. Nous avons encore pas mal de chemin à faire en traînant cet engin.

À 19 heures, nous apercevons quelque chose devant nous. Nous nous arrêtons et je sors les jumelles du *Faltboot*. Avec le grossissement, tout semble trembler. Les taches blanches, d'abord rondes, se changent en piliers avant de se déplacer latéralement et de se fondre les unes dans les autres. Il y en a quatre ou cinq. Je passe les jumelles à Waldemer.

Il tourne la molette de mise au point ; de la vapeur s'échappe de sous les jumelles pour se figer sur sa moustache déjà blanche de givre.

– Bien. Un grand mâle. Une femelle. Et au moins deux oursons de bonne taille.

Ces effets ectoplasmiques ne sont que des illusions dues à l'atmosphère. Ce ne sont pas des ours de rêve mais des créatures de chair et de sang, comme nous. Pendant l'heure suivante, nous nous dirigeons prudemment vers eux. Les plaques de glace flottantes sont de moins en moins solides, les étendues d'eau libre de plus en plus fréquentes, et nous n'avançons qu'avec difficulté. Une fois, nous nous retrouvons même à l'arrêt face à un plan d'eau. Aucun moyen de le contourner, il s'étend trop loin des deux côtés. Il y a bien 10 mètres à traverser jusqu'à la glace solide en face. Nous sortons toutes nos affaires du *Faltboot*, et le mettons à l'eau. Puis, comme l'esquif n'a que deux places, Theodor se glisse à plat ventre sur le fond et rampe jusqu'à la proue, complètement invisible. Waldemer et moi montons ensuite à bord, empilons les sacs de couchage, la nourriture, la carabine et le reste sur nos genoux, empoignons les pagaies et gagnons l'autre rive. Là, nous débarquons, nous et le matériel, puis nous remettons le *Faltboot* sur la glace. Pendant que Waldemer et moi partons en reconnaissance, Theodor réarrange notre matériel. Les ours sont toujours là. Nous recommençons à tirer notre traîneau amphibie.

Les points blancs droit devant nous restent plus ou moins stationnaires, mais ils prennent de la consistance en grossissant et ne se déforment plus. À 500 mètres, nous distinguons le noir des museaux et la tache rouge qui occupe les ours : une carcasse de phoque. Le grand mâle lève un instant la tête, la pointe dans notre direction, puis retourne à son repas. Ces ours ne connaissent pas les humains et il se peut même qu'ils doutent de notre existence. Nous sommes des points flous sur la glace, tout comme ils le sont pour nous.

Mais Waldemer est prudent. Il extrait la Mannlicher des bagages et nous laissons tomber les cordes, abandonnant le

Faltboot sur place pour progresser lentement sur la glace, Waldemer en tête. À 200 mètres des ours, il se baisse pour profiter de la couverture des hummocks, et nous l'imitons. Lorsque nous nous redressons, la femelle et les oursons, presque adultes, partent tranquillement, tournant de temps à autre la tête pour regarder derrière eux. Le mâle, en revanche, s'est tourné vers nous. Il s'immobilise, puis se met debout pour mieux voir. Il retombe sur ses quatre pattes et nous fait toujours face lorsque Waldemer lui décoche sa première balle à 100 mètres. Une tache rouge apparaît sur la gorge de l'animal, qui tombe mais se relève aussitôt. Le deuxième tir le touche à l'arrière-train et l'ours s'affaisse. Mais cette balle l'a aiguillonné, de sorte qu'il se relève et se met à courir, tout handicapé qu'il est. Waldemer, plus sûr de sa visée, appuie une dernière fois sur la détente de l'ingénieuse machine qui transformera ce dangereux ennemi en viande de boucherie. L'ours s'écroule enfin, s'étale sur la glace comme s'il cherchait quelque chose avec son museau, et expire. L'une de ses pattes arrière se dresse, s'étire un peu, puis retombe doucement.

– Hourra !

Triomphant, Waldemer brandit la carabine vers le ciel, tourne vers nous son visage aux moustaches de sucre candi et sourit. Puis, discernant sur nos visages autre chose que de l'exaltation, il nous interpelle :

– Pas facile de faire un boulot soigné avec ce petit calibre. Il faut souvent deux ou trois balles. J'aurais dû garder la Martini.

Nous avançons pour examiner la victime. C'est un gros ours, pas vraiment blanc mais jaune pâle comme de la glace sale. Le museau, les yeux et le dessous des pattes sont noirs. Le phoque déchiqueté repose plus loin dans une mare de sang, et le sang du prédateur se répand sous lui dans une flaque qui rosit à mesure qu'elle imbibe la glace poreuse. Luisa le regarde un instant avec le détachement et la réticence d'une écolière observant une salamandre disséquée. Puis elle se détourne et, laissant Waldemer avec son trophée, nous retournons au *Faltboot*.

– Tu avais raison, il est rouge à l'intérieur.

– On l'oublie toujours. Et nous sommes pareils.

– Donc l'ours a mangé le phoque, et nous mangerons l'ours. Et ensuite ?

– Dis-moi, tu as des cercles en tête, aujourd'hui.

– Je n'ai rien contre. Je voudrais juste comprendre ce qui va se passer ensuite.

– Ce qui va se passer ? Nous déplaçons le *Faltboot* et le matériel là où est Waldemer et nous établissons le camp.

Quand nous le retrouvons, Waldemer a déjà ouvert la bête avec son couteau de chasse pour atteindre la viande des côtes. Il n'y en a pas beaucoup, à vrai dire : ce vieux spécimen a beaucoup plus d'os que de chair. Pendant que Waldemer termine son travail de boucher, Theodor et moi montons la tente. Les rayures rouge vif ressortent bien sur le paysage blanc. Notre camp est une étude en rouge, blanc et noir : la tente rayée, l'ours, le sang sur la neige, la carcasse de phoque noire. À l'intérieur de la tente, j'allume le Primus pour préparer du chocolat. Le réchaud démarre mal : la flamme est jaune et oscille au-dessus du brûleur. Je la règle pour obtenir la nuance correcte de bleu, avec un succès relatif. Puis Waldemer arrive, brandissant quelques dalles de chair rouge foncé. Inutile de tenter de les faire cuire : nous n'avons plus de poêle assez grande, et il nous faudrait les tenir au-dessus de la flamme avec des fourchettes. La chair est sans doute meilleure crue. En refroidissant, elle a presque la consistance d'une crème glacée durcie. Mâchée longtemps, elle fond lentement dans la bouche et se transforme en une essence nourrissante au goût de fraise plus que de sang, laissant cependant derrière elle quantité de fibres qui restent coincées dans les dents. C'était vraiment un plantigrade hors d'âge, sans doute le plus vieil ours de l'Arctique. Waldemer estime qu'il s'agissait probablement d'un spécimen échappé d'une ménagerie. Ce plat principal est un peu bourrin, comme il le dit lui-même, et nous compensons avec le dessert – biscuit de mer avec du sirop de framboise.

Avec le Primus allumé, la tente se réchauffe progressivement. Nous somnolons, après notre journée de randonnée dans ce dépotoir de blocs de glace. Le même programme nous attend demain. Tout notre matériel est maintenant dans la tente, et nous sortons les sacs de couchage. Surprise ! Il n'y en a que deux. Nous avons beau tout retourner, le troisième a disparu. Waldemer va jusqu'à inspecter le *Faltboot*, laissant entrer l'air froid en sortant et en rentrant, même si Theodor lui assure que tout est là.

Waldemer est perplexe.

– Vous êtes sûr qu'il était là quand nous avons levé le camp ce matin ?

– Je l'ai mis moi-même dans le *Faltboot*. Et je me rappelle les avoir sortis tous les trois lorsque nous sommes arrivés devant le chenal.

– Il est peut-être tombé pendant la traversée.

– Impossible.

La responsabilité du méfait incombe à Theodor. Les trois sacs étaient là lorsque nous sommes arrivés devant le chenal, nous n'avons rien laissé sur la glace derrière nous, et Waldemer se rappelle les avoir empilés tous les trois sur la glace une fois de l'autre côté. C'était Theodor qui était censé tout remettre en place pendant que Waldemer et moi étions en mission de reconnaissance.

Les sacs de couchage étant identiques, il est impossible de dire lequel manque. Theodor propose de se passer du sien. Mais outre la température, il n'y a pas de tapis de sol dans la tente et il faudrait s'allonger directement sur la glace. Nous entamons des négociations prolongées pour savoir lesquels d'entre nous se partageront un sac de couchage. Les arguments :

1. Proposé par Waldemer. Le major et lui se connaissent depuis très longtemps, ce sont de vieux compagnons de chasse et ils ont l'habitude de dormir n'importe comment.

2. Le mien, totalement facétieux. Je dirige cette expédition et, à ce titre, j'ai droit à une cabine privée. On ne fait même pas semblant de me prendre au sérieux et Theodor me joue un petit air de trompette, les mains en cornet.

3. Theodor avance son propre plan, basé sur des faits scientifiques et donc pratiquement indiscutable. Waldemer est de loin le plus volumineux d'entre nous. Un sac de couchage ne peut guère accueillir que Waldemer. Le sac de couchage doit être sollicité au minimum, et donc nous devons viser le minimum d'encombrement. La réponse est simple.

Cette thèse l'emporte, et nous prenons nos dispositions pour la nuit en conséquence.

Waldemer est profondément enfoncé dans son sac de couchage ; seule émerge la casquette de chasse. Sa voix nous parvient de loin :

– Les moustaches du major risquent de vous chatouiller, Theodor. Vous pouvez toujours venir ici si vous changez d'avis.

Ensuite un soupir, et plus rien. Quelques minutes plus tard, il ronfle.

Il y a deux raisons de se glisser le plus profondément possible dans le sac. D'abord et surtout, pour la chaleur. Même avec le Primus allumé toute la nuit, la température ne peut guère dépasser 0 degré centigrade, alors qu'à l'intérieur des sacs, nous pouvons espérer quelque chose qui se rapproche au moins de la chaleur du corps. Ensuite pour se protéger de la lumière. Le soleil, qui semblait pâle au-dehors, est comme amplifié par la soie rouge et blanche. Le blanc a l'éclat de la glace, le rouge celui, aveuglant, du sang d'ours, du feu, du soleil couchant aux reflets déformés par les vaguelettes du lac Majeur. Enfonçons-nous plus loin, encore plus loin pour échapper à cet éclat écarlate des choses que nous n'aurions pas dû faire mais que nous avons faites quand même, des choses que nous n'avons pas faites tout en sachant qu'il fallait les faire. L'ours a-t-il demandé à nous montrer son intérieur écarlate ? Il voulait seulement rester avec sa femme et ses enfants. Avons-nous débattu avec lui, comme des créatures rationnelles, pour savoir si sa vie était plus importante que la nôtre ? Le Pôle a-t-il demandé à être découvert, piétiné, souillé par nos boîtes de conserve et notre urine ? Au fond, dans l'obscurité et la chaleur du sac en peau de renne, un autre meurtre que nous avons commis à la fois sans le vouloir et sans jamais douter de notre propre droiture, comme la plupart des meurtriers. Nous ne sommes nulle part, Luisa et moi, tout est obscurité, nous sommes liés comme par des lanières dans la peau de renne, les vêtements ne sont plus nécessaires dans cette fusion de deux métabolismes dans une chaleur commune. À travers mes cheveux, juste au-dessus de l'oreille, j'entends murmurer en suédois :

– *Vi har... förut.*

Non, ce ne sera pas la première fois. Et sur ton instigation, de nouveau. Toi, fragile et éthérée, créature vulnérable qu'il faut protéger dans les rues de Paris, qui ne peut pas tenir un barreau de graphite sans le casser, toi qui as perdu le troisième sac de couchage, qui l'a poussé dans l'eau quand personne ne regardait, sans doute avec ce petit pli de détermination secrète au coin de la bouche. Et pourtant, j'ai dans l'idée que tout cela ne serait pas arrivé sans l'ours. Si le paysage était resté blanc. Et puis, de manière assez incongrue, une autre pensée lucide, scientifique, journalistique même, me vient à l'esprit : ce qui arrive est peut-être un phénomène très courant, et pourtant c'est un moment historique. Au pôle Nord, pour la première fois. Faut-il réveiller Waldemer pour qu'il puisse en prendre note ? Non, le pauvre, il a besoin de dormir. Quatre membres s'entrelacent quelque part au fond du sac, quatre autres plus haut, près des centres de nos intellects. Ils n'appartiennent à aucun de nous, nous les partageons, nous sommes une pieuvre à deux têtes qui se serre elle-même dans ses bras pour se réchauffer, et aussi pour se connaître et se pénétrer, se connaître et se recevoir, afin que sa vaste solitude dans la mer qui l'entoure puisse être au moins temporairement soulagée. La pieuvre, touchant enfin un lieu de connaissance secrète et cachée quelque part en son centre, vibre de l'extase d'un saint ondoyé par la grâce. Après quoi elle est calme, se suffit à elle-même, ses tentacules ne s'agitent plus que paresseusement de temps en temps. Elle est en sécurité dans l'obscurité, elle y a tout le nécessaire ; si elle s'aventurait au-dessus de la surface, dans cette lumière rouge et blanche, elle mourrait. Ou plutôt elle se scinderait en deux créatures étranges imaginées par quelque ancien Grec – incomplètes, se détachant lentement l'une de l'autre dans une mort vivante solitaire et confuse, jusqu'à parvenir à s'unir une fois de plus.

– *Tu es content, n'est-ce pas ?*

– Tu es folle, murmuré-je en suédois. Ne parle pas.

En tout cas, j'ai très sommeil.

Mais la voix continue.

– *Moi, tu sais, je n'ai pas peur de mourir.* Mourir ne serait pas très différent.

Un moment de silence, puis ces sons discrets reprennent de temps à autre au contact de l'air chaud, effleurent la circonvolution externe glacée et à moitié engourdie de l'oreille, descendent dans l'étroite grotte jusqu'au tympan et dans les ombres de la conscience profonde.

– *On est dans la chambre jaune, tu sais. Le soleil se couche, tout le monde se couche, on est contents.*

Et un peu plus tard :

– *Tu sais, le Bois. On était contents… le lac.*

Quel lac ? Celui que nous avons traversé, les doigts à moitié gelés sur les rames car les clients sont priés d'abandonner les bateaux uniquement aux endroits prévus ? Mais je suis déjà loin sous la surface, inconscient, agité seulement de temps en temps par le contact chaud d'une plume près de mon oreille.

Nous n'irons plus au bois,
Les lauriers sont coupés.
La belle que voilà,
La ferions-nous danser ?

Confortablement assis dos au feu, les yeux mi-clos, je réchauffe le verre de cognac dans mes mains, remarquant à peine ce que je vois, conscient uniquement des sons. La cousine polonaise Gela, en visite, est au piano. Quelque part à côté, le photographe à la mode et la tante parlent de Dreyfus, de Wagner, de l'hiver qui est singulièrement rigoureux et qui vous empêche même d'aller au Bois prendre l'air dans votre calèche.

– Le lac Inférieur est gelé, le saviez-vous ? Nous avions pensé aller à Menton ou en Espagne, mais Luisa insiste pour rester à cause de son récital.

– Qui doit avoir lieu quand ?

– En février.

En effet, Luisa est absorbée par cette tâche difficile, elle aborde la moindre chanson populaire avec l'élan et le sérieux d'une professionnelle, dos au piano, les tendons délicats à la base de sa gorge tendus par la concentration.

Mais les lauriers du bois
Les laiss'rons-nous faner ?
Non chacune à son tour
Ira les ramasser.

Une vague d'applaudissements polis mais manifestement sincères, qui dura un certain temps, vint saluer sa performance.

J'étais le seul hypocrite ; si je fis le geste d'applaudir, ce n'était pas parce qu'elle chantait bien – ou qu'elle chantait mal – mais parce que je ne connaissais rien à la musique et ne voulais pas me faire remarquer. Je compris tout au plus que sa chanson n'avait pas été choisie par hasard. Mais la signification de ce choix devait être immergée si loin dans son inconscient féminin qu'elle en était probablement étouffée par l'exquise complexité de tous ses autres instincts. Ainsi, elle était supplantée par la brutalité du dilemme fondamental qui se posait à elle : danser, ou cueillir les lauriers ? Moi-même, je ne dansais pas. Si tel était son caprice, elle devrait donc le satisfaire seule ou en compagnie de quelqu'un de plus complaisant. Le diplomate péruvien, peut-être, ou La Péninsule.

Sa mère, arborant sur le front une marque de caste décentrée, se gavait de petits-fours d'une main et tenait de l'autre – ce qui me rendait nerveux – une tasse de thé au jasmin qui penchait dangereusement. Elle m'informa que le chant de Luisa était *ekski*. Elle avait l'impression que c'était du Chopin, mais peut-être avais-je seulement mal interprété un « *Vous connaissez ce pain ?* ».

La Matriarche vibrante ne me laissa pas m'enfuir si facilement.

– Donc, major (ma promotion était déjà connue), nous pouvons nous attendre à ce que l'été prochain vous vous envoliez vers les régions polaires pour y trouver la gloire et même la richesse ? (J'étais semblait-il toujours considéré comme un prétendant puisqu'elle réfléchissait encore à ce qu'on appelle conventionnellement mes perspectives.) Je dois avouer que je ne sais pas très bien ce que vous étudiez. (Les hochements secs de son menton niaient tout ce beau discours.) Parfois, ce sont des ondulations électriques dans l'air, d'autres fois des ballons. Et qui sont ces Allemands qui vont vous en offrir un nouveau ? Luisa me dit que vous allez réussir à le diriger en tirant sur des cordes. Excusez-moi, je ne suis qu'une vieille femme ignorante, mais je ne comprends pas comment en tirant sur des cordages on peut faire aller un ballon contre le vent.

– Allez au canal Saint-Martin n'importe quel après-midi et vous verrez comment on peut faire aller une péniche à contre-courant en tirant sur des cordages.

Elle aurait pu répliquer que l'éclusier disposait d'un point fixe – le quai – sur lequel se tenir, alors que cette commodité n'était pas disponible dans un ballon en plein vol. Cette objection aurait révélé une certaine connaissance des théories d'Archimède, si elle ne s'était désarmée d'avance en prétendant être une vieille femme ignorante. Il était vrai qu'elle était vieille, qu'elle était ignorante, et qu'elle était une femme. Mais ces éléments ne suffisaient pas à asseoir sa prétention car sa perspicacité compensait tout cela, et elle voyait à travers moi comme si j'étais une marionnette en ichtyocolle. Sa défense était habile : elle invoquait les convenances sociales au lieu des connaissances scientifiques, domaine où j'avais clairement l'avantage.

– Je ne suis jamais allée au canal Saint-Martin. Je crois que c'est dans un quartier populaire. Vous savez, major, il nous est difficile de comprendre pourquoi vous vous intéressez à nous autres bavardes de la société triviale. (Nouveau tremblement contradictoire.) C'est très flatteur, bien sûr. Quelque chose de mystérieux, pour ainsi dire, semble vous attirer parmi nous. Je suis certaine que ce ne sont pas mes charmes surannés, et Luisa est bien sûr fiancée.

Nous écartions d'emblée tacitement l'idée que je puisse me complaire à parler de pâtisseries et de Chopin avec la mère.

Cette référence à Luisa était clairement une mise en demeure, voire une remontrance. On m'informait ainsi qu'il n'était pas convenable pour un individu dans ma situation de fréquenter indéfiniment le salon d'une jeune fille à marier sans faire quelque pas dans le menuet des conventions – soit en avant, soit en arrière. J'aurais pu lui dire : « *Madame, je ne peux espérer rivaliser avec La Péninsule dans son domaine d'excellence* » (et il y aurait plus tard des occasions où j'aurais souhaité l'avoir fait). Ce qui aurait détruit une grande partie de son aplomb et aurait même pu la faire cesser de vibrer un instant, avec l'avantage supplémentaire de me débarrasser d'une enquiquineuse à la capacité de nuisance considérable. Plus jamais elle n'aurait osé croiser le fer avec moi. Mais il aurait été peu galant de trahir les confidences de Luisa. Aussi, j'inventai une riposte qui, si révélatrice soit-elle, avait l'avantage qu'il lui était impossible de s'y opposer. Je lui dis donc :

– Je suppose que c'est Theodor. J'éprouve pour lui une amitié assez chaleureuse.

Elle ne parut pas perturbée outre mesure. Mais elle se tut. En m'informant catégoriquement que Theodor n'existait pas, elle aurait révélé ou avoué chez sa nièce une tendance au travestissement incompatible avec l'image qu'elle souhaitait projeter, à savoir qu'elle appartenait – presque – à la meilleure société de l'île Saint-Louis. D'autant que j'aurais risqué de lui répondre (moi, ce Suédois fou imprévisible) : « Comment ce jeune homme peut-il ne pas exister alors qu'il est venu chez moi, et que j'ai visité avec lui des cabarets de Montmartre ? » (Ce dernier détail n'était pas strictement conforme à la vérité, mais elle n'avait aucun moyen de le savoir.) Et si elle avait dit : « Ce ne sont que les vapeurs de Luisa, et il est inconvenant que vous alliez dans de tels endroits avec elle habillée en garçon, alors qu'elle est officiellement fiancée à La Péninsule » (elle l'aurait appelé différemment, bien sûr, même pas Alberto mais *senõr* ceci ou lieutenant cela – je n'ai jamais su son nom de famille), j'aurais été en droit de répliquer : « J'ai du mal à comprendre comment j'ai pu attenter à la réputation de cette demoiselle qui affichait déjà une grande liberté de mœurs, et ce même avant mon entrée en scène. »

Mentionner Theodor avait démoli toute possibilité pour elle de me dépeindre comme un séducteur d'âge moyen déterminé à corrompre une jeune fille vulnérable, oscillant au seuil de la féminité, sans défense face aux machinations lubriques d'un Viking grand habitué des bordels du front de mer de Stockholm – et armé, en prime, de toute la sorcellerie d'un savant fou ! Mon avantage assuré, j'étais, nouvel Achille, sur le point de la traîner trois fois autour des murailles de Troie lorsque Luisa vola à son secours. Et au mien aussi, je suppose.

– *Fi donc, ma tante.* Le major ne veut pas parler à des personnes âgées et ennuyeuses. (Ce qui était parfaitement vrai, mais il faut le dire avec le rythme et la grâce qui conviennent, comme dans ces comédies d'Émile Augier qui semblent faites de meringue. Luisa, grâce à une longue pratique, possédait ce don à la perfection.) Venez avec moi, Gustav, j'ai ce qu'il vous faut, un cognac pour vous calmer et un café noir pour vous remettre en train.

Elle s'approcha donc du buffet et feignit de constater qu'il n'y avait pas de cognac.

– Quel dommage !

Sans chercher plus, elle me servit dans un élégant petit verre en forme d'orchidée un breuvage dénommé Élixir Vert-Galant, dont le goût s'apparentait à de l'essence de violette. Je lus l'étiquette : « La plus exquise des liqueurs de table et en même temps le plus énergique des reconstituants et des toniques. Force, santé, jeunesse et vigueur sont restaurées par ce puissant régénérateur. C'est la vie prolongée avec tous ses charmes. » À vrai dire, j'en avais assez de son ironie, d'autant que ces jours-ci elle n'avait apparemment plus le temps d'être affectueuse même entre les portes. En sa présence, je me promenais constamment avec une certaine gêne, comme si j'avais oublié un cintre dans mon pantalon. J'aurais pu lui dire que chatouiller le nez des lions du zoo est un jeu dangereux pour les petites filles. Au lieu de quoi je m'en remis à la tactique la plus éloignée de mon besoin physique actuel, et peut-être du sien – mais sans doute la plus efficace. J'exprimai mes regrets de ne pouvoir lui rendre visite le lendemain, et peut-être pendant plusieurs jours de suite, car j'avais certaines recherches à mener au musée du Conservatoire des Arts et Métiers, rue Saint-Martin.

– Ah ! La collection d'horloges. *Comme c'est charmant !* J'y vais souvent. Je peux vous y retrouver à 15 heures, mais je ne pourrai rester qu'une heure, car ensuite je dois aller à Passy pour mon solfège.

Et, voyant l'expression de mon visage, elle ajouta avec une sorte d'agacement amusé :

– Vous ne me prenez pas au sérieux, n'est-ce pas ?

Elle n'eut qu'un quart d'heure de retard ; je m'abstins de regarder ostensiblement ma montre – je voyais d'ailleurs l'horloge dans la cour du Conservatoire. Je tuai le temps en réfléchissant au problème technique qui avait motivé ma visite. Un certain doute (sans rapport avec le scepticisme de la tante) avait commencé à se former dans mon esprit quant à savoir si une combinaison de guideropes et de voiles était réellement le moyen le plus efficace de diriger un aérostat rempli de gaz sur de longues distances, en particulier à la lumière des récents développements de la mécanique.

Dès 1883, les frères Tissandier avaient réussi une ascension dans un ballon muni d'un moteur électrique et d'une hélice, et en 1884, d'après le rapport, ils avaient réussi à neutraliser un vent de 7 nœuds avec cet appareil. Leur projet avait alors été repris par le ministère de la Guerre sous la direction des capitaines Renard et Krebs. En 1885, leur ballon fusiforme *La France*, avec à l'arrière une hélice entraînée par un moteur électrique, avait atteint la vitesse de 22 kilomètres à l'heure, soit environ 14 nœuds. Mais pourquoi ces recherches n'avaient-elles pas été poursuivies plus avant ? Mystère. J'avais plusieurs théories à ce sujet. Peut-être les essais se poursuivaient-ils mais en secret, sous l'égide des autorités militaires françaises. Il se pouvait aussi que ces aéronefs soient trop lourds et leur autonomie trop courte : les accumulateurs embarqués pour fournir de l'énergie seraient vite épuisés. Enfin, à l'instar de l'infortuné professeur Eggert, Renard et Krebs étaient peut-être sur la bonne voie mais ne le savaient pas; ils étaient à court de fonds ou s'étaient laissés trop facilement décourager. Le dispositif propulseur de leur aéronef était exposé au musée des Arts et Métiers, où j'étais venu l'examiner muni d'un gros carnet que j'espérais remplir de données chiffrées.

Je savais aussi qu'à Berlin le Dr Wölfert menait des expériences avec un ballon similaire en forme de cigare, mais propulsé par un moteur à essence, ce qui me semblait un peu plus prometteur que le système Renard-Krebs. Peut-être devrais-je, dans les prochaines semaines, me rendre en Allemagne pour interroger Wölfert, ou juste essayer de le faire, car il était connu pour son culte du secret et avait même embauché une équipe de détectives privés pour interdire l'accès à ses ateliers. Le temps manquait, mais cette visite à Berlin s'accorderait bien avec celle que je devais rendre à nos estimables bienfaiteurs, la Prinzessin Brauerei G.m.b.H. à Hambourg, pour parler finances.

Personnellement, j'espérais qu'aucun de ces expédients mécaniques ne s'avérerait aussi efficace que le plan que j'avais déjà conçu. Les moteurs de quelque sorte que ce soit sont lourds et obligent à réduire d'autant la charge utile d'un aérostat. Les accumulateurs sont malodorants et sont susceptibles de laisser échapper de l'acide sulfurique; les moteurs à explosion créent des étincelles dangereuses à proximité de l'hydrogène. En tout cas, je n'aimais pas autant les machines que Waldemer et je n'aimais pas les moteurs bruyants et les odeurs d'huile et de graisse. J'espérais dans une sorte de fantasme héroïque m'envoler là où je voulais aller dans un silence parfait, avec pour seule aide les forces de la nature.

Il y avait enfin une objection assez romantique et que je n'aurais jamais songé à avouer à qui que ce soit: les systèmes de propulsion mécanique impliquant la force brute imposaient à l'enveloppe une forme allongée, en cigare, ce qui violait le rapport instinctif et affectif que j'entretenais avec l'appareil – cela, je ne pouvais le défendre sur aucune base rationnelle. La sphéricité était féminine et la fusiformité masculine, pour ainsi dire, et il fallait que le nouvel aérostat s'appelle *Prinzess III*, ne serait-ce que par symétrie avec les autres et à cause des thalers fournis par les généreux brasseurs allemands. Mais ce n'était pas tout : une partie obscure et pourtant inflexible de mon esprit avait décidé que moi, être masculin, et elle, cette montgolfière, allions accomplir cet exploit ensemble. Tout autre participant au projet était accessoire. Mon âme était farouchement hostile aux moteurs à essence ou électriques, un peu comme si on me demandait d'épouser une créature faite de fer plutôt que de soie et d'élasticité éthérée. Ce qui ne m'empêcherait pas d'examiner l'appareil de Renard et Krebs. Je m'occuperais du Dr Wölfert plus tard.

Luisa arriva dans une robe matinale élégante et un paletot, impeccablement gantée et coiffée.

– Ne soyez pas en colère. J'ai dû accompagner *ma tante* rue de Rivoli, chez l'encadreur.

Je n'étais pas en colère ; seulement cynique. J'accordais une tolérance de 23 % aux estimations féminines du temps, ce qui s'avérait en général suffisamment précis. Nous entrâmes dans le musée sans nous soucier des billets – j'avais un laissez-passer du ministère du Commerce et de l'Industrie – et nous arrêtâmes sur le seuil de l'immense et décrépite salle gothique qui, jusqu'en 1799, avait été la chapelle bénédictine Saint-Martin-des-Champs. Quelle heureuse ironie de la part de la Révolution que de remplir une église profanée de ces monstres de métal infernaux qui asservissaient désormais les hommes à la place de leurs vieux maîtres les aristocrates ! Il ne manquait plus à la collection qu'une guillotine. La première chose qui attira notre attention fut un pendule de Foucault : suspendu à un fil ancré très haut dans la voûte, il oscillait avec une lenteur planétaire, progressant sur sa circonférence par incréments imperceptibles à mesure que la Terre tournait. Luisa se mit à m'en expliquer le principe avec une précision quasi parfaite. Peut-être avait-elle veillé toute la nuit, ou une partie de celle-ci, pour consulter un ouvrage sur les pendules de Foucault. Elle avait même les chiffres exacts ; je fus impressionné, mais me contentai d'approuver vaguement du bout des lèvres.

– Oui, oui.

Par malchance, mon laisser-passer du ministère avait provoqué l'apparition d'un conservateur, qui tint à nous accompagner et à tout nous détailler. Le fardier à vapeur de Cugnot de 1770 ne m'intéressait pas du tout, pas plus qu'un graphique montrant la production de charbon en France de 1789 à 1888. Nous arrivâmes devant l'appareil de Renard et Krebs. Derrière lui, un plan intégral de l'aérostat montrait comment les mécanismes de propulsion s'adaptaient au reste. Seuls le moteur, l'hélice et quelques fils emmêlés qui les reliaient aux accumulateurs étaient réels. L'hélice était grotesque ; elle ressemblait à un moulin à vent hollandais avec ses aubes en toile à voile. Le moteur, lui, avait la taille d'un tonnelet de clous et était probablement presque aussi lourd. Il y avait aussi, dans un carter en fonte, un train d'engrenages pour réduire la vitesse du moteur – sans doute plusieurs milliers de tours-minute – à une allure qui ne mettrait pas le moulin à vent en lambeaux. Le conservateur était incapable de me renseigner sur le poids de ces objets. Alors j'enjambai carrément la chaîne ; l'homme vira au violet, craignant de lever la main sur moi à cause du laissez-passer officiel, et je testai le poids du moteur. Je pouvais à peine le bouger. Au moins 60 kilos. Et le train d'engrenages était encore pire.

Je remplis plusieurs pages de mon carnet et expliquai le problème du poids à Luisa.

– Peut-être, suggéra-t-elle, pourrait-on fabriquer un moteur plus petit, qui tournerait plus vite et serait donc tout aussi puissant.

Je lui concédai un bref regard, dénué autant que faire se peut de tout sarcasme.

– Vous avez vu juste. Je me demande pourquoi Renard n'y a pas pensé.

– Ce serait plus efficace, voyez-vous. Parce que le rendement en couple moyen d'un moteur électrique, exprimé en pieds-livres par seconde, est fonction de la vitesse de rotation.

Oui, et alors ? Elle avait au moins impressionné le conservateur. Je ne pris pas la peine de lui expliquer que plus le moteur tournait vite, plus sa vitesse devait être réduite, ce qui augmenterait d'autant l'encombrement et le poids du train d'engrenages. En outre Renard, diplômé de l'École Polytechnique, en savait plus sur le couple et les pieds-livres qu'elle n'aurait pu en apprendre en consacrant toutes ses nuits pendant un mois entier à lire les ouvrages de sa bibliothèque. Je m'intéressais plus aux accumulateurs, et demandai au conservateur où ils étaient. Il m'en montra un ou deux. C'étaient en fait des piles Leclanché, basées sur un procédé oxydoréducteur zinc-bioxyde de manganèse. Elles non plus n'étaient pas vraiment légères, et le conservateur ne put me dire combien Renard et Krebs en utilisaient pour leur moteur. Je fis un rapide calcul approximatif. Le moteur exigeait probablement une centaine de volts, et les piles Leclanché produisaient un volt et demi chacune. Il faudrait donc soixante-sept de ces lourds bocaux.

Pis encore, un autre calcul approximatif montra qu'avec la consommation de courant attendue les piles seraient épuisées en dix-sept minutes environ. Pas question d'aller du Spitzberg au pôle Nord ! Hourra ! Je maîtrisais difficilement mon exaltation. Renard et Krebs faisaient fausse route, et leurs disciples n'iraient jamais plus loin que le tour du Champ de Mars, le dimanche devant une foule de spectateurs. Il y avait toujours le Dr Wölfert, qui n'avait pas besoin d'accumulateurs, mais une chose à la fois !

Je refermai le carnet, qui contenait alors plusieurs croquis et diagrammes ainsi qu'une copieuse collection de calculs et de données chiffrées, la plupart hypothétiques.

J'ai oublié de noter qu'à mi-chemin, Luisa avait épuisé sa curiosité au sujet des moteurs et des piles Leclanché et avait rallié l'aile ouest et sa collection d'horloges. Elle collectionnait des horloges et garde-temps rares et curieux ; elle en possédait plusieurs dizaines quai d'Orléans et avait même appris quelque chose sur leur mécanisme. Cet intérêt, qui paraissait plutôt étrange au premier abord, s'avérait à la réflexion compréhensible et même logique. La femme n'était-elle pas le meilleur effort de Dieu pour fabriquer une horloge, censée sonner toutes les quatre semaines mais parfois sujette à des retards inquiétants ? Je la retrouvai au milieu de globes célestes, de figurines mécaniques et d'automates de toutes sortes mus par des ressorts.

– Gustavus, venez voir.

– Voir quoi ?

– Venez.

Elle me conduisit jusqu'à une vitrine et me montra une petite silhouette féminine, de la taille d'un chat, assise devant un instrument de musique, un maillet miniature dans chaque main. Elle était très élégante, à la mode du XVIIIe siècle : robe de satin beige pâle à boutons de roses et galon vert, perruque beige argent.

*No 7501. Joueuse de tympanon. Automate de Roentgen et Kintzing. Appartenait à Marie-Antoinette. Joue huit airs différents dont un extrait de l'*Armide *de Gluck.*

La robe de satin qui recouvrait le tabouret cachait manifestement son mécanisme. La préposée, charmée par l'élégance de Mademoiselle, lui ouvrit la vitrine et fit fonctionner cette poupée pour nous. Les maillets se mirent en mouvement, les airs du siècle précédent s'égrenèrent avec précision et délicatesse, sur un tempo plutôt lent. Luisa joignit les mains, ravie ; elle et la préposée échangeaient des sourires.

– *Mais ne pourrions-nous pas voir comment elle fonctionne ? La robe...*

– *Ah non, mademoiselle, c'est défendu.*

– Gustav (en anglais), montrez-lui donc votre carte du ministère.

Finalement, je dus produire non seulement le bristol du ministère mais aussi un billet de dix francs. Une fois déshabillée, la tympaniste, qui avait conservé perruque et pantoufles sur un corps en bois complet en tous points, était assise sur un mécanisme complexe de pignons et de rouages, et tenait délicatement ses petits maillets, un dans chaque main ; des jarretières étaient peintes sur ses jambes, juste au-dessus des genoux. Le bas du mécanisme hébergeait une sorte de roue à aubes qui tournait dans le vide, comme le régulateur d'une boîte à musique, pour l'empêcher de jouer trop vite – son métabolisme, pour ainsi dire.

La préposée remit sa robe à la poupée en rougissant et esquissa un sourire. Luisa aussi semblait satisfaite. J'étais à nouveau entouré de femmes qui échangeaient autour de moi et par-dessus ma tête sur des sujets qui me concernaient sans doute obscurément. Pourquoi Luisa m'avait-elle obligé à payer dix francs pour déshabiller un automate ? Voulait-elle me rappeler que les musiciens, si talentueux soient-ils, portaient eux aussi des dessous ? Ou était-ce simplement l'intérêt d'une *femme savante* pour l'horlogerie ? Je doutais qu'elle sépare ces deux choses dans son esprit. Personnellement, les membres en bois de la marionnette m'intéressaient moins que son régulateur à aubes. Car laissé à lui même, le mécanisme outrepasserait sa propre ingéniosité et s'autodétruirait. Seul l'air, le plus ténu et le moins palpable des quatre éléments, pouvait le ralentir – ce même air qui avait entraîné le ballon de Renard et épuisé ses accumulateurs en 17 minutes. La visite de la salle des automates n'avait fait que confirmer ce que j'avais deviné plus tôt dans la chapelle bénédictine : ce n'est pas en frappant la nature à coups de barres de fer qu'on peut espérer la dompter, mais seulement en s'abandonnant à elle et en flottant dans la direction qu'elle veut.

À la porte du Conservatoire, je proposai d'accompagner Luisa jusqu'au quai d'Orléans – où un scientifique voyou pourrait la déshabiller pour examiner son régulateur – mais elle était trop pressée d'aller à Passy pour son cours de chant. C'était assez mystérieux car ces cours, d'après ce que j'avais compris, étaient censés avoir lieu le matin. Mon après-midi s'était bien passé, même s'il n'avait commencé qu'à 15 heures. Je décidai de rentrer rue de Rennes à pied en passant par le boulevard de Sébastopol et le Pont-Neuf. C'était une journée claire et froide ; la Seine coulait comme du plomb à demi figé, lentement, avec des reflets grisâtres. Place Saint-Germain, j'achetai un journal. Un gouvernement était tombé en Italie, un gratte-ciel s'était élevé à New York. À Berlin, le Dr Wölfert avait effectué une ascension dans son ballon propulsé par un moteur. Il y avait eu une explosion en vol, le ballon était tombé et le Dr Wölfert et son assistant étaient morts. Le soleil commençait à se coucher derrière le vieux clocher gris de Saint-Germain. Il faisait froid dans la rue ; dans ma chambre, il faisait chaud.

22 juillet 1897

Depuis quatre jours, glissant et trébuchant, nous nous efforçons de progresser dans ce paysage qui, congelé, est plus vertical qu'horizontal et qui, en fondant, se change en une soupe qui nous avale jusqu'à la taille. Dès que nous tentons de naviguer avec le *Faltboot*, comme par hasard l'eau durcit et se change en granit. En revanche, dès que nous essayons de marcher dessus, elle se rechange en eau. Sous la tente, alors que nous essayons de dormir, j'entends la glace grincer d'une manière inquiétante. Elle pousse, les blocs s'entrechoquent, elle grogne, se plaint et s'agite en permanence sous nos pieds. J'ai perdu la notion du temps ; si je suis convaincu que nous sommes désormais le 22 du mois, c'est uniquement parce que j'ai fait une croix dans l'agenda acheté à Stockholm chaque fois que nous avons dressé le camp. Mais si nous avons dressé le camp plus d'une fois par jour ? Impossible. Waldemer a sa grosse montre de gousset, j'ai la mienne, et nous avons les deux chronomètres Kullberg 5566 et Kullberg 5587 pour les contrôler. Mais le climat ou les secousses que nous leur avons fait subir mettent ces instruments à rude épreuve. Il y a deux ou trois nuits (22 moins 3 font 19, donc ce devait être lundi), j'étais réveillé ou à moitié réveillé et j'ai entendu K. 5566 et K. 5587 dialoguer dans un tic-tac doux et régulier, en sourdine pour ne pas nous alerter.

– Accélérons. Plus les journées seront courtes, plus vite ils connaîtront leur sort, heureux ou malheureux, et ils se fatigueront moins.

– Au contraire, il faudrait ralentir. Ils nous suivront plus facilement.

– Leur rythme va s'accélérer avec le nôtre.

– Quoi que nous fassions, il faut nous mettre d'accord. Avec un seul chronomètre, le temps ne signifie rien. Il se peut qu'il soit déréglé. Mais ce que disent deux chronomètres est la vérité, et le système solaire doit suivre. Donc si nous accélérons, le Soleil et les planètes accéléreront aussi…

Et ainsi de suite. Leurs voix étaient calmes, rationnelles, tranquilles, discutant posément de tous les aspects de la question. J'ai noté avec surprise qu'ils avaient notre bien-être à cœur, et aussi qu'ils parlaient doucement, pour que nous puissions dormir tout notre saoul. Cependant, à mon réveil, je me suis dit qu'on ne pouvait plus vraiment leur faire confiance en tant qu'horloges étalons. Certains indices suggéraient que l'écart journalier de l'un aurait changé. Lequel ? Impossible à déterminer, puisque leur exactitude ne se vérifie qu'en les comparant l'un à l'autre. À ce moment-là, je n'étais pas aussi fatigué qu'aujourd'hui et j'ai pris conscience que la couverture laiteuse au-dessus de nous s'était temporairement dissipée, si bien que le soleil et la lune étaient visibles en même temps. Ah ! Professeur Crispin, place aux mathématiques supérieures. La méthode dite des distances lunaires, qu'on peut utiliser non seulement pour trouver sa position mais aussi pour vérifier les chronomètres, est considérée depuis l'époque de Gemma Frison comme le calcul le plus risqué et le plus ardu dans l'art de l'astronomie nautique.

En plus, mes mains étaient engourdies, tous les stylos ont gelé, et notre unique crayon a été cassé tant de fois qu'il est à peine plus long qu'une phalange. Mais je m'y suis quand même attelé : j'ai d'abord calé le sextant à l'horizontale, puis aligné les limbes du soleil et de la lune pour mesurer la distance angulaire qui les sépare. (Les deux disques se rapprochaient à une vitesse vertigineuse et je devais sans cesse tourner le bouton du tambour. Peut-être qu'ils allaient se heurter et que ce serait la fin universelle de tous les problèmes, y compris des nôtres.) Puis j'ai compensé pour les demi-diamètres, mis en branle les tables de logarithmes et l'almanach, et commencé à recouvrir de pattes de mouche l'un de nos derniers morceaux de papier.

Cette méthode, très sensible aux erreurs et imprécisions inévitables quand on relève des arcs angulaires avec un sextant à moitié gelé, avait établi notre position à 81° 42' nord, 36° 20' est – à quelques centaines de milles près dans les deux sens (le crayon était très émoussé, ma main une patte préhistorique engourdie). Depuis, nous progressons plus ou moins vers le sud, dans la mesure où la configuration de la banquise en dégel l'autorise. La terre François-Joseph se trouve quelque part devant et à l'est, la masse principale du Spitzberg hors de portée à l'ouest. Les mains serrées en permanence sur les cordes de traction, nous peinons sur un sol où des pianos à queue blancs posés sur la tranche alternent avec de la soupe glacée. Le teint de Theodor, comme je le craignais, n'est pas vraiment adapté à ce climat. Il est devenu d'un bleu sombre et ferreux, les pommettes noires à cause des engelures. L'écharpe l'enveloppe presque complètement, seuls ses yeux sont visibles. Mais il tire aussi fort que nous et aussi régulièrement, enfonçant un pied puis l'autre dans la glace détrempée. C'est Waldemer qui semble se fatiguer, lui que j'imaginais être le plus robuste d'entre nous.

Mais, persuadé que nous finirons bien par arriver quelque part, il ne se plaint pas. Il s'en remet à moi pour ce qui est de la navigation. Il est trapu, et s'essouffle vite ; peut-être est-il légèrement asthmatique. Lorsqu'il parle – et il parle souvent, non pas pour donner des informations mais pour se remonter le moral et nous en faire profiter –, il se limite à des phrases brèves, souvent entrecoupées de longues pauses, comme pour extraire un peu plus d'oxygène de ce lait écrémé congelé qu'il inhale.

– Si jamais je m'en sors… je sais où je vais passer… le reste de mes jours.

Ses phrases sont parfaitement construites, du moins selon les normes journalistiques, sans aucune prétention littéraire.

– L'asile des aliénés… à Halifax, Nouvelle-Écosse… est agréablement situé… au milieu de riantes collines verdoyantes… et propose un confort… très anglais, dirais-je. Je le recommande… particulièrement.

Mais il n'y a aucune chance pour que Waldemer soit jamais admis dans un asile d'aliénés. Un simple coup d'œil suffirait à n'importe quel psychiatre pour voir qu'il est désespérément sain d'esprit. Il heurte un des pianos à queue, estime sa longueur sur la glace, et observe sans rancune :

– La région polaire… est certainement la source… du concept de la pierre d'achoppement.

Puis survient un accident un peu plus grave ; la glace mince cède sous Theodor, qui s'enfonce jusqu'aux aisselles dans un mélange d'eau et de neige. Waldemer y tombe lui aussi en essayant de l'en tirer. Son commentaire :

– Rien ne presse… quand il s'agit de mourir, vous savez… si nous ratons l'occasion cette fois… nous aurons toujours une autre chance.

Il n'y a plus d'ours, désormais : si nous distinguons de nombreux points blancs flous à l'horizon, nous n'en sommes jamais suffisamment proches pour pouvoir tenter un tir. Et nous avons encore un gros morceau de viande congelée dans le *Faltboot*. Nous en coupons des morceaux de temps en temps et les mâchons patiemment pour en extraire le jus rouge. Un jour, nous suivons les traces d'un grand mâle sur une certaine distance avant de constater que, comme Theodor et Waldemer, il est passé à travers la glace ; comme quoi même les ours blancs peuvent se tromper. Un peu plus tard, Waldemer parvient à décoincer la Mannlicher et à abattre un phoque imprudent qui faisait la sieste sur une plaque de glace à quelques mètres seulement de nous. La petite perle de métal qui lui perfore un poumon le réveille juste à temps pour qu'il s'effondre, glisse jusqu'au bord de l'eau, bascule et coule à pic. Waldemer est perplexe, comme toujours face à un dysfonctionnement quelconque. En juillet, la mer est composée en grande partie de glace fondue – qui surnage parce que moins dense –, et ne peut supporter le poids du phoque, dont la densité est égale à celle de l'eau salée.

Theodor n'y comprend rien.

– Comment la glace peut-elle fondre si nous, nous gelons ?

– Les lois de l'univers s'appliquent différemment aux humains et à la matière inanimée.

– Parfois, je pense que c'est vous qui inventez ces lois.

– C'est exact. Et avec moi, elles fonctionnent.

Il a beau dire que nous gelons, ses habits – les jodhpurs en laine noire, l'élégant manteau militaire – fument dans l'air calme et glacial. Il y a encore de la chaleur en lui, un petit feu entretenu par la viande d'ours et l'entêtement pur, et qui pourrait même, à la longue, sécher ses vêtements. Quant à moi, j'ai les pieds mouillés en permanence ; même un long séjour dans un asile en Nouvelle-Écosse ne pourrait pas les sécher. (Ce journaliste autrichien qui disait que j'étais soit un idiot soit un escroc avait d'ailleurs négligé la troisième possibilité : que je sois fou.)

Quand cette conversation a-t-elle eu lieu ? Hier peut-être, même si, avec la possibilité que nous ayons dressé le camp plus d'une fois par jour, de tels calculs sont sujets à d'énormes risques d'erreur. Je crois fermement que nous sommes aujourd'hui le jeudi 22, et c'est ce que j'ai noté dans mon agenda. Cela ferait donc quatre jours que nous avons abandonné le *Prinzess*. La banquise, encore relativement ferme à l'époque – dans ce sombre passé –, adopte désormais de plus en plus les caractéristiques de la mer autour d'elle et sous elle, à commencer par sa liquidité. Hier encore, il a fallu franchir plusieurs larges chenaux, en chargeant chaque fois tout le matériel dans le *Faltboot*, avant de le décharger. Mais la plupart du temps, nous pouvons encore progresser à pied.

Hier (si c'était bien hier), j'ai discerné droit devant nous une clarté bizarrement incurvée qui s'étirait d'un bout à l'autre, et sous laquelle se déroulait un bien étrange spectacle : de menus fragments de l'horizon, certains fins comme des aiguilles, s'élevaient, se tortillaient et retombaient. Et une ligne blanche en dents de scie se dressait du sud-sud-est au sud-sud-ouest. Elle a changé de forme constamment, mais s'est maintenue au moins une heure. Waldemer aussi l'a vue. Il m'interroge du regard, mais je continue de tirer, feignant de ne pas le remarquer. Un léger sourire se forme sous sa moustache. Un secret ? Waldemer a des secrets comme lui seul peut en imaginer : en général très concrets, ils concernent souvent le monde mécanique ; ce sont des petites plaisanteries qui ne sont pas destinées à tromper qui que ce soit. De temps à autre, il se tourne vers moi pour voir si j'ai remarqué les dents de scie.

Parfois elles bougent, changent de place, reprennent leur forme précédente. À un moment donné (je ne suis pas sûr que Waldemer s'en soit aperçu), toute cette structure décolle de l'horizon, faisant apparaître une tranche de ciel en dessous. Cela ne dure qu'un instant, puis la ligne dentelée retombe et reprend ses ondulations brouillonnes.

– Major ?

– Hmm ?

– Il y a, ah… quelque chose. Je parie que vous ne l'avez pas remarqué.

– Quoi ?

– Il y a… de la terre droit devant nous. À pas plus de 50, 60 milles. Sans doute la terre François-Joseph. Des montagnes. Rien d'autre ne peut être aussi haut.

– Oh ! dis-je en fixant l'horizon comme si je voyais le phénomène pour la première fois. Bravo, Waldemer.

Il s'étonne que je ne fasse pas plus grand cas de cette découverte, d'autant que mes derniers calculs nous plaçaient plus à l'ouest, avec la terre François-Joseph largement hors de portée à 100 milles ou plus à l'est. Mais il me fait toute confiance pour la navigation, et croit peut-être que je savais depuis le début que les montagnes seraient là. Theodor ne fait aucun commentaire. Nous continuons à tirer le *Faltboot*. Waldemer nous signale que ces foutues montagnes ne semblent pas se rapprocher. Nous nous arrêtons pour les examiner aux jumelles. C'est Waldemer s'en charge. Je sais déjà de quoi il s'agit. Brusquement, alors qu'il vient de ranger les jumelles dans le *Faltboot*, ces montagnes semblent beaucoup plus grandes. Waldemer exulte.

– Elles ne sont plus très loin. Pendant un moment, j'ai bien cru… à des illusions d'optique. D'origine atmosphérique, sans aucun doute.

Sans aucun doute. Vingt minutes plus tard, nous arrivons à leur hauteur : ce ne sont que des hummocks pas plus hauts que nos genoux, que la réfraction a étirés en himalayas et sierras – des fantômes que nous poursuivons depuis deux bonnes heures. Le faible rayonnement solaire, en frappant la glace et les chenaux plus sombres, a légèrement réchauffé l'air près de la surface et l'a transformé en une lentille géante, une lentille avec nous à l'intérieur. Heureusement, Waldemer a le sens de l'humour. Il est penaud, et sait que Theodor va le taquiner, quand ils seront tous les deux moins fatigués et plus enclins à plaisanter. Nous remettons le *Faltboot* en mouvement et continuons de haler. Je sais exactement où nous sommes, non seulement grâce à la lune, que nous avons vue le 20, mais aussi grâce à la boussole que j'ai dans le sang : environ 81° nord ou un peu plus bas. Kvitøya est directement devant nous, à environ 50 milles. Encore un long chemin à parcourir.

Et Theodor, ou Luisa : coiffé de l'écharpe qui couvre tout sauf les yeux – des yeux lumineux qui tranchent sur les fragments d'épiderme fugitivement aperçus, des yeux de la couleur bleuâtre du fer avec des traces de rouille. Arc-bouté sur sa corde, il plante un pied après l'autre dans la surface blanche qui s'effrite et glisse à chaque effort des bottes pour la saisir. La façon dont la géométrie de nos cordes de traction nous place me force à tourner un peu la tête pour le regarder. Je le fais très fréquemment, non pas pour vérifier quoi que ce soit et certainement pas par compassion, mais simplement par curiosité devant cet automate revêtu de noir, si efficace qu'il parvient à fonctionner de la même manière, heure après heure, sans jamais varier son rythme, laissant derrière lui une série de dépressions régulièrement espacées dans la croûte molle de la glace. Le bras droit tendu derrière lui pour jeter son poids sur la corde, le bras gauche ramené devant la poitrine et sur la corde pour compléter la traction. Le corps en diagonale dans l'effort de poussée, le pied gauche s'avance et la botte s'enfonce dans la glace pour assurer sa prise. Le genou se redresse, le corps s'incline un peu plus pour mieux absorber le poids, et l'autre botte s'avance pour imprimer son trou dans la glace et propulser le corps, la corde et le poids qu'elle tire 40 centimètres de plus en avant. C'est lent : en une heure, on peut ainsi parcourir 2 milles, s'il n'y a pas trop d'hummocks et de rides de pression.

Parfois il glisse, comme nous, et tombe à genoux voire à plat ventre sur la glace. Lorsque cela arrive, les autres ne s'arrêtent pas pour l'attendre, sinon ce sont 3 ou 4 mètres de progression perdue. Alors il se relève en appui sur la moufle gauche, la corde de traction toujours serrée dans la main droite, et quelques secondes plus tard il nous rattrape et hale de nouveau. Quinze à dix-huit heures par jour : si nous ne nous reposons pas trop, nous pouvons espérer arriver quelque part avant l'hiver.

De toute façon, nous ne nous reposons jamais très longtemps, car le froid nous saisirait et nous gèlerions sur place. Dix minutes suffisent ; nous préparons un peu de cacao sur le réchaud et l'avalons à tour de rôle à même la casserole, nous brûlant la langue sans nous soucier de la croûte brunâtre qui se fige immédiatement sur nos lèvres et nos joues. (Parce que nous renversons un peu de cacao, comme des petits enfants, en essayant de manipuler la casserole sans quitter nos gants.)

Un jour, le deuxième peut-être, ou le troisième, nous ne nous sommes pas reposés du tout et avons poursuivi notre route. Le terrain était composé de blocs de glace gros comme des maisons, et il n'y avait pas d'endroit assez plat, même de la taille d'un mouchoir de poche, pour pouvoir poser le Primus. Le lendemain, le 21 selon mon agenda, nous sommes bloqués peu après 20 heures par une vaste étendue d'eau en partie gelée. D'abord, je suis perplexe. Il me semble qu'il n'a pas fait assez froid pour que de la glace de mer puisse se former. Puis je réfléchis : à la surface, il y a une couche d'eau en partie douce, provenant soit de la fonte des neiges, soit de la fonte lente des vieilles plaques de glace flottante, qui, selon Adolphus Greely, perdent avec le temps une partie de leur sel – on peut d'ailleurs les faire fondre pour obtenir une eau propre à la consommation. La couche à la surface du chenal ressemble en effet à de la glace éblouissante, de la glace d'eau douce. Elle est dure, blanc-bleuâtre, elle a peut-être 4 pouces d'épaisseur. Je la teste avec la perche en bambou. Il faut bien calculer son coup et la poignarder pour la briser.

Que faire ? Ce chenal mesure au moins un demi mille de large. Il pourrait supporter notre poids et celui du *Faltboot*. Ou peut-être pas. De toute façon, la couche superficielle est trop épaisse pour que nous puissions nous y frayer un chemin pour franchir cette distance avec le *Faltboot* en mode bateau. Nous pourrions longer le chenal dans l'espoir de trouver à un autre endroit une portion plus étroite, ou une couche de glace plus solide. Mais il s'étend à perte de vue à droite et à gauche, sans le moindre signe de rétrécissement. Il faut le traverser à pied.

Laissant le *Faltboot* derrière nous, nous nous aventurons sur quelques mètres pour tester la glace. Elle semble assez résistante pour supporter notre poids, mais elle se plie légèrement sous nos pieds avec un craquement plutôt inquiétant, et une flaque d'eau se crée instantanément là où elle s'est affaissée. Cependant, elle est élastique et devrait nous permettre de traverser.

Nous reprenons le *Faltboot* et nous lançons prudemment, nous déployant en éventail pour mieux répartir notre poids. Il devient vite évident que la glace est plus résistante à certains endroits qu'à d'autres. Plusieurs fois, nous devons nous arrêter pour contourner une zone trop mince qui commence à plier dangereusement sous nos pieds.

– Vous savez, major, l'un de nous devrait partir en éclaireur et nous trouver le meilleur itinéraire. Ainsi, nous n'aurions plus besoin de tourner en rond avec ce fichu cuirassé.

Bonne idée, Waldemer, mais qui ? Moi, de toute évidence. Luisa laisse tomber sa corde et s'avance lentement vers moi ; elle s'arrête à quelques pas, comme pour me bloquer le passage. À cause de l'écharpe, je ne vois que ses yeux, mais je sais que la bouche est dure, avec les petits plis aux commissures.

– C'est moi le plus léger.

C'est de la folie. C'est moi qui connais le mieux la glace, et je suis responsable de la sécurité de tous. En plus, c'est une… Mais n'y a-t-il pas longtemps, après tout, que les conventions, la courtoisie chevaleresque et les hiérarchies ordinaires de l'existence dans le Monde des Villes ont cessé d'avoir ici le moindre sens ? J'ai des doutes ; j'hésite.

– Il a raison, major. Theodor, vous pesez combien, mon vieux ? Même pas 55 kilos, je parie. Allez-y et soyez prudent. Nous suivrons.

Luisa prend donc 200 mètres d'avance tandis que Waldemer et moi tirons le *Faltboot*, qui glisse aisément sur cette patinoire. Nous marchons dans une petite flaque qui nous suit à mesure que la dépression créée par notre poids se propage à travers la glace.

Nous sommes peut-être aux trois quarts du chemin lorsque je vois ce que je prends d'abord pour une illusion d'optique.

La glace droit devant, entre Luisa et nous, semble enfler puis, plus loin, une série de bosses traversent rapidement la glace de gauche à droite. Des phoques, aussi surpris que nous de voir le chenal gelé en plein mois de juillet, doivent être coincés dessous et tentent de se frayer un chemin pour remonter respirer. Mais, presque au même instant, cette théorie est pulvérisée en même temps que la glace. Non loin de Luisa, à pas plus de 30 ou 40 mètres, elle se brise avec un bruit sourd et un énorme aileron noir se dresse, suivi d'un dos luisant de la taille d'un fiacre. Luisa s'est retournée, elle regarde cette chose, et nous derrière. Mais tout se passe très vite. En cinq secondes, une douzaine d'orques se sont libérées de la glace dans un tourbillon écumeux d'eau blanche. Leurs énormes têtes hideuses jaillissent des trous qu'elles ont percés. L'une d'elles sort si près de nous que nous pouvons discerner les marques fauves de la tête, les petits yeux luisants, la redoutable rangée de dents. Ces orques ont le dos noir, le ventre blanc. Une barre oblique immaculée surligne leurs petits yeux porcins. Elles mesurent 10 mètres de long et pèsent des tonnes.

Croyant sans doute que nous sommes des phoques, elles soulèvent et pulvérisent la glace dans des tourbillons mousseux, avec la ferme intention de nous bousculer puis de nous aspirer entre leurs mâchoires garnies d'éclatantes dents coniques. Ce qui les laisse perplexes – et les empêche de mener leur projet à terme –, c'est que nous nous déplaçons bien plus vite que des phoques. Luisa a fait demi-tour et s'éloigne rapidement vers la gauche, loin du danger. Mais les orques sont partout. Une énorme ombre noire file sous nos pieds tel un nuage sous-marin.

Waldemer et moi pensons la même chose : il faut aller contre notre instinct, et ne pas abandonner le *Faltboot* pour fuir avec Luisa. Car les orques, le prenant pour un gros phoque, vont sûrement briser la glace sous le *Faltboot*. Et sans les provisions qu'il contient, nous ne tiendrons pas une demi-journée. Sans un mot, nous empoignons donc les cordes de traction et nous mettons à courir aussi vite que possible sur la glace glissante et ondulée, gênés par le kayak. Nous essayons tant bien que mal de décrire un grand cercle vers la gauche pour revenir vers Luisa. Nous lui faisons signe de se diriger plein sud, en direction de la banquise plus épaisse.

Mais soudain, la glace se désintègre juste devant nous et la pointe noire d'un aileron de 2 mètres de long surgit. Un morceau de glace de la taille d'une table oscille sur sa tranche puis retombe. Une tête apparaît et l'orque souffle dans un rugissement terrible. Son haleine empeste la pourriture, le poisson et la mort. Waldemer tire le *Faltboot* vers la droite, et je le suis. Les yeux porcins nous examinent un instant, puis l'orque s'enfonce lentement pour aller tenter sa chance ailleurs.

Cette mort à laquelle nous avons échappé de justesse nous fait perdre la tête un instant. Nous tirons le *Faltboot* tant bien que mal sur le sol accidenté. Soucieux par dessus tout d'éviter ces pièges, les yeux stupidement baissés sur les formes noires qui défilent, nous en oublions Luisa. Lorsque nous regardons à nouveau vers le sud, il n'y a aucun signe d'elle. Une orque solitaire se dresse lentement, non loin de l'endroit où se trouvait notre camarade, révèle la blancheur dentée de sa bouche, et retombe avec un soupir et un jet de vapeur.

Nous nous arrêtons – encore une erreur. Puis Waldemer, sans rien dire, lève sa main gantée et désigne un point devant nous. Une tache noire apparaît dans l'eau, entre deux plaques de glace, puis quelque chose en émerge : un bras. Luisa parvient à hisser la moitié de son corps. Pendant un instant atroce, elle reste agrippée à la glace, le bas du corps toujours dans l'eau.

La pensée des immenses mâchoires, sous elle, me transperce comme un poignard. Tout s'arrête en moi : mon souffle, toutes les fibres de mon corps. Même mon cœur semble cesser de battre. Quatre secondes. Cinq, six, sept. Pourquoi ne se relève-t-elle pas ? Elle est épuisée, il n'y a aucune prise. J'entends une autre orque heurter la glace sur ma gauche ; je ne me retourne même pas pour la regarder.

Finalement, Waldemer et moi reprenons nos esprits et nous dirigeons rapidement vers Luisa. Quand nous la rejoignons, elle est déjà hors de l'eau, sur un tout petit iceberg à la dérive. Une ombre passe en dessous à la vitesse d'un train express. Je repère une autre plaque de glace et saute dessus. Mon radeau de fortune s'enfonce sous mon poids, mes chevilles sont dans l'eau. Mais il se rapproche suffisamment de la plaque de Luisa pour que je puisse passer prestement dessus.

Pendant ce temps, le génial Waldemer a détaché une des cordes de traction qu'il a enroulée, et en lance un bout dans notre direction. La première fois, je la manque. Puis je l'attrape et Luisa et moi tirons dessus. Elle nous ramène à Waldemer et au *Faltboot*. Luisa s'élance devant nous, indiquant d'un geste vers la droite ou la gauche les zones de mauvaise glace, et nous la suivons en chancelant.

Nous sommes enfin de retour sur la banquise. Enfin presque : il y a un bon demi-mètre de dénivelé. Non sans mal, nous hissons le *Faltboot* par-dessus le rebord. Puis Luisa s'allonge de tout son long et se met à respirer fort, à haleter, tout en me regardant de ses yeux silencieux.

Il est vital qu'elle bouge, sinon elle va geler sur place. Elle finit par se relever, toujours sans un mot. Waldemer a déjà rattaché la troisième corde. Luisa l'empoigne et nous tirons tous ensemble le *Faltboot* jusqu'à l'endroit le plus proche où nous pourrons nous abriter derrière une ride de pression. Nous sortons alors pêle-mêle le contenu du *Faltboot*. La tente est dressée en une minute ; les deux bambous la tendent verticalement, quelques blocs de glace la maintiennent dans les coins et sur les bords. Cela fait, Luisa s'effondre sur le sac de couchage sans un mot.

– Sortez.

Un peu perplexe, Waldemer comprend et quitte la tente. Je déshabille aussitôt Luisa et la frictionne pour faire passer son corps du blanc noirâtre au rose pâle. Toujours silencieuse, elle me regarde de ses yeux sombres et immobiles. Ensuite, je la rhabille avec un ensemble de rechange composé d'un pantalon en peau et d'une veste à capuche. Elle m'aide dans cette opération, avant de se glisser dans le sac de couchage et de fermer instantanément les yeux, comme si elle dormait déjà. Je me penche sur elle. Elle va bien, son front est chaud mais pas brûlant, sa respiration régulière.

J'allume le Primus pour réchauffer la tente, puis sors voir ce que fait Waldemer. Grâce à ses jumelles, notre astucieux compagnon a repéré un phoque sur la glace, près d'un petit chenal à quelques centaines de mètres. Il s'y dirige avec l'habileté et la ruse d'un chasseur né. À quatre pattes, la carabine dissimulée sur le côté, il avance vers sa proie dans un dandinement simulé, les bras travaillant comme des palmes, les jambes oscillant comme la queue d'un phoque. L'animal est convaincu. Croyant qu'il y a un individu de son espèce, il se sent en sécurité : si un ours approche, l'autre phoque le verra et donnera l'alerte en plongeant bruyamment dans l'eau. Il surveille donc la direction opposée et tourne le dos à Waldemer, qui progresse en se tortillant jusqu'à moins de 100 mètres de sa cible. Là, il cale la

Mannlicher sur un morceau de glace et, après une longue pause, presse la détente de son doigt ganté. Je n'entends pas la détonation mais à cette distance, la scène est minuscule. Le phoque tressaute une fois, se replie sur lui-même et se redresse ; il n'a pas le temps de tomber à l'eau, il s'est transformé instantanément en viande. Immobile sur la glace, il attend Waldemer, qui se relève et s'avance vers lui fièrement, plein d'une virile satisfaction.

Il ne sait pas que j'ai assisté à la scène. Je retourne à la tente qui, avec ses rayures rouges et blanches, produit un effet incongru dans le paysage glacé. Flamboyante et un peu tapageuse, on dirait un camp de Bédouins dans un désert de sucre glace. Quand j'entre, Luisa se réveille, ou ouvre les yeux, et se redresse sur un coude.

– Dors. Tu es épuisée. Six heures de sommeil et il faudra repartir.

– C'était quoi, ces animaux, Gustav ?

– Rien que des orques communes, *Orcinus orca*. Pas courantes dans les parages, mais on en voit occasionnellement.

– Elles voulaient me manger.

– Elles nous ont pris pour des phoques. Aucune méchanceté chez elles. Elles ne faisaient que gagner leur vie, de la manière qui leur vient naturellement.

– Dans ce cas, M. Darwin avait raison, Gustav.

– Je n'en ai jamais douté.

– Je veux dire que nous sommes peut-être obsolètes.

– Je le pense aussi.

– C'est tout ce système qui me déplaît. B doit manger A, donc C peut manger B. Qui a inventé tout ça ?

– Je ne sais pas qui, mais Il ne se soucie pas beaucoup de notre opinion. Ferme les yeux.

– Si je ferme les yeux, tout est rouge et je n'aime pas ça. L'intérieur des choses est rouge. Je ne veux pas connaître l'intérieur des choses. L'extérieur des choses est blanc, pur, propre. J'aime les choses blanches, Gustav. Les choses froides.

Elle continue ce babillage abstrait et atone, presque comme si elle se parlait à elle-même plus qu'à moi. Je n'arrive pas à la faire taire.

– C'est encore Dante. Le fin fond de l'enfer n'est pas du feu et du soufre comme les gens l'imaginent. Il est gelé, c'est un lac gelé. Ça me plairait. J'aime mieux être là-bas, gelée avec Ugolin, que là-haut, avec Paolo et Francesca, en train de tourbillonner dans un vent brûlant. Les amoureux sont enfermés ensemble pour qu'ils ne puissent pas s'échapper. Aucune chance de prendre un bain. Imagine un peu l'odeur des aisselles.

Elle rit, d'une étrange voix cassée que je ne lui connaissais pas. Je commence à penser qu'elle ne va peut-être pas bien.

– *Qui sont ces deux-là qui vont ensemble et paraissent, dans le vent, si légers ? Prie-les au nom de l'amour qui les mène, et ils s'arrêteront.*

La tente s'ouvre sur un courant d'air froid. Entrée de Waldemer qui traîne son butin, cachant tant bien que mal son sourire triomphant sous sa moustache. Luisa passe au suédois, formant ses phrases avec effort afin qu'elles ressortent avec soin, voire correctes.

– *Minns du*, Gustav. Tu te souviens de la fois où j'ai essayé de te tuer ?

– Si je m'en souviens ? Mais c'était quand ? La fois dans la crevasse, ou la fois avec le revolver ?

– La fois dans la crevasse, ce n'était qu'une blague. La fois suivante, je voulais te tuer pour de bon. Mais maintenant, *vet du*, je suis contente de ne pas l'avoir fait. Finalement, c'est mieux. J'aime l'endroit où tu m'as amenée, dans le monde blanc.

Elle semble reposée maintenant, presque contente, bien que peu encline à bouger dans le sac de couchage, ses yeux sombres toujours fixés sur moi. À moitié appuyé sur le sac de provisions que je lui ai donné en guise d'oreiller, son corps est une courbe peu profonde cambrée vers le haut de la tête aux pieds : la pose de la duchesse d'Albe de Goya.

– À Paris, *ser du*, il y avait mon monde quai d'Orléans, et il y avait ton monde avec tes fils de cuivre et tes étincelles. J'étais prisonnière de mon monde et tu ne voulais pas sortir du tien. Et donc nous étions ennemis… *fienden*, c'est ça ?

– *Fiender.*

– Nous étions ennemis l'un pour l'autre. Et ici, c'est notre monde. Il n'y a rien d'autre. Personne. Rien que la blancheur et nous-mêmes.

Il y a bien Waldemer, mais il est en train de dépecer son phoque, alors peut-être ne compte-t-il pas.

– Pourquoi aurais-je dû sortir de mon monde, alors que c'était toi qui voulais entrer dans le mien ? À en croire tes si ferventes déclarations.

– Ne sois pas *fientlig*. Ce que je voulais, ce que nous voulions, c'était créer un monde où nous pourrions habiter toi et moi, qui serait à la fois le tien et le mien. Ce n'était pas possible là-bas.

– Et je n'avais pas l'impression que tu étais vraiment prisonnière du tien. Tu pouvais pratiquement aller là où tu voulais. À Stockholm. À Stresa. À Montmartre. Et dans des lieux bizarres où seuls les hommes sont admis.

– Merci pour cette une liste de mes péchés. Tu voudrais avoir la tienne ? Mais nous nous disputons à nouveau.

Waldemer entra.

– Et voilà, vous les Vikings, vous remettez ça dans votre jargon. Il doit y avoir un secret dont vous ne voulez pas que les gens entendent parler. Theodor, je parie que vous avez contracté la scandinavite en dormant dans le même sac que le major.

– Faut-il vraiment que vous assassiniez cette pauvre chose ici ? On dirait un bébé avec des moustaches.

Le phoque, un jeune et beau spécimen mâle de *Phoca barbata*, se transforme en viande sous nos yeux. Contrairement à l'ours de ménagerie, il est gras et semble n'avoir qu'un nombre modéré d'os pour sa taille.

– Je l'ai assassiné sur la banquise. D'une seule balle dans la tête. À 75 mètres. Pas mal, et je parle en connaissance de cause. Maintenant, je vais en faire un ragoût. Que vous pourrez avoir en guise de souper. Si vous me le demandez gentiment en anglais de la Reine.

Waldemer, bien que toujours jovial, est agacé par le fait que nous parlions suédois. Que soupçonne-t-il ? Que nous sommes ce qu'il appellerait des « tapettes » ? Il me connaît mieux que ça. Ou pense-t-il seulement que nous nous moquons de lui ? Probablement.

Il découpe la gelée rougeâtre et striée de blanc en cubes qu'il met dans la casserole ; il la pose sur le réchaud, ajoute du sel, du lard et quelques morceaux de biscuit de mer. Un arôme évoquant la chaudrée de Nouvelle-Angleterre commence à se diffuser dans la tente. Par Thor et Freya, j'ai encore des désirs ! J'ai faim ! Je ne l'aurais pas cru. Waldemer est un brave type, un compagnon inestimable. Que ferions-nous sans lui ? Même si c'est un assassin. Mais au risque de l'offenser, j'ai encore quelque chose à dire à Luisa.

– *Hör du mig*, je suis innocent dans cette affaire. Tu avais sept ou huit mondes et moi un seul. Mais tu m'en as chassé par ta magie, maintes et maintes fois. En claquant des doigts. En soufflant dans mon air. Pour me piéger dans tous tes mondes où j'étais comme un toutou en pantalon. À Stresa, et entre toutes ces portes.

– Oh ! Un toutou agile quand même. Et intelligent.

– Mangez donc, vous les Vikings. Vous parler anglais normal ? Sinon, moi manger tout moi-même.

– Et la salle Meyer, ce n'était pas un de tes mondes peut-être ?

– Tu veux parler de ma carrière musicale, maintenant ?

– Pourquoi pas ?

– C'était un tel succès, n'est-ce pas ?

– Pourquoi une personne aussi charmante que toi voudrait en plus être célèbre ?

– Ah, *tack så mycket*. Sois belle et tais-toi, c'est ça ?

Mais il n'y a plus d'hostilité entre nous. C'est une sorte de jeu, un échange de phrases, comme ces duels de poètes à l'ancienne, une joute avec des vers que tous deux connaissent par cœur. Les yeux sous la capuche en peau de renne sont calmes, légèrement ironiques, sans doute résignés à la plaisanterie dont se délecte le Grand Anonyme. En regardant ces yeux, je suis pris d'un léger vertige de l'incertitude, de l'étrange. Qui est-elle ? Il y a quelque chose d'insaisissable voire de légèrement surnaturel dans ce qu'elle a créé par la seule force de sa volonté en devenant Luisa, Theodor, carrefour du magnétisme érotique, *femme savante*, Anglaise stoïque en tweed ou Gitane en colère, rayonnants d'amour et de haine qui – authentiques ou artificiels et contrôlés – proviennent du cœur désirant enfoui au plus profond d'elle, un lieu que je ne pourrai jamais connaître ni même pénétrer. Je lui cache certaines parties de mon être, pourquoi n'en ferait-elle pas de même ? Dire, comme je l'ai souvent fait, que ses émotions sont « superficielles » n'a aucun sens. La surface d'un autre être humain n'est-elle pas tout ce que nous pouvons en connaître ? Je constate seulement, dans mes propres sensations, qu'à sa surface je ne décèle plus désormais ni l'enchantement d'une séduction dirigée ni ces émanations de haine ménadique qui semblaient autrefois assez puissantes pour nous détruire tous les deux.

– Le major s'est endormi en mangeant. Épuisé, comme nous tous.

Elle m'a déjà fait payer la facture pour la salle Meyer, il y a longtemps. Et je lui ai rendu la pareille. Et comment saurais-je être tenu pour responsable d'événements nés de sa propre volonté – une volonté d'acier, certes, mais aussi à tendances labyrinthiques et rococo ? Même si ces événements, si j'en crois le témoignage de Theodor, étaient aussi en partie liés à certains aspects de ma personnalité dont j'aurais paraît-il dû m'excuser : mon talent ou prétendu génie dans des domaines où « elle devait m'accorder la position prédominante » et « ne pouvait espérer rivaliser avec moi ». Certes. J'étais hors jeu en musique, mais était-elle dans le coup, elle ? N'étant ni Dieu ni son maître de solfège, je n'avais aucun contrôle là-dessus. Pour résumer, j'avais toujours le plus grand mal à comprendre quel blâme ou quelle part de blâme on pouvait m'attribuer pour le fiasco grandiose de cette soirée. Bien que tacitement et indirectement – et en même temps ostensiblement – invité, je ne faisais pas partie du groupe familial comprenant la tante, la mère, la cousine polonaise et, pour autant que je sache, La Péninsule (et tout un assortiment de diplomates péruviens). En fait, je n'avais même pas promis de venir, et pour autant que Luisa sache, il était peu probable que je sois présent. Quand la question des billets avait surgi, j'avais joué les niais, rôle peu naturel pour moi.

– C'est mercredi soir, vous savez.

– C'est… ah bon.

– Si vous voulez un billet, demandez à *ma tante*.

– Ah, vraiment ?

Pécher par omission n'est guère difficile. Il m'a suffi de ne jamais demander à la tante ce bout de bristol qui m'aurait donné le privilège de m'asseoir gratuitement entre elle, peut-être, et la neurologue, ou la cousine polonaise, dans une loge d'où je ne pourrais pas m'échapper et où j'aurais été obligé d'émettre des appréciations conventionnelles sans doute incompatibles avec ma vision du spectacle et certainement avec mon caractère. En l'occurrence, cette omission a été très sage de ma part.

Il ne s'agissait pas, à vrai dire, d'un événement susceptible de connaître dans le monde artistique des répercussions aussi larges que la première d'*Ubu Roi*, et il n'y avait guère d'ambiguïté là-dessus. Il y avait eu de brèves annonces dans *Le Temps*, *Le Figaro*, *L'Écho de Paris*, *Le Gaulois*. J'achetai mon billet dans une agence de la rue de Rivoli et m'y rendis seul en fiacre, comme un espion dans un camp ennemi. Il pleuvait, ce soir-là, ce qui était de mauvais augure. Dans l'avenue Montaigne, devant la salle, il n'y avait que quelques voitures, et deux jolis cœurs en tenue de soirée qui finirent leurs cigares sous la marquise avant de les jeter dans le caniveau et d'entrer. À 20 h 55 – le spectacle devait commencer à 21 heures –, la longue salle ovale était peut-être remplie au tiers. Je gagnai ma place, qui était assez loin de la scène. Haut plafond, murs tendus d'épaisses draperies bordeaux avec des galons dorés. Quelques loges sur les côtés, en partie dissimulées par les mêmes rideaux rouges. À une extrémité se trouvait une estrade surélevée sur laquelle un Pleyel de concert trônait tel un gros insecte noir. L'endroit vibrait de cette sorte de babillage feutré et pourtant amplifié commun aux grandes salles où un événement quelconque doit bientôt avoir lieu. Croisant les jambes, je consultai gravement le programme comme si je ne savais pas de quoi il s'agissait, jouant toujours l'imbécile.

Ces places à cinq francs étaient principalement occupées par des étudiants en musique et d'autres sortes d'assistés du Quartier latin. L'un d'eux – très sociable, pour ne pas dire insolent – alla jusqu'à se retourner, le coude sur le dossier de son siège, pour engager la conversation avec moi.

– *Cette Hickman. Elle a du talent ?*

– *Parle pas français. Suédois.*

Il ne me crut probablement pas, car il poursuivit :

– Parce que, voyez-vous, au Conservatoire, on nous a donné, à Casimir et à moi, des billets gratuits.

J'élaborai douloureusement une réponse en français :

– Ah, le Conservatoire. Je ne sais pas. Si elle l'a fréquenté. Le Conservatoire.

Désormais convaincus que j'étais un imbécile ou un étranger (la même chose, donc), ils me laissèrent tranquille et discutèrent de la question entre eux.

– Après tout, on n'a jamais entendu parler de…

– D'accord, mais si elle avait du talent, ça se…

– Certainement, mais quand même…

Entrée de l'accompagnateur, qui s'assit aussitôt, rabattant les pans de sa veste par-dessus le tabouret d'un geste professionnel adroit. Les bavardages ne se calmèrent pas beaucoup, même lorsque les lumières de la salle se tamisèrent. L'étudiant assis devant moi (Gilles, comme on pouvait le déduire de ce dialogue) tança Casimir d'une voix forte :

– Non, idiot, c'est une Américaine.

Luisa entra sur le côté et s'avança vers le centre de l'estrade. Sa robe était en velours noir, avec une bande de dentelle blanche au niveau du col. Ses cheveux étaient noués simplement, comme lors de notre première rencontre au musée Carnavalet, et elle avait quelques violettes glissées dans un long ruban blanc. Les bavardages et les froissements de programmes s'atténuèrent, et il y eut un crépitement d'applaudissements polis. L'accompagnateur plaqua quelques accords, presque perdus dans l'immensité de la salle, et Luisa se lança dans le morceau d'ouverture de son récital.

C'était le premier air de la « Reine de la nuit » dans *La Flûte enchantée* de Mozart, que je décrirais comme une aria pour colorature avec des vocalises. Dans un si vaste volume – le plafond était à 10 mètres au-dessus de sa tête –, la voix de Luisa était ténue. Je soupçonnai que l'air était beaucoup trop aigu pour elle malgré l'extraordinaire étendue de sa voix. Mais je n'étais pas critique musical. Il y en avait un, assis dix ou douze rangées devant moi, là où les places changeaient de prix. Il était du *Gaulois* et Luisa me l'avait montré une fois lors d'un concert. Quand un récital était annoncé dans son journal, il était probablement obligé de s'y rendre. Il y avait aussi diverses autres personnalités du monde musical parisien, même si elles n'en représentaient peut-être pas la crème : un pianiste balkanique, le ténor Jean de Resjzke, que j'avais rencontré une fois quai d'Orléans, et une sorte de sauvage, un jeune compositeur dont le *Concerto pour larynx* avait fait sensation, voire scandale, lors de la saison musicale de l'hiver précédent. Luisa termina la « Reine de la nuit », il y eut comme une pluie d'applaudissements, et elle se lança dans « L'air des clochettes » de *Lakmé*.

Le public semblait nerveux mais pas encore, à ce stade, d'humeur violente ni rebelle. Après la « Frühlingsnacht » de Schumann, on entendit même un unique *brava* ! Il venait peut-être de Gilles ou de Casimir, mais je n'en étais pas sûr. Toutefois, à l'entracte, il y eut un mauvais présage ; le critique du *Gaulois* se leva brusquement de son fauteuil et s'en alla, exactement comme Sarcey au Théâtre de l'Œuvre, même si sans doute pour des raisons différentes. Devant moi, Casimir bâilla et tendit les bras.

– *Alors, Gilles. Tu en penses quoi ?*

– *Je ne pense pas, je souffre.*

Après l'entracte, Luisa réapparut sans les violettes, légèrement plus pâle. Le pianiste envoya une rafale d'accords et elle commença par quelques lieder de Brahms. Pour le premier, « Die Mainacht », une note dans le programme prévenait : « Ô chanteur, si tu ne peux pas rêver, laisse cette chanson sans la chanter. » Malgré ce présage, les lieder, à mon humble et même ignorant avis, eurent un assez grand succès. Mais lorsque Luisa revint à l'opéra, ce fut plus ardu ; même moi, je voyais les rochers sur lesquels elle trébuchait. Luisa, l'homme du *Gaulois* a fui. Tu ferais mieux de le suivre !

Mais elle tint bon. En fait, elle avait gardé son morceau de bravoure pour la fin. Il s'agissait de « Charmant oiseau » de l'opéra-comique *La Perle du Brésil* de Félicien David, construction qui nécessitait l'aide non seulement du pianiste mais aussi d'un flûtiste, jeune homme grassouillet vêtu comme son collègue d'un frac blanc avec cravate assortie. Il commença par lécher son instrument, comme s'il voulait en éprouver le goût. Puis le pianiste et lui se concertèrent d'un froncement de sourcils : ils étaient prêts. Ils se tournèrent vers Luisa.

Le Charmant Oiseau prit son envol. Luisa le poursuivit à sa manière et le flûtiste à la sienne. Le piano, plus encombrant, fermait la marche, comme une calèche de dames suivant la chasse à courre. Le principal enjeu de cette performance consistait à produire une petite série de trilles ou de *la-la-la* qui montaient et descendaient suivant un schéma en trapèze, après quoi le flûtiste essayait tant bien que mal d'imiter ce tracé. Ensuite elle modifiait légèrement ses *la-la-la*, par exemple en montant mais pas en descendant, et le tour revenait cette fois à l'instrument. Cela donnait à peu près cela :

la

la

la

la

Luisa : *La*

dou

di

da

di

Flûte : *La*

Cette idée folle de s'opposer à la précision d'un instrument métallique perfectionné causa sa perte. À elle seule, Luisa aurait pu l'emporter, ou du moins conclure la soirée par une sorte d'armistice. Mais cette petite machine tubulaire se montra impitoyable. Elle la traquait de près et à la moindre hésitation, au moindre faux pas, elle se jetait sur elle. Elle ne tarda pas à faiblir. Alors le public commença à vraiment s'intéresser au spectacle. Les maris se réveillèrent, les étudiants se mirent à sourire et se donner des coups de coude.

la

la *la*

Luisa : *La* *la*

da *di*

di

Flûte : *La* *dou*

Le flûtiste faisait pourtant de son mieux. Il était de son côté, après tout elle le payait. Mais il était lui-même impuissant face à la précision de son instrument. Il n'avait pas le choix : il devait jouer juste. Le public, qui jusque-là riait sous cape, s'autorisa une vague de rires parfaitement assumée. Luisa tenta une autre *cadenza* en trapèze, et cette fois la flûte, malgré tous les efforts de son opérateur pour la maîtriser, dit distinctement : « Je suis allée par ici, mais tu as préféré aller par là. » La voix de Luisa était comme elle avait toujours été : lyrique et pleine de charme quand elle la voulait lyrique, colorature quand elle la voulait colorature, variant précisément en timbre et en ton selon sa volonté. Ce n'était qu'en hauteur qu'elle se refusait à lui obéir. Cette petite force qui poussait sa voix vers l'aigu alors qu'elle aurait dû descendre, vers le grave alors qu'elle aurait dû rester à niveau, était le démon de ses émotions. Un phénomène dont j'étais familier – mais dans de toutes autres circonstances. C'était dans la nature de sa voix d'aller vers l'aigu lorsqu'elle était passionnée, et vers le grave lorsqu'elle se montrait menaçante. Et elle était désormais aux prises avec ces deux forces. Même la flûte enchantée de Mozart n'aurait pu la suivre, pas plus qu'aucun système de notation. Plus l'instrument accumulait les reproches, plus elle s'enflammait et menaçait. Elle finit en débâcle à trois notes de la tonique finale, d'une voix de tête frappée en plein vol par un hoquet ou un sanglot.

Les applaudissements furent immédiats. Je savais depuis longtemps que le public parisien était impitoyable, mais je pus le constater par moi-même. Certains spectateurs applaudissaient si fort qu'ils étaient incapables de rire, et d'autres riaient jusqu'à ne plus pouvoir applaudir. Ils se levèrent. Et moi avec eux, sinon comment aurais-je pu voir quoi que ce soit ? Il n'y eut que quelques sifflets désapprobateurs, noyés sous les nombreux *bravas*. La pâleur de Luisa était phénoménale, une vraie curiosité médicale, comme une tache de neige brillamment éclairée.

– Une nouvelle diva !

– Nellie Melba, c'est l'heure de la retraite !

– *Brava !*

– Bis ! bis !

– Charmant Oiseau ! Bis !

– Bis ! bis ! bis ! bis ! entonna la salle sur l'air des lampions.

Casimir et Gilles en étaient. Je les aurais peut-être corrigés, mais je n'avais pas d'arme ; j'aurais dû apporter une cravache. D'ailleurs, ils disparurent bientôt : le portier, comme c'était l'usage, attendait au fond de la salle avec un certain nombre de bouquets élaborés, dont un fer à cheval composé d'œillets et de muguet. Ces ornements furent réquisitionnés par Casimir, Gilles et leurs condisciples. Le portier fut bousculé et renversé sur un fauteuil. Luisa tentait de s'échapper par la droite. (Le flûtiste et le pianiste, qui auraient dû être ses protecteurs naturels, avaient disparu depuis longtemps.) Mais, interceptée par une salve de fleurs, elle constata que la fuite par la gauche lui était aussi interdite. Le fer à cheval floral fendit soudain l'air et vint la frapper aux chevilles.

– Bis ! bis !

– Vole encore, Charmant Oiseau !

– *Brava !*

– Diva ! diva ! À l'Opéra !

Les spectateurs les plus respectables, dont j'étais, quittèrent le terrain. Dans une loge près de l'estrade, j'aperçus la tante, redoutable, stoïque, le menton tremblant comme d'habitude, mais pas plus que d'habitude. Je m'échappai discrètement par une travée latérale et me retrouvai dans la rue. Pour autant que je sache, les étudiants tinrent effectivement leur promesse. Ils s'attelèrent à la voiture de Luisa et la traînèrent jusqu'à l'Opéra. Aurais-je dû intervenir ? Encore une fois, je ne connaissais rien à la musique.

La pluie avait cessé, une légère brise faisait frémir les arbres le long de l'avenue et les trottoirs étaient presque secs. Aucun fiacre en vue ; je décidai de regagner mon logement à pied en passant par le pont de l'Alma et les quais. Cela me prit presque une heure, mais le temps était doux ce soir-là, et l'air humide et mobile rafraîchissant. Quand j'arrivai rue de Rennes, il n'était qu'un peu plus de 23 heures et la concierge était encore éveillée devant son café et son exemplaire de *Panorama*. Elle éveillée, aucune personne étrangère à l'immeuble ne pouvait monter l'escalier, et avant de se coucher, elle fermait la porte de la rue avec une vieille clé rouillée. Je gravis les cinq étages, entrai et verrouillai derrière moi. Puis je quittai mon manteau et mon chapeau et mis un reste de café à réchauffer sur la cuisinière. Ensuite, j'étalai sur la table une carte de l'océan Arctique éditée par l'Amirauté britannique. Cela faisait un moment que je voulais prendre des notes sur les vents probables dans cette région au mois de juillet. Comme toujours lorsque je sortais le soir, j'étais bien éveillé et d'humeur studieuse.

Je versai le café chaud dans une tasse, y ajoutai un peu de cognac et le posai sur la table, près de la carte. Les indications météorologiques, comme on pouvait s'y attendre pour une région aussi reculée, étaient plutôt maigres. En ce qui concernait les vents, il y figurait toutefois un certain nombre de symboles filiformes – des cercles d'où sortaient des flèches de différentes longueurs indiquant la direction et la vitesse moyenne – dans la zone située entre le Groenland et la terre François-Joseph. Pendant une demi-heure, je pris gaiement des notes et même extrapolai mathématiquement les données afin d'ajouter quelques symboles de mon cru plus au nord, sur la partie vierge de la carte. Alors on frappa à la porte, plutôt sèchement. Je m'attendais sans doute à voir la concierge avec un télégramme, peut-être de Waldemer, sinon je n'aurais pas été assez imprudent pour ouvrir.

Quand j'entrebâillai la porte, juste assez pour voir de qui il s'agissait, Theodor entra de force. Avant que je puisse dire un mot, il sortit un revolver nickelé de sa capote et tira sur moi à bout portant. Ce n'était pas une plaisanterie; la violente détonation qui retentit avait de quoi briser les tympans, et ça sentait la poudre à plein nez. En moins d'une demi-seconde, mon cœur bondit deux fois et mes nerfs résonnèrent comme un milliard de sonnettes électriques: une première fois lorsqu'il tira, la deuxième lorsque je réalisai qu'il m'avait manqué de peu. Je m'écartai, les oreilles bourdonnantes, et il fit feu encore deux fois. Une seconde plus tard, j'entendis tomber des morceaux de verre. Probablement une photo accrochée au mur, je ne me retournai pas pour vérifier. Il restait encore deux balles dans le barillet, peut-être trois.

Je n'étais pas un expert en armes à feu, mais j'étais certain que si Theodor continuait sur sa lancée, il finirait par me toucher. Dans cette petite pièce, il n'y avait nul endroit où se mettre à l'abri. Aussi, changeant brusquement de tactique, je passai à l'attaque. Je réussis à lui saisir les poignets juste au moment où l'infernal engin tirait de nouveau. Une petite tempête de poussière et de gravier s'abattit sur nous. Je fus surpris par la force inflexible, féroce et rusée que je sentais entre mes doigts : c'était comme essayer de maîtriser deux pythons en colère. Lâchant un des poignets, je me concentrai sur l'autre. Au risque de lui casser le pouce, je réussis à arracher le pistolet. L'arme tomba par terre.

Tenant toujours mon python, essayant d'échapper à l'autre, je me baissai vivement, la récupérai et la lançai dans la cour par la fenêtre ouverte. Mais l'adversaire n'en démordait pas, il – ou plutôt elle – voulait maintenant me mettre en pièces avec ses ongles, armes traditionnellement féminines. C'était moins effrayant que la tentative précédente, mais plus douloureux. Je n'avais pas plus envie d'être défiguré que tué par balles. Nous chutâmes en tas sur le sol, moi dessus, la capote et les membres agités dessous. Je passai un certain temps à essayer de maîtriser tous ces bras et toutes ces jambes, mais la tâche était difficile car je ne possédais moi-même qu'un seul membre pour chacun des siens. La concierge allait-elle avoir l'idée d'appeler la police ? Je ne savais pas si je devais espérer qu'elle le fasse ou pas. Plutôt pas, réflexion faite.

Elle ne bougea pas, supposant sans doute que les bruits (coups de feu, bris de verre, piétinements et chocs divers) provenaient d'une de mes expériences. Notre lutte s'était progressivement muée en quelque chose d'autre. Non, nous n'avons pas le même nombre de membres, analysai-je avec un étrange recul. Enfer et damnation ! Je jure par le grand Thor et le Ragnarök que ma principale et unique préoccupation était de la maîtriser et d'assurer ma propre survie, et ensuite peut-être d'essayer de raisonner son cerveau enfiévré. Mais les gestes mêmes de notre lutte – ses contorsions et ses efforts pour me griffer, mes tentatives pour immobiliser ses membres et me défendre – ne faisaient que multiplier les points de contact. Ce n'est pas pour rien que le XIXe siècle a décrété que les jeunes gens ne doivent en aucun cas s'adonner au corps à corps lorsqu'ils sont seuls. Son manteau militaire était ouvert et le reste de ses vêtements, remarquai-je dans une partie éloignée de mon esprit, était également en désordre. Sa défense – ou son attaque ? – consistait désormais à saisir mon visage pour l'attirer vers le sien. Renonçant à s'affronter frontalement, nos membres inférieurs se partageaient le terrain, les miens entre les siens écartés.

En toute honnêteté, je croyais, et je crois encore, que j'ai persévéré dans cette simulation de lutte plus longtemps qu'elle. Mais je dois aussi admettre qu'elle n'a pas pu retirer les éléments indispensables de mes vêtements : ce n'était guère possible puisque ses doigts, poignards devenus veloutés et fiévreux, jouaient sur mon visage. Ses halètements, ses grondements félins et menaçants s'étaient transformés en un son encore rythmé, certes, mais apparenté à des pleurs.

– Je voulais vraiment te tuer.

– Oui, et je voulais vraiment t'en empêcher.

– Alors pourquoi faisons-nous ça ?

– Je ne sais pas.

– Pourquoi ne voulais-tu pas... répondre quand... je te parlais en suédois ? sanglota-t-elle.

J'ignorai ses questions comme elle ignorait les miennes.

– Pourquoi n'as-tu pas tiré sur le flûtiste ? Ou le professeur de musique de Passy ?

– Je ne voulais pas… que tu viennes… au récital.

– M'as-tu déjà demandé ce que je voulais ?

– Tout ça c'était… tout ça c'était pour toi. Tu ne le sais pas ?

– Élixir Vert-Galant. Tu mérites tout ce qui…

– Maintenant, oh, très cher, maintenant maintenant *maintenant maintenant* !

Tout près de mes yeux, ses dents mordirent sa lèvre inférieure et un filet de sang brillant jaillit entre elles. Elles ne desserrèrent que progressivement leur emprise. Une entité chaude et convulsive à l'intérieur de nous ou entre nous se débattait encore, plus faiblement et à intervalles de plus en plus longs, comme un poisson mourant. Avec une lenteur d'horloge, sa tête se tourna vers la droite jusqu'à ce que je ne puisse plus voir que sa joue. J'étais conscient du son et du rythme de sa respiration sous moi, non seulement ses poumons, mais tout son corps. À l'intérieur, là où avait éclaté le feu d'artifice, seule une petite étincelle cheminait, telle une fourmi, à travers les cendres. Lorsqu'enfin la soif d'air en elle fut rassasiée, les lentes ondulations qui se propageaient de ses poumons à sa gorge et à ses membres cessèrent peu à peu.

Reprenant conscience, je me ressaisis pour en prendre note scientifiquement. La casquette d'officier de Theodor était calée à l'envers contre le mur du fond. La capote était étalée dans une direction, des éléments essentiels de mes propres vêtements avaient été projetés dans une autre. Un cataclysme avait manifestement sévi ici, qui avait arraché des boutons et déchiré des vêtements. Le tableau avec le verre brisé, comme je m'y attendais, était une gravure, *Arria et Paetus,* où la matrone romaine plongeait une épée dans son sein et disait à son consul de mari : « *Non dolet.* » À côté, une chaise gisait les quatre pattes en l'air, comme un animal mort. Détail surprenant, le petit revolver nickelé était par terre près de la fenêtre. Deux explications possibles : je m'étais trompé et, finalement, il n'était pas passé par la fenêtre. J'étais pourtant sûr d'avoir vu sa trajectoire incurvée par l'ouverture rectangulaire puis sa chute dans l'obscurité, mais peut-être avais-je été abusé par ma vanité de petit garçon qui lance des pierres. La seconde était encore moins plausible : la concierge, agacée de me voir jeter des affaires dans sa cour – un petit puits humide dans lequel elle gardait les poubelles, en fait –, avait récupéré l'objet, grimpé jusqu'au cinquième, ouvert la porte, escaladé nos corps en proie à de folles convulsions (oh, major, vos expériences !) et déposé l'arme près de la fenêtre en guise de reproche muet. Elle était certes d'un tempérament ombrageux, mais elle n'était pas encline à des pantomimes aussi complexes. Je ramassai l'objet, découvris après quelques tâtonnements comment l'ouvrir, le secouai pour extraire les douilles en laiton du barillet. Il y en avait cinq, toutes vides. Luisa avait décidément fait de son mieux. Lui tournant le dos, je glissai furtivement l'arme dans le tiroir du bureau.

Mais le revolver ne l'intéressait pas, l'objet appartenait à Theodor et n'avait rien à voir avec elle. Elle se releva, tout à fait calme, voire avec une sorte de simplicité religieuse, et commença à se rajuster ; les gestes masculins sans lesquels on ne peut attacher certains boutons contrastaient étrangement avec la masse de cheveux qui, faute d'épingles, lui tombaient sur le visage. Puis elle se dirigea vers l'évier, mouilla une serviette et enleva les traces d'humidité salée autour de ses yeux et le sang sur ses lèvres. Elle faisait tout cela à sa manière tranquille, majestueuse même, avec un soupçon de cette politesse austère qu'elle observait toujours quand elle préférait garder ses distances, ou quand elle préférait ne pas parler. C'était comme si l'acte que nous venions d'accomplir était un rituel de purification (drôle d'idée, oh, *xixe siècle* !) qui lui avait redonné non seulement son calme mais aussi sa confiance en elle, l'assurance qu'elle était supérieure au monde qui l'entourait, à ses vicissitudes et à la plupart de ses congénères. Prolongeant cette séquence d'événements mesurés, elle remplit au robinet un verre pas très propre et en but le contenu, lentement mais d'un trait, sans éloigner le verre de ses lèvres. Nos regards se croisèrent par-dessus le verre, mais elle ne dit rien. Finalement, elle s'approcha du bureau, prit les vieilles cisailles peintes en rouge que je gardais là pour trancher, par exemple, le carton et le papier d'aluminium, et se mit à se couper les cheveux juste en dessous des oreilles. Ces cheveux qui lui tombaient déjà à profusion sur le visage semblèrent se démultiplier dans leur chute. Ils s'abattirent poignée par poignée sur la table, jusqu'à former un tas au centre de la carte de l'Amirauté, sorte de serpent noir légèrement irisé. En opérant ainsi sans miroir, elle n'avait pas fait du très bon travail. La coupe était irrégulière sur les bords et un peu plus basse d'un côté que de l'autre. Mais cela suffisait : ses lobes étaient visibles, et quand elle secouait la tête, ses cheveux se remettaient en place, à la garçonne. Avec la casquette, elle avait le même visage qu'avant, à l'exception de la coupure sur la lèvre inférieure. Elle mit les cisailles dans la poche de la capote.

Revenue devant le bureau, elle hésita, semblant se demander dans quoi elle pourrait bien emballer les cheveux. Finalement, elle les roula en boule dans la carte de l'Amirauté et me mit le tout dans les bras, simplement et modestement, avec le sourire et l'air de quelqu'un qui vous fait un cadeau. Puis, toujours sans un mot, elle sortit, me laissant les cheveux mais s'appropriant la petite machine qui les avait coupés avant de les abandonner comme des fleurs laissées à leur triste sort.

Luisa allait à Stresa, avec ses cheveux courts et le reste. Je n'étais pas invité. La tante l'accompagnerait, ainsi que la cousine polonaise, et peut-être la mère. De toute façon, il fallait que je me rende à Hambourg pour discuter finances avec les brasseurs. Nous convînmes de nous retrouver quelque part en Suisse. Mais ce n'était pas vraiment quelque part : elle savait précisément où elle voulait aller.

– Juste à côté du Simplon. Quand j'arriverai d'Italie par le col, vous y serez. L'endroit s'appelle Brigue, dans le Valais. Il y a une auberge, qui s'appelle… je ne sais plus. Vous trouverez le nom dans le Baedeker. Au revoir.

Elle parlait toujours anglais désormais, ce qui évitait la deuxième personne gênante en français : « tu » était trop intime et « vous » trop distant, voire impoli. Ce « vous » aurait en outre impliqué un retour maladroit aux débuts de notre relation, alors que « tu » aurait indiqué que rien n'avait changé, que tout était comme avant. Mais qu'est-ce qui avait changé ? J'avais du mal à le dire. Sans doute un impératif absolu ou un tabou de notre relation avait-il été violé : celui qui décrétait que « cela » ne pouvait pas arriver à Paris. Seulement en Finlande, à Stresa ou dans d'autres coins reculés du globe. Mais était-ce vraiment arrivé à Paris ? Les jours passant, je méditais là-dessus. Était-ce bien arrivé ? Peut-être pas, finalement. Mais comment pouvais-je raisonner ainsi, avec le verre brisé du cadre sur mon parquet et les mèches soyeuses roulées en boule dans la carte nautique ? Voilà que j'empruntais à Luisa une logique circulaire et rétrograde, peut-être sournoise, mais réconfortante. Puisque l'homme est libre – et la femme aussi, selon la tante –, nous faisons exactement ce que nous choisissons de faire en ce monde. Ce que nous n'avons pas choisi de faire n'arrive donc pas. Et aucun de nous deux, persistais-je à croire à l'encontre du bon sens, n'avait choisi de se comporter de manière aussi irresponsable que bestiale… Et cela même quand l'un s'était trouvé en danger de mort. Ni même quand l'autre avait dû lutter contre un Suédois fou enragé. Ergo et C.Q.F.D., cela n'était pas arrivé.

Comment expliquer alors que j'avais des marques de griffes à moitié cicatrisées sur le visage ? Elles y étaient encore trois semaines plus tard, quand elle me dit au revoir quai d'Orléans. Si elle les avait remarquées, elle n'en laissa rien paraître. *Goodbye.* Ce dernier mot anglais – si définitif, contrairement à la promesse d'un *au revoir* ou d'un *auf Wiedersehen* – fut prononcé sèchement, avec un soupçon de froideur ou de rejet. Pour éviter que je lui prenne la main, elle les garda – les deux ! – derrière elle. Tout ça était très correct. La tante observait la scène depuis l'autre bout du salon avec de faibles hochements négatifs de sa tête. Nenni ! Il ne se passera rien à Brigue ! Je pris congé, voyant bien que c'était la seule chose qu'on souhaitait que je prenne.

À Hambourg, je passai une semaine avec les brasseurs. Un séjour agréable, même si leur conception du divertissement, qui impliquait de grandes quantités de pieds de porc, de choucroute et de bocks de bière, avait tendance à augmenter l'embonpoint et ne faisait aucun bien au foie. Je leur montrai des dessins du *Prinzess III*, dont la soie était déjà en cours de découpage dans une entreprise grenobloise. Quant aux thalers, il n'y eut aucun problème. Ils semblaient en disposer en quantité illimitée, gardés, du moins l'imaginais-je, par des vierges rhénanes dans un grand coffre ancien cerclé de fer. (Ce qui aurait été délicat, finis-je par conclure, puisque Hambourg était sur l'Elbe.) Toute l'affaire se traita dans les vapeurs enivrantes du houblon. *Herr*

Oberkellner, un autre bock pour le major ! Encore une semaine de ce régime et aucun ballon ne serait capable de me soulever – et ça me serait égal.

Les engrenages efficaces de la Prinzessin Brauerei G.m.b.H. purent même résoudre l'un de mes derniers problèmes, celui du troisième et dernier membre de l'équipage pour l'expédition polaire. Ils recommandèrent l'un de leurs propres employés, un jeune chimiste et athlète amateur nommé Beispiel qui, entre autres exploits, avait franchi l'Hellespont à la nage, comme Byron, et avait également sauvé une douzaine de femmes et d'enfants à bord d'un bac en train de couler sur l'Elbe en plein hiver. (En les remorquant avec ses dents, si j'avais bien compris.) Je fus présenté au jeune Herr Beispiel, une figure exemplaire de Teuton. Des mains fortes, d'épais cheveux châtains et une poitrine comme un fût de bière. Il avait pour lui sa formation scientifique (il était spécialiste de la culture des levures), et à son actif au moins une ascension en ballon avec descente en parachute – pour l'amour du sport. Il y avait une logique dans cet équipage : Beispiel représentait l'agilité, la force brute et joyeuse, Waldemer l'astuce, et moi la vision transcendantale, peut-être, ou la volonté de l'intellect. (Le mot que je cherchais était allemand : *Emporhebung*.) Je dis à Beispiel que j'allais réfléchir. Lui et la Prinzessin Brauerei G.m.b.H. considérèrent l'affaire comme réglée.

Après une semaine de pieds de porc et de *Gemütlichkeit* je pris, mon premier bouton de pantalon dégrafé pour plus de confort, le train à la Hauptbahnhof pour Francfort, Bâle, Zurich, Lucerne et finalement Brigue, agréable hameau sur le Rhône, plein de toits pointus et d'habitants pittoresques. L'attraction principale du lieu était le Stockalperschloss, improbable château construit par un baron voleur au XVIIe siècle et constitué de dômes bulbeux et de tours de guet. Quand je demandai « l'auberge », on me répondit qu'il y en avait trois. Conformément à la loi des moyennes, la deuxième dans laquelle j'entrai fut celle où Luisa était descendue plus tôt dans l'après-midi. Elle avait réservé une chambre pour moi et une autre pour elle, à des étages séparés. (Vibrations de la tante.) Avec ses cheveux courts, je m'attendais presque à ce qu'elle joue les Theodor, mais elle incarnait cette fois-ci la jeune Anglaise en tweed. Ses cheveux avaient été recoupés par un *coiffeur* de la place Vendôme, ce qui lui donnait une apparence de suffragette plutôt qu'un style viril. Nous dînâmes selon les coutumes rustiques locales, puis elle me conseilla de me coucher tôt.

– Je leur ai donné l'instruction de frapper à nos deux portes (détail significatif) à 5 heures. Vous avez des vêtements de montagne ?

– J'ai ce que j'ai sur moi.

À savoir un costume poivre et sel et des bas en laine, et de solides chaussures de marche. Dans ma chambre, j'avais la casquette qui allait avec, du genre de celle popularisée par Sherlock Holmes.

Luisa était sceptique.

– Êtes-vous en bonne condition physique, Gustav ?

– Nous allons seulement gravir une montagne. Tout un tas de touristes et de vieilles dames font ça chaque jour.

Elle se leva de table.

– Eh bien bonne nuit.

C'était comme les adieux quai d'Orléans : amical, correct, d'une politesse austère. Ses mains, là encore, restèrent à distance. Si j'avais été un gentleman, peut-être m'aurait-elle invité à lui baiser le poignet. Mais vous savez comment sont certains hommes : offrez-leur un doigt, ils prennent toute la main, puis le bras et l'épaule. Je fus aussi poli qu'elle et souris comme un diplomate péruvien.

Le matin, nous partîmes pour le glacier d'Aletsch avant le lever du soleil. Luisa nous avait trouvé un guide, un spécimen local en culottes de peau qui découvraient ses genoux rouges et musclés. Nous gravîmes la route sinueuse qui mène de Brigue jusqu'au pied du glacier dans un antique char à bancs, Luisa et moi d'un côté et le guide de l'autre. Au bout de la route, nous descendîmes et tout le matériel fut déballé : sacs à dos légers contenant des couvertures, des vivres, des bouteilles isothermes, et trois alpenstocks. Chacun de nous prit aussi sur lui de quoi s'encorder, si nécessaire. Le char à bancs fit demi-tour et repartit vers la vallée tandis que nous nous dirigions vers le glacier. Au-dessus de nous et sur la gauche, l'Aletschhorn se dressait à une prodigieuse hauteur comme une épée de glace dans le ciel parfaitement limpide de ce matin de printemps. Tandis que Luisa marchait à grands pas, je pus constater que sous sa jupe en tweed elle portait ce vêtement efficace inventé par Mrs Amelia Bloomer, en laine à ce qu'il semblait, élégamment coupé au niveau des chevilles. Mon costume poivre et sel était complété par un manteau prêté par l'aubergiste. Mes pieds glissaient déjà dans mes chaussures conçues pour marcher sur des chemins anglais.

Le guide nous divertissait, chantant en dialecte ou yodlant. Il faisait aussi de brefs commentaires.

– *Der Herr* est un peu fatigué, *yo* ? *Die Dame* non. Les femmes sont fortes, vous savez. La femelle a des poumons plus forts. Les paysans d'ici conduisent les vaches au pâturage, mais pas les taureaux. Leurs poumons craqueraient. *Yo*, *yo*, le sexe féminin est fort. La mienne, de femme…

Et ainsi de suite.

Il y avait peut-être du vrai là-dedans. Mon appareil pulmonaire commençait déjà à montrer des signes de détresse. Je pris conscience pour la première fois que je venais d'un pays plat, et que toutes ces Alpes et autres montagnes n'étaient nullement nécessaires pour un projet rationnel et efficace de planète. C'était aussi un peu injuste : j'avais grossi pendant ma semaine à Hambourg alors que Luisa avait des poumons de chanteuse. Même si ses dons artistiques étaient sujets à discussion, on ne pouvait lui contester cette qualité d'un point de vue athlétique. Elle avançait comme une dryade enjouée. Ou voulais-je dire une druidesse ? (Il est malaisé de réfléchir en haletant.) Ensuite, le guide nous encorda, car il y avait des crevasses devant nous. Il savait de quoi il parlait, cet homme. Toute la matinée, nous gravîmes à grand-peine la pente glacée interrompue par des fissures assez larges pour engloutir des armées entières, et dont certaines étaient traîtreusement recouvertes de neige. À midi, nous nous reposâmes sur l'Obergletscher, et à 17 heures, nous étions au pied de la dernière portion. C'est là que nous campâmes. Plus précisément, nous nous enroulâmes dans nos couvertures à l'abri d'un rocher, et essayâmes de nous reposer, nous réchauffant de temps en temps avec du café chaud. Le guide, dont je n'ai jamais su le nom (il se peut que dans cette partie du monde on baptise les vaches mais pas les enfants), nous alluma un petit feu et nous épargna une bonne nuit de sommeil en yodlant toutes les heures environ. Mais je crois que je dormis, en fait. Pendant cinq minutes. Jusqu'à ce que ma tête glisse et heurte le morceau de granit en forme de scie contre lequel j'étais appuyé.

À l'aube, après un nouveau café accompagné de saucisson et de pain, nous repartîmes. Et à midi, plus facilement que je ne l'aurais cru, nous étions au sommet de l'Aletschhorn. De là, on jouissait d'une vue panoramique – pour qui s'intéresse à ce genre de choses. Le guide nous montra le Jungfraujoch au nord, le Cervin et la Dent blanche au sud. Il faisait froid là-haut et nous quittâmes bientôt les lieux ; il n'y avait pas d'animations prévues, et pas grand-chose à faire. Je découvris alors qu'il y avait au moins deux choses plus difficiles qu'accomplir l'ascension d'une montagne : en redescendre, et franchir un glacier – soit en montant, soit en descendant. Surtout encordé avec un bouquetin alpin et une suffragette vigoureuse qui saute des rochers plus vite qu'on ne peut la suivre, de sorte qu'on se fait traîner comme un veau qu'on mène au marché.

– Et vous irez donc au Spitzberg en juin ?

– Oui.

– Et ensuite ?

Glissant et dérapant, n'évitant souvent la catastrophe de justesse que grâce à mon alpenstock, j'aurais bien voulu remettre cet interrogatoire à plus tard.

– Vers le nord. Avec un peu de chance. Nous verrons.

– Et combien de personnes composeront votre équipage ?

– Trois.

– Ah. C'est un nombre impair.

J'avais indéniablement affaire à une mathématicienne.

– Pourquoi trois, précisément ? reprit-elle.

– Parce que le ballon est conçu pour supporter le poids d'exactement trois personnes.

– Je vois. Et pourquoi est-il conçu pour transporter trois personnes ?

– Parce que c'est le nombre de personnes qui participeront à l'expédition.

Sans se retourner, elle tira légèrement sur la corde d'un petit coup sec qui faillit me déséquilibrer.

– Et qui seront ces trois personnes, s'il vous plaît ?

– Moi-même. Waldemer. Et un jeune homme de Hambourg nommé Beispiel.

– Hmm. Très international ! Et ce *Herr zum Beispiel.* Est-ce un aéronaute ?

– Un chimiste.

– Ah. On ne voit guère la logique là-dedans. Je viendrai avec vous, bien sûr, pour vous dire au revoir.

– Jusqu'à Trondheim, peut-être.

– Même jusqu'au Spitzberg.

– À quelle fin ?

– Certains membres de votre équipage ne pourront peut-être pas partir. Beispiel, par exemple. Pour cause de maladie, ou pour toute autre raison.

– Peu probable. Il est en aussi bonne santé qu'un phoque de cirque.

– Pourtant, même pour avoir une petite chance de participer à l'expédition, cela vaudrait la peine que je vienne. Et je serais utile, avouez-le. En Suède, après tout…

Au diable la Suède ! Dans notre système cryptographique particulier, la Suède évoquait la manière adroite dont elle avait manipulé les cordes (lâché le lest au mauvais moment) et la Finlande signifiait… plus tard, dans la chaumière. Par exemple, si elle avait dit « Et je serais utile, avouez-le. En Finlande, après tout… », cela aurait signifié tout autre chose.

– Beispiel sera très utile. Il a déjà fait une ascension en ballon, il sait nager tout en tirant des enfants avec ses dents. De plus, Beispiel est synonyme de thalers. Les brasseurs…

– Ah, les brasseurs.

Elle méprisait les considérations matérielles, surtout quand ça l'arrangeait.

– C'est ainsi que vous voyez les choses ? Pourquoi ne pas organiser une expédition sur la tour Eiffel ? Et vous pourriez vendre des saucisses sur le Champ-de-Mars, ironisa-t-elle.

Elle cessa enfin de me harceler. Un silence total régna une heure ou deux pendant que nous redescendions le glacier et nous frayions un chemin précaire entre les crevasses. Finalement, vers 17 heures, nous retrouvâmes enfin de la glace plus ou moins ferme. J'en avais assez d'être tiré à hue et à dia et je dis au guide de nous détacher.

– Oh, *aber. Noch* beaucoup de trous.

– Non, plus de trous !

Je me désencordai, Luisa fit de même. Sans protester, le guide enroula sa propre corde autour de sa taille et prit un peu d'avance en yodlant à voix basse. Au pied du glacier, 1 kilomètre plus loin, nous pouvions déjà apercevoir le cheval et le char à bancs qui nous attendaient. Ah, un bain chaud ! Et puis un café avec un doigt de rhum, des vêtements propres et un dîner à l'auberge. En descendant derrière Luisa, je mis le pied dans une modeste dépression remplie de neige ; elle céda et je tombai de 5 mètres ou plus avant d'avoir eu le temps de réaliser ce qui s'était passé.

J'étais entouré d'une lumière bleutée, des murs durs appuyaient sur mon dos et ma poitrine ; j'avais l'alpenstock sous moi, un bras au-dessus de la tête et l'autre coincé contre mon flanc. À l'exception d'un coup sur une oreille et d'une hanche douloureuse, j'avais l'air d'aller bien.

– Gustav ?

– Ici.

On ne se souciait pas de mon état et j'en pris note.

– Qu'est-ce que vous faites là-dessous ?

– Je réfléchis.

– Le guide est parti devant.

– Évidemment. Jetez-moi votre corde, voulez-vous ?

Je ne semblais courir aucun danger. La crevasse était peu profonde et le sol ferme, plein de vieux débris de glace et de neige tassée. Elle était juste assez large pour qu'en me démenant un peu et en agitant les bras, je puisse me libérer et me mettre debout. La tache lumineuse était à environ 3 mètres au-dessus de ma tête. La hanche serait probablement conciliante si je n'exigeais pas trop d'elle.

En haut, on ne parlait plus.

– Qu'est-ce que vous faites ?

– Je réfléchis. Vous savez, Gustav, je pense que je vais aller au Spitzberg. J'aurai grand plaisir à participer à l'expédition. Enfin, se reprit-elle, ce ne sera pas que du plaisir, mais une vraie satisfaction scientifique, la fierté d'avoir accompli quelque chose. De toute façon, je n'ai rien d'autre à faire cet été. *Ma tante* et les autres ne vont qu'à Biarritz, quel ennui ! Beispiel devra donc se trouver autre chose à faire.

– C'est hors de question.

– Autant vous avouer la vérité, Gustav : c'est pour cela que je vous ai invité à faire l'ascension de l'Aletschhorn. Pour vous montrer que j'ai des muscles et que je n'ai pas peur du froid. Il faisait froid la nuit dernière, n'est-ce pas ? Comment ça se passe là-dessous ? Il fait froid ?

– Jetez-moi votre corde, s'il vous plaît.

– Parce que vous serez obligé d'avouer que j'ai réussi cette ascension. Pas vrai, Gustav ? Vous n'avez pratiquement pas eu besoin de m'attendre. Et durant la descente non plus. Je n'ai guère été plus lente que vous.

J'entendais faiblement la voix du guide.

– *Gibt etwas ?*

– Le major procède à quelques investigations glaciologiques.

– *Yo, yo.*

– Alors, voyez-vous, j'ai décidé de participer à l'expédition. Je suis désolée pour Beispiel, mais peut-être qu'il pourra y aller une autre fois.

– Est-ce votre esprit ou votre cœur qui a décidé ?

– Cela ferait peu de différence selon vous, mais je crois que c'est mon esprit.

Cela dura une demi-heure. Le jour commençait à tomber, et elle bavardait allègrement.

– J'ai vraiment apprécié cette ascension. Et vous, Gustav ? Je croyais être dérangée par le froid, mais au contraire, je l'ai apprécié. Il s'agit seulement d'être correctement vêtu, et de rester en mouvement. C'est aussi une question de posture mentale. J'aime la blancheur. J'ai toujours aimé les choses blanches. Le linge blanc propre, la neige blanche. Les dragées blanches de chez Boissier. Vous savez, celles destinées aux mariages. Je pourrais en manger des kilos. Est-ce que tout est blanc là-dessous, Gustav ?

– Bleu.

Un faible yodler nous parvint d'en bas.

– Continuez, continuez. Descendez jusqu'au Gasthaus. Le major et moi vous rejoindrons plus tard ! cria Luisa.

– Dépêchez-vous, s'il vous plaît. Il fera nuit avant que je sorte d'ici. Ma hanche réagit étrangement, et décide à présent de se raidir.

– Alors on peut dire que c'est réglé ?

– Jetez-moi la corde.

– C'est…

– Réglé.

D'un coup vigoureux, elle planta son alpenstock dans la glace, puis en assura la prise. Elle déroula la corde, l'attacha à l'alpenstock et me la lança. Celle-ci s'arrêta à quelques centimètres de mes mains tendues. Contraint de me relever sans cette aide, je réussis, en changeant de position et grâce à mon piolet, à me mettre sur mes pieds. Le dos contre la paroi et les genoux calés contre celle d'en face, je parvins à remonter de 3 mètres environ en me hissant avec la corde. Alors qu'il ne me restait peut-être plus qu'1 mètre à parcourir, je sentis la corde bouger. Levant les yeux, je vis que Luisa remuait l'alpenstock dans la glace. Peut-être pour sécuriser sa prise ? Mais cela eut l'effet inverse. Il fallait qu'elle cesse de tripoter ce machin, et vite ! Ici, la crevasse était plus large et mes genoux trop loin du mur opposé pour le toucher ; j'étais seulement suspendu des deux mains à la corde. Entre mes jambes, je pouvais voir le fond, bleu pâle, loin en dessous de moi.

– Pour être sûre que l'affaire soit bien réglée, je vais vous demander votre parole de gentleman. Pour ce qu'elle vaut.

– La parole d'un gentleman ne vaut qu'avec d'autres gentlemen.

– Vous avez vraiment des conceptions moyenâgeuses, Gustav.

Et à vrai dire, elle se conduisit en parfait gentleman à Trondheim et aussi au Spitzberg. Les cheveux coupés court avaient disparu sous la casquette militaire, elle mangeait la même chose que tout le monde, ne se plaignait jamais de quoi que ce soit. Au camp de Danskøya, elle aida à construire le hangar du ballon et ne dit rien lorsqu'une lourde section de bois glissa et lui entailla la main (je la surveillais du coin de l'œil).

– Je ne sais pas si cet Allemand fera l'affaire, vous savez, major. Il ne me paraît pas très robuste, fit remarquer Waldemer.

– Il n'est pas allemand, je vous l'ai déjà dit.

– Vous m'avez télégraphié qu'un Allemand viendrait. Lustspiel ou quelque chose comme ça.

– Je vous ai aussi télégraphié que finalement c'était le frère de Luisa qui viendrait.

– Ah bon. Je croyais que cet Allemand était le frère de Luisa. Il a l'air assez allemand et il porte une casquette allemande. Qu'est-ce qu'il est, alors ?

– Goan aux trois cinquièmes. Américain pour le reste. Et totalement homme.

– Je suppose que c'est un autre de vos paradoxes. Mais ça ne change rien pour moi. Il n'a pas vraiment le teint adapté pour l'Arctique, cela dit. Vous avez déjà vu un Esquimau avec une peau pareille ?

Je dus avouer que non.

– Theodor est très intelligent. Il aime Heinrich Heine. Il pourra nous lire des poèmes quand nous n'aurons rien d'autre à faire.

– Parfois, je n'arrive vraiment pas à vous suivre, major. J'aurais le plus grand mal à dire si vous aimez ou non ce Theodor. D'abord vous le défendez chaleureusement, puis vous partez dans vos paradoxes, vos sarcasmes, etc.

– J'aimerais bien.

– J'aimerais bien quoi ?

– Pouvoir dire si je l'aime ou pas.

– Pourquoi l'avoir emmené, alors ?

– Parfois, on n'est pas entièrement libre de ses choix.

– À cause des brasseurs allemands ? C'est ça ?

– Quelque chose comme ça.

De quoi le satisfaire un instant. Mais en journaliste avisé, il ne tarda pas à détecter la faille.

– Mais comme vous dites, il n'est pas allemand. Donc ça doit être autre chose qui vous a… persuadé… de l'emmener.

Il sourit timidement, puis plus largement.

– Là où il y a un frère, il y a une sœur. Je comprends mieux. Ah ah ! *Cherchez la femme*, hein, major ?

Il n'aurait pas besoin de chercher bien loin. Elle est juste à ses pieds, sa tête appuyée sur les chevilles de Waldemer, le reste de son corps glissé à l'intérieur de la proue du *Faltboot*. Ce n'est plus un véhicule hybride mi-bateau mi-traîneau : nous avons enlevé les patins en chêne et les avons jetés ce matin quand la banquise a pris fin ou, plus précisément, lorsque nous avons constaté qu'il y avait désormais plus d'eau que de glace. Quant à la disposition des personnes à bord, elle est plus ou moins dictée par les circonstances. Il n'y a de place que pour deux dans le petit cockpit, doté d'un bouclier en toile qui s'ajuste autour de la taille en cas d'embruns. L'un de nous doit donc s'insinuer centimètre par centimètre à l'intérieur de la proue et s'allonger sur le dos. C'est Theodor, le plus léger de nous trois. L'espace derrière le cockpit, plus petit qu'à l'avant, est dévolu aux maigres possessions qui nous restent : les sacs de couchage, la soie de la tente, les provisions, ainsi qu'à mes instruments et manuels de navigation. Je dois m'asseoir derrière Waldemer pour les atteindre et vérifier de temps en temps notre latitude avec le sextant. Déterminer la longitude est pratiquement hors de question, car on ne peut plus compter sur les chronomètres.

Le soleil est resté caché toute la journée, mais un relevé n'est pas vraiment nécessaire car nous apercevons déjà la terre à l'horizon, probablement Kvitøya. Cette fois, ce n'est pas un mirage. Depuis midi environ, deux séries de nuages sont visibles : une couche de cirrostratus en altitude, et une autre barre qui cache l'horizon du sud-sud-ouest au sud-est. Il y a environ une heure, le banc de brume s'est enfin levé et l'île s'est clairement détachée devant nous. D'un blanc éclatant, un nuage accroché à son sommet qui glissait lentement vers l'est, le tout miroitant dans ce phénomène atmosphérique où l'horizon semble dessiné à la plume sur du sucre candi. Kvitøya ne grossit que très lentement et ne semble pas devenir plus consistante. À quelle distance est-elle ? Peut-être à 10 milles. Dire que le matin de ce même jour, nous nous démenions encore sur les glaces flottantes et la neige fondue avec le *Faltboot* en remorque. À présent, selon les aiguilles incertaines de Kullberg 5566, il est 18 heures à Greenwich.

Un grain se prépare à l'ouest. Pagayez plus vite, Waldemer et Crispin ! Ce frêle esquif n'est pas armé pour les tempêtes, et il est surchargé. Un vent de 40 nœuds risquerait de soulever des vagues qui le noieraient en une minute. Il nous faut gagner cette bourrasque de vitesse. Et pas question d'échanger nos places pour laisser Theodor prendre son tour, car nous avons déjà suffisamment peiné ce matin pour l'enfermer à l'intérieur de la proue, alors que le bateau était en sécurité le long d'une plaque de banquise. Je craignais un peu que Waldemer reproche à Theodor de jouer les tire-au-flanc, mais ces derniers jours il s'est montré très protecteur envers lui, voire tendre. Ce matin, quand Theodor s'est rendu derrière une ride de pression pour satisfaire un besoin naturel (Waldemer ne lui reproche même plus son désir d'intimité), il a annoncé d'un ton bourru :

– Il faut y aller doucement avec lui, vous savez. Nous ne sommes pas tous faits du même bois.

– Il est assez robuste.

– Oui, mais…

Waldemer ne peut exprimer précisément ses sentiments. Et comment le pourrait-il, le pauvre ? Il n'est pas au fait de ce qui pourrait lui permettre de comprendre pourquoi il ressent ce qu'il ressent. Theodor émet des sortes d'émanations ou d'ondes qui traversent les vêtements et vous donnent envie de prendre soin de lui et d'assurer son bien-être. Waldemer ne sait pas qu'il a des instincts, il ne croit ni au spiritualisme ni aux ondes de pensée, mais c'est malgré lui un animal assez subtil. Il sait, mais il ne sait pas qu'il sait. Au bord de la banquise, là où nous avons finalement transformé le traîneau en bateau, il a dit à Theodor :

– Nichez-vous à l'intérieur, mon vieux. Dormez un peu, reposez votre carcasse. Le major et moi allons pagayer pendant quelques heures, puis vous pourrez prendre votre tour.

Une fois Theodor installé au creux de la proue, la tête appuyée sur les chevilles de Waldemer, celui-ci rayonnait d'une joie joviale et ne semblait pas disposé à croiser mon regard. En fin de compte, il sera peut-être nécessaire de lui dire la vérité pour qu'il comprenne ses propres sensations et ne s'inquiète pas pour sa… virilité, comme il le dirait.

Il est plus de 19 heures, et cela fait une heure que nous pagayons frénétiquement ; nous sommes épuisés, mais nous avons gagné. Le grain passera au nord de nous. Toutefois il a laissé une mer agitée qui ne nous facilite pas la tâche. L'île est plus proche, désormais, masse blanche oblongue, arrondie comme un bouclier, entourée de falaises de glace abruptes, sauf à deux ou trois endroits où il semble y avoir de petites plates-formes ou des plages. Pendant deux heures encore, nous nous efforçons de nous rapprocher, ne nous reposant que brièvement, car il est clair qu'un courant infernal tente de nous entraîner vers l'est, où il n'y a pas de terre à moins de 200 milles. Là où nous nous dirigeons, la mer est peu profonde ; plusieurs gros icebergs blancs sont échoués aux alentours de l'île. Alors que nous passons devant l'un d'eux, nous l'entendons gémir lorsque la houle le soulève et qu'il racle le fond en s'effritant. Finalement, vers 21 heures, Kvitøya est par le travers et nous nous reposons sur nos pagaies.

Le courant nous a poussés vers l'est, et l'île fait désormais barrage entre nous et le soleil. En nous approchant, nous pénétrons dans son ombre profonde, immense tente de ténèbres qui s'étend sur la mer et nous enveloppe dans son étreinte. La houle oscille très lentement. Le long du rivage, des vagues dentelées déferlent, sifflant et grondant paresseusement. Nous ne pouvons nous arrêter ici, mais un peu plus loin, sur la côte est, nous découvrons une plate-forme de glace dans une petite crique semi-circulaire avec, derrière elle, quelques fissures de roche nue qui pourraient servir d'échelle pour débarquer. Des nuées de guillemots et de mouettes ivoire tournoient avec des cris aigus au-dessus de nos têtes, là où le soleil brille encore. C'est ici que nous abordons.

Nous sortons et tirons le *Faltboot* sur la glace, extrayons Theodor et examinons notre situation. Guère plus grande qu'une table de salle à manger, cette plate-forme ne semble pas excessivement solide. Lorsque la mer troublée par la bourrasque la heurte, elle gémit et se plaint. Cependant, son épaisseur paraît correcte. Cela suffira comme plate-forme temporaire, mais dès que possible, il nous faudra grimper sur le plateau à l'intérieur de l'île, où il y aura du gibier et où nous jouirons d'une vue sur l'océan alentour chaque fois que le ciel noir voudra bien s'éclaircir. Nous montons d'abord la tente et préparons un repas : des biscuits de mer, ce qui reste de la viande de phoque, du cacao et une boîte de confiture de groseilles à moitié congelée que nous mangeons tour à tour avec notre unique cuillère. Ce repas me satisfait, mais j'ai l'impression étrange d'être observé ; je regarde même autour de moi pour voir qui est dans l'abri de soie. La vague hallucination que j'éprouvais depuis plusieurs jours, la présence parmi nous d'un intrus invisible, s'est démultipliée : maintenant, nous sommes treize. Où est Judas ? Il est en tête de table. Je reprends des groseilles.

– C'est mieux qu'un coup dans l'œil avec un bâton pointu, hein, major ?

Je lui réponds entre deux cuillerées.

– Dans le temps... je cueillais des... groseilles dans l'archipel de Stockholm... Quand j'étais petit garçon.

– Vous ne m'avez jamais dit que vous avez été un petit garçon.

Luisa aussi est de bonne humeur, malgré son bain forcé d'hier et les douze heures passées allongée dans l'exigu *Faltboot*.

– Je ne l'ai été que pendant une brève période. Puis on a trouvé un médecin qui m'a guéri. Il s'appelait Doktor Liv.

– Ce qui signifie ?

– La vie, traduis-je pour Waldemer.

Je nettoie la boîte avec la cuillère. Cette confiture est provocante, mais je ne saisis pas tout de suite pourquoi. C'est sans rapport avec les îles de l'archipel ni avec les groseilles elles-mêmes. Il s'agit du récipient au goût légèrement cuivré, encore lustré par la machine industrielle qui l'a fabriqué. Ces derniers jours, j'avais presque oublié le Monde des Villes. Cette discrète saveur métallique, la netteté du métal brillant me le rappellent d'une manière à la fois inquiétante et richement prometteuse : une tentation. Qu'ai-je à voir avec ce monde ? Que ferais-je là-bas et qu'ai-je fait là-bas ? Est-il possible que des voitures à chevaux roulent encore à grand fracas dans les rues de Philadelphie, que des *cocottes* et leurs clients allument des cigarettes à Montmartre ? Si c'est le cas, c'est dans une autre existence, un système solaire tout à fait différent, avec un autre soleil et d'autres planètes. Je jette la boîte, puis me ravise et la récupère pour la ranger avec les provisions. Elle peut encore servir, peut-être comme deuxième casserole pour faire mijoter la viande de goéland. Notre poêle a également été fabriquée en usine. Le fait est que nous ne pouvons pas vivre sans le Monde des Villes. Ou nous pouvons vivre comme des animaux. Tyrannie de la marmite ! Sans elle, il n'y a pas de Shakespeare ni de Beethoven, pas d'amour de Pétrarque pour Laura. Il est clair que pour l'Humanité la route a été longue et difficile afin d'arriver là où nous en sommes, et que l'héritage des boîtes de groseilles et des symphonies ne doit pas être jeté à la légère. Alors gardons tous ces déchets, pour ne pas nous transformer en ours blancs.

Après le dîner, nous décidons que Waldemer va explorer la falaise pour trouver la meilleure façon d'atteindre le sommet. Peut-être pourrons-nous ensuite hisser nos provisions et même le *Faltboot*. Grimpeur expérimenté, il attend sa tâche avec impatience, la Mannlicher en bandoulière – et s'il rencontre un renard des neiges, là-haut ? La fissure choisie est idéale, une cheminée d'escalade classique. Sur les 30 premiers mètres, l'ascension est facile, mais il débouche ensuite sur une corniche où il ne sait plus quelle direction prendre. Nous suivons ses progrès des yeux avec Luisa, ou peut-être Theodor, je ne suis pas sûr. Le sommet de la falaise, encore à une vingtaine de mètres au-dessus de Waldemer, disparaît dans un banc de brume. Parfois, le soleil traverse ce voile, projetant des taches blanches éblouissantes sur la glace. En bas, nous sommes toujours plongés dans la froide pénombre. Au-dessus de Waldemer, au-dessus de la falaise, les mouettes tournent lentement dans le ciel.

Waldemer pose un pied sur une sorte de marche dans le rocher et cherche un éperon saillant pour sa main gauche. Il s'y suspend et cale bientôt sa botte un peu plus haut, sur un minuscule balcon d'une dizaine de centimètres. Un rayon de soleil l'illumine soudain comme un projecteur. Le balcon est à peine assez grand pour ses deux pieds. Sa moufle gauche agrippe toujours le rocher ; de la droite, il cherche une prise au niveau de sa taille, les pieds joints gracieusement comme un danseur. C'est alors que le balcon se brise. Plus rien ne le soutient.

Pendant une fraction de seconde encore, sa main gauche s'agrippe au rocher, jusqu'à ce qu'il s'émiette. La main, tendue vers le haut, ne l'abandonne qu'à contrecœur. Le corps, un bras levé et l'autre sur le côté, plonge et accélère, quittant le soleil. Cela s'est fait en un clin d'œil, comme une mouette jaillit du ciel. À peu près à mi-chemin, il heurte le mur de glace avec un bruit sourd. Jusqu'à présent, sa posture est restée la même : un bras au-dessus de la tête, l'autre étiré à l'horizontale, les pieds toujours joints comme un danseur espagnol ou un acrobate. Mais soudain cette symétrie est perturbée et il se transforme en une poupée de chiffon qui dégringole et heurte violemment la glace. Une épaule, puis les jambes cognent la surface dure avec un son distinct. Tout cela s'est enchaîné sans la moindre dignité mais avec une rapidité absurde et comique, à une allure telle que l'œil a du mal à suivre, comme un clown qui exécute un numéro familier à une vitesse vertigineuse. L'œil souhaite ralentir l'action pour comprendre comment elle s'est produite, découper les étapes, le déroulement et la nécessité de son fonctionnement. Mais tout est fini avant que l'esprit ne puisse en prendre la mesure.

Il lève la tête lorsque nous arrivons vers lui. Il sourit. Nous le délestons aussitôt de la carabine, retirons son pied de l'eau, palpons ses membres.

– La jambe, dit-il.

Ce n'est évidemment pas la droite. Il sourit à nouveau lorsque nos doigts fouisseurs localisent le problème, à gauche.

– Ça ne fait pas mal.

Non dolet, comme disait la femme de Paetus. Cette dame était soit une menteuse, soit une humoriste. Le visage de Waldemer est exsangue et, même s'il sourit toujours, son sourire ressemble à une incision chirurgicale incurvée vers le haut avec des pinces. Nous décidons de ne pas faire d'attelle tant que nous ne l'avons pas tiré jusqu'à la tente ; elle n'est qu'à quelques mètres. Il parle encore une fois.

– Désolé.

Il le dit avec sa voix habituelle – même son petit raclement de gorge y est –, comme s'il s'excusait soit de sa chute soit de la douleur que nous lui causons.

Une fois à l'intérieur de la tente, une autre difficulté se présente : nous devons le mettre sur le dos, et il est lourd. Theodor soulève délicatement sa jambe pendant que je le retourne. Pendant cette manœuvre, Waldemer sourit avec amusement en constatant à quel point il transpire.

– Bon sang, voilà un bon moyen de ne pas geler dans ce climat ! Cassez-vous la jambe et vous êtes rôti comme un toast.

Mais c'est une sueur froide qui goutte de son visage comme du lait. Nous le couvrons de tous les manteaux.

– C'était stupide de ma part. Là, j'ai gaffé. Et je vous ai mis dans un beau pétrin.

– Ce n'est pas grave.

– Demain… vous feriez mieux de continuer… laissez-moi la Mannlicher… hop, dans le bateau, vous deux… vous aurez une chance… la terre François-Joseph....

– Ne dites pas de bêtises.

Mais il a lu suffisamment de récits d'aventures pour savoir quoi dire. Pour jouer le jeu, il doit même prétendre que cela pourrait fonctionner : l'abandonner et partir vers cette mer déserte, à l'est.

– Il y a des chasseurs de phoques là-bas… de temps en temps… en été… vous pourrez les croiser… et revenir me chercher.

Il ne se plaint pas et raconte même des blagues pendant qu'on lui improvise une attelle avec la carabine et quelques bandelettes de soie arrachées à la tente. La crosse s'ajuste parfaitement sous son bras et le canon lui arrive presque à la cheville. Nous le mettons à l'aise et lui donnons du cacao.

À l'intérieur de la tente, dans l'ombre profonde de la falaise, il y a presque une illusion de nuit, et c'est reposant. C'est bien la première fois que ce soleil vigilant se détourne de nous depuis dix jours. Mais le froid n'en est que plus vif et nous devons allumer le Primus. Puis je sors pour entasser de la neige sur les bords de notre abri et l'isoler du vent. Cette soie caoutchoutée qui a retenu pendant une semaine les fins atomes d'hydrogène ne laissera pas passer la moindre molécule d'air. Je m'assure que le *Faltboot* est bien fixé, calé contre la roche, les pagaies dedans.

Ensuite, je retourne dans la tente et ferme hermétiquement le rabat avec de la neige. La chiche lumière qui traverse la soie est grisâtre, une clarté faite d'ombre. Les rayures rouges ont presque perdu toute leur couleur ; elles se sont assombries jusqu'au rouge ferreux du sang coagulé. Nous appellerons nuit cette demi-obscurité en bandes de lumière et d'ombre. Nous débouchons le cognac pour Waldemer. Il se réjouit en calant la bouteille sous son bras.

– Cognac Fine Champagne. On ne trouve pas mieux, mon cher ! Avec le major, on voyage en première classe.

Luisa et moi déroulons l'autre sac de couchage et y entrons avec un certain empressement, puisque nous sommes désormais privés de manteaux.

On n'entend plus que le léger murmure du vent contre la soie et, de temps en temps, un gargouillis lorsque Waldemer soulève la bouteille et l'incline. Même à l'intérieur de la peau de renne, il fait terriblement froid. Je pousse le Primus pour avoir plus de chaleur ; la flamme vire au jaune et commence à produire un léger crépitement. Le brûleur est inefficace et chaque molécule de carbone, incapable de s'unir comme elle le voudrait avec deux molécules d'oxygène, doit se contenter d'un mariage monogame avec une seule ; une légère différence, statistiquement parlant, mais cruciale en ce qui nous concerne.

– *Vet du*, Gustav, je ne suis plus une petite fille et je veux savoir. Qu'est-ce qui va se passer maintenant ?

– Ça t'intéresse ?

Nous sommes allongés chastement côte à côte, nos flancs serrés dans le sac étroit, dans la chaleur commune qui imprègne cet espace clos. Mais si nous sommes conscients l'un de l'autre, c'est d'abord par le jeu abstrait des esprits et le son feutré, distinct et précis des voix.

– Quoi qu'il arrive, je veux que cela se passe d'une manière qui soit… comment dire ? … *renlig… enfaldig*. Simple, tu sais, sans trop de détails désagréables.

– Comme dans un livre.

– Pas exactement comme dans un livre, mais comme je l'ai déjà imaginé dans mon esprit.

– Quoi qu'il arrive, cela n'arrivera de toute façon que dans ton esprit.

– *Hör du*, Gustav. Ces chasseurs de phoques. Ils existent ?

– Quels chasseurs de phoques ?

– Ceux qui viennent occasionnellement dans l'archipel François-Joseph.

– Il se pourrait qu'ils existent.

Vous deux. Encore en train de causer en viking. De discuter de vos amours parisiennes, sans doute. Vous devriez en faire profiter votre ami. Les mots sont flous, le cognac fait son effet. Waldemer pourrait même s'endormir, à cause de la fatigue et en vertu de l'efficacité physiologique de ces chasseurs capables de déconnecter leur corps quand ils n'en ont pas l'utilité. Il me vient soudain à l'esprit qu'il est heureux.

– Et s'ils existent vraiment ?

– Nous pouvons mettre notre ami dans le *Faltboot* et pagayer jusqu'à la terre François-Joseph.

– C'est loin ?

– Quand on en parle, non. À la rame, c'est une sacrée traite.

– Je suis encore forte, tu sais, Gustav. Je me suis reposée toute la journée. Vous ne m'avez pas laissé faire ma part du travail. Ce n'est pas juste. Sur l'Aletschhorn…

– Oui, je sais.

J'y ai pensé de mon côté. Ce n'est pas vraiment parce qu'elle refusait de m'aider à m'extirper de la crevasse que j'ai accepté de la laisser venir avec nous. Que j'en aie été conscient ou non, c'était pour la forcer à sortir une fois pour toutes de son monde – le monde des couturiers et des thés au Café Royal – et à entrer dans le mien, le monde de la pensée, où tout est propre et abstrait. Mais à présent je sais qu'ici, là où je l'ai amenée, ce n'est plus ni son monde ni le mien. Ce n'est même pas un monde du tout. C'est le néant. Et peut-être vaut-il mieux qu'il en soit ainsi, finalement. Dans son monde ou dans le mien, l'un de nous était toujours l'ennemi, le fou. Maintenant il n'y a plus d'ennemi. Ce n'est ni la blancheur ni le froid d'une certaine partie du monde, aussi reculée soit-elle. Ce n'est que le néant final qui s'ouvre désormais devant nous comme une immense porte accueillante. C'est un ennemi contre lequel j'ai pris grand soin de la protéger. Et Waldemer aussi. Ils m'ont cru et ont remis leur vie entre mes mains avec une confiance enfantine. Tout cela parce que j'ai fait semblant de savoir, d'en connaître plus qu'eux, d'être inébranlable ! Ce secret doit rester caché jusqu'au bout : il n'y a devant nous que le néant, personne dans la hiérarchie angélique ne nous entendra crier. Les autres secrets (aucun chasseur de phoques ne s'approche jamais de l'archipel François-Joseph, il est parfaitement impossible de traverser 200 milles de haute mer contre le vent et les courants) sont sans importance et peuvent être aisément dissimulés. Ces petits arrangements avec la réalité sont du même acabit que lorsque je me dis, par exemple, que je suis inébranlable ou que je ne me soucie pas de ce qui va se passer.

– *Hör du*, Gustav. Je pense que c'est exprès que tu m'as amenée ici. À Kvitøya, l'île Blanche. C'est parce que j'aime les choses blanches. N'est-ce pas ?

Je pourrais lui dire que parfois elle aime les choses blanches et parfois non. C'est tout à fait elle, et je sais pourquoi, mais je ne lui dirai pas. Son amour des choses blanches est nécessaire maintenant, et pour ce qui est à venir.

– Et tu es heureuse ici ?

– Je suis heureuse. Tant que tu ne me touches pas. Et que je ne dois pas te toucher non plus. Alors je suis heureuse. Je ne sais pas pourquoi.

– C'est sans doute parce que l'extérieur des choses est blanc. Alors qu'elles sont rouges à l'intérieur.

– Tu veux dire cette chose rouge en moi ? Je ne sais pas. Je ne l'ai jamais regardée.

Elle n'aime pas les miroirs. Elle seule, parmi toutes les femmes que j'ai connues, ne se regarde jamais dans un miroir. C'est un trait que nous partageons. Elle poursuit :

– Je pense que c'est parce que Dieu est en colère contre nous que nous sommes condamnés à être en couple. Il n'y a que Lui… Elle, ou Son Entité… qui a le droit d'être seul. Tu sais, Gustav, l'histoire du Jardin d'Éden est racontée de travers. Nous n'étions pas deux alors, nous ne faisions qu'un et nous étions heureux. Ensuite, nous avons fait quelque chose de mal, nous avons menti ou nous nous sommes servis dans le placard à confitures. Et Il a dit : Je te condamne à être coupé en deux et à errer éternellement à la recherche de ton autre moitié, aimant et haïssant en même temps. Et depuis, nous essayons de ne plus faire qu'un. Mais c'est interdit. C'est interdit par Dieu. C'est un péché et cela nous fait souffrir.

– Alors il n'y a aucun espoir ?

– Le seul espoir est d'aller là où tout est très froid, où tout est blanc. Alors cette chose rouge à l'intérieur de nous se refroidit et nous sommes entièrement blancs. Seuls les esprits peuvent se toucher, et ils se touchent très doucement parce qu'ils n'exigent rien les uns des autres. J'en ai assez des corps. J'ai mal à la tête. Je ne sais pas comment le dire en suédois, *c'est mes époques qui approchent*. Je n'ai ce corps que depuis vingt ans mais j'en suis déjà lasse. Je suis heureuse que tu m'aies amenée ici, Gustav.

C'est un bon endroit pour se débarrasser de ce fardeau, si c'est ce qu'elle a en tête. Il ne s'agit pas exactement de ses *époques*, bien sûr. Les symptômes sont bien connus en médecine : sensation de pression sur les tempes, comme si on avait un élastique ou un bonnet, faiblesse des membres, assombrissement progressif de la vision. Allongé tranquillement dans la pénombre après qu'elle a fini de parler, j'imagine les atomes se rejoignant dans leur éther silencieux et meurtrier, aussi ténus que la pensée, invisibles et miséricordieux comme la grâce de Dieu elle-même. Deux par deux, ils s'élèvent de la flamme jaune, s'enlaçant dans une étreinte hostile à l'Homme. Rien à voir avec l'étreinte humaine interdite par Dieu. C'est, au contraire, la manifestation de Sa volonté précise et infiniment complexe qui ne se trompe jamais, et que les hommes appellent la chimie. En me relevant difficilement sur un coude, je localise Kullberg 5566 et constate qu'il est 23 h 50 ; je remarque également que le réchaud Primus fonctionne bien, c'est-à-dire qu'il ne fonctionne pas bien du tout. (Encore un de vos paradoxes, major.) À en juger par la couleur de la flamme, il transforme le pétrole en monoxyde de carbone à vive allure. Axiome de Crispin : les machines ne nous sont réellement utiles que lorsqu'elles fonctionnent mal et produisent des résultats non prévus par leurs concepteurs. Un ballon destiné à aller à un endroit nous emmène à un autre, un écouteur de téléphone Bell reçoit des messages de l'Infini, etc. Je dois avouer que, malgré mes études, je ne partage pas vraiment l'espoir que ces moteurs triviaux nous apporteront le bonheur.

Je n'ai donc rien noté sur le Pôle dans mon agenda, et j'ai veillé à ce que Waldemer n'en ait pas non plus la moindre trace écrite. De sorte que, si un chasseur de phoques imaginaire ou quelqu'un d'autre venait un jour à découvrir notre camp, ceux d'en bas dans le Monde des Villes n'imagineront jamais que nous avons accompli une prouesse – et c'est Nansen, le lieutenant Peary ou une autre personne tout aussi respectable qui aura l'honneur de remettre à la race humaine le nombril de sa planète sur un plateau d'argent. Pour moi, pour nous, ces choses n'ont pas d'importance. Car qu'importe ceci ou le reste, une fois que l'on a ouvert les yeux et contemplé enfin le Néant ultime ? Certains sont las de leur corps à 20 ans, d'autres à 90 ans, mais nous finirons tous par nous en lasser. Si l'homme est supérieur à l'Univers, c'est parce qu'il comprend son malheur et qu'il est capable, en fin de compte, de choisir le moyen et le moment de sa confrontation avec lui. Pour cela, bien sûr, il faut de la force. Je suis heureux de l'avoir trouvée en moi, toute modestie mise à part. Surtout que maintenant je suis totalement seul.

Cela ne veut pas dire que je suis en paix avec moi-même. Loin de là ! Il y a trop de choses dans ma tête pour cela, trop de fardeaux. D'autres m'ont fait confiance et je les ai trahis. Je l'ai fait parce qu'il n'y avait pas d'autre solution, mais cela ne diminue en rien ma faute. Il y a cette trahison, et il y a mon dernier crime – un meurtre pur et simple et, pire que tout, perpétré sur des personnes qui me sont très chères, moi-même y compris. Mais il me faut prendre ces choses avec légèreté et ne pas les envisager sous un angle sentimental. C'est une *Götterdämmerung* minable aux relents de pétrole, et moi je ne suis qu'un Suédois excentrique hirsute, peut-être même pas un génie, un simple voyant de seconde zone. Quel narcissisme ! Voilà que mon Journal mental est plein de premières personnes du singulier. Cette puérilité est le meilleur argument qui soit contre l'immortalité de l'âme.

Quelque chose a changé. Tout est imprégné d'un rose liquide. Au moins, mon esprit logique ne semble pas avoir été altéré ; je suis conscient de ce que signifie ce subtil changement de lumière. Le soleil, qui décrit à pas de loup sa courbe sur l'horizon, a atteint le point où il éclaire de nouveau notre crique. Je suis heureux que les autres dorment et ne s'en rendent pas compte. L'ombre confortable a disparu ; les rayures blanches s'illuminent progressivement, les plus sombres vibrent et rougissent. Minuit : hauteur au minimum, angle d'azimut nul. Telle une cathédrale orientée au nord, notre tente est alignée exactement sur le méridien. Cette grande rosace de Chartres commémore une Passion, mais elle est loin d'être sainte. Cette lueur écarlate est le soleil de Stresa qui traverse de force les paupières closes. Il n'y aura plus de paix. Le brocart tombe, les jeux d'ombres sur cette courbe sont une vraie sorcellerie. Luisa, *det war synd* ! Si les deux moitiés se rejoignent, un feu dangereux naîtra. Mais elle se contente de sourire et de baisser les yeux sur le théorème géométrique le plus précis et le plus irréfutable de son corps.

Je flotte et me perds dans ses ombres, je suis le cercle et l'encerclé, une chaleur frémit quelque part au centre de toute chose. Cette nuit finlandaise est terriblement froide. Mon Dieu, merci pour ce lit de plumes !

Cet ouvrage
a été mis en pages par In Folio,
reproduit et achevé d'imprimer
en août 2024
dans les ateliers de Normandie Roto Impressions s.a.s.
61250 Lonrai
N° d'imprimeur : 24-0000

Imprimé en France

Dépôt légal : septembre 2024